심재 한태동 전집 3

사유의 흐름

심재 한태동 전집 3

사유의 흐름

2003년 3월 15일 초판 1쇄 인쇄
2025년 5월 21일 개정판 1쇄 발행

지은이   한태동
엮은이   연세대학교 한국기독교문화연구소
펴낸이   김영호
펴낸곳   도서출판 동연
등 록   1-1383호(1992. 6. 12)
주 소   서울시 마포구 월드컵로 163-3
전화/팩스   02-335-2630 / 02-335-2640
이메일   yh4321@gmail.com
인스타그램   instagram.com/dongyeon/press

Copyright ⓒ 연세대학교 한국기독교문화연구소, 2025

ISBN 978-89-6447-803-5 04100
ISBN 978-89-6447-800-4 04100(심재 한태동 전집)

연세신학 아카이브 심재 한태동 전집 3

사유의 흐름

한태동 지음 | **연세대학교 한국기독교문화연구소** 엮음

동연

개 정 판 을 펴 내 며

　　연세대학교 신과대학 110주년이 되는 2025년에『심재 한태동 전집』의 개정판을 발간하게 된 것을 매우 기쁘게 생각합니다.『심재 한태동 전집』은 신과대학의 역사이며 산 증인이신 한태동 교수님의 사상과 가르침을 모아 후학들이 출판한 큰 의미가 있는 저술입니다.

　　한태동 교수님은 1924년 1월 8일 중국 상해에서 태어나 중국에서 의학을 공부하시고, 1947년 한국으로 귀국하셨습니다. 그러나 의사의 길을 택하지 않고 미국으로 유학을 떠나 미국 프린스턴신학대학원(Princeton Theological Seminary)에서 1953년 신학석사를 그리고 1956년에 한국인 최초로 신학박사 학위를 취득하셨습니다. "역사 방법론: 랑케와 토인비의 방법론 연구"(Methodology of History: A Study of Method from Ranke and Toynbee)라는 논문으로 박사학위를 마친 한태동 교수님은 1957년 연세대학교 신과대학 부교수로 임용되어 교회사를 가르치셨으며, 이후 32년 동안 연세대학교에 재직하며 많은 후학을 양성하는데 큰 기여를 하셨습니다.

　　이번에 개정된『심재 한태동 전집』은 연세대 출판부에게 출간되었던 6권 중 먼저 3권을 출판하게 되었습니다.『심재 한태동 전집』은 그동안 교수님이 연세대학교에서 가르친 내용과 논문들을 후학들이 모아서 출판한 서적입니다. 한태동 교수님은 자신의 이름으로 서적을 남기려고 하지는 않으셨지만, 후학들은 교수님의 사상과 가르침을 정성껏 모아서 전집으로 엮어 놓았습니다. 이번에 출간되는『심재 한태동 전집』은 제1권『성서로 본 신학』, 제2권『기독교 문화사』, 제3권『사유의 흐름』으로 구성되어 있으며, 교수님이 평생을 걸쳐 연구하셨던 사유의 근본과 동서양의 철학을 설명한 교수님의 강의와 논문으로 구성되어 있습니다. 초판 머리말을 쓰신 손보기 교수님이 평하신 것처럼,『심재 한태동 전집』은 그리스 사상과 기독교 신학 그리고 서양 철학을 두루 연구하고 동양 철학과 역사학을 분석 정리하였으며, 더 나아가 수학과 천문학 그리고 물리학까지 자연과학의 주요 학문을 포괄하였습니다. 한태동 교수님은 서양 사상에 경도되어 있는 기독교 신학의 한계를 지적하고, 동서양의 융합적 연구를 통해 인간 사유의 근본과 구조를 제시함으로써, 신학의 새로운 가능성을 제안하셨습니다. 2003년에 초판으로 발행된『심재 한태동 전집』을 연세대학교 신과대학 부설 한국기독교문화연구소(이하 기문연)에서 올해 다시 개정판으로 출판하게 된 것을 대단히 기쁘게 생각합니다.

　기문연은 1965년에 설립되어 세계의 기독교 신학에 공헌할 수 있는 자생적인 한국의 신학을 발전시키고 지역과 교파를 뛰어넘어 하나가 되는 교회라는 에큐메니칼 정신을 체현하고자 하는 목표로 설립되었습니다. 기문연은 2023년부터 연구소 장기 프로젝트로 "연세신학 아카이브 프로젝트"를 진행하여, 연세신학의 진리와 정신을 보존하며 새로운 미래를 제안하고 있습니다. 『심재 한태동 전집』은 연세신학 아카이브 프로젝트의 일환으로 동양과 서양을 연결하고, 지역과 교파를 통합해 온 연세신학의 정신을 계승하는 주요 성과로 볼 수 있습니다. 특별히 신과대학 110주년을 맞이하는 2025년에 이 프로젝트를 위해 밤낮을 가리지 않고 수고해 주신 전임 기문연 소장 손호현 교수님께 진심으로 감사드립니다. 지금 현재 기문연 연구소장을 맡아 연세신학 아카이브를 진행하고 있는 김정형 소장님께도 감사드립니다. 또한 개정판을 위해 교정과 출판을 담당해서 헌신적으로 수고해주신 도서출판 동연 김영호 대표님께도 진심으로 감사를 드립니다.

『심재 한태동 전집』을 통해 연세신학이 지금까지 걸어온 발자취를 확인하고 교수님의 신학적 전망을 통해 연세신학 200년을 계획할 수 있는 학문적 담론의 장이 펼쳐지기를 기대합니다. 감사합니다.

2025년 2월
연세대학교 신과대학 학장 김현숙

초 판 머 리 말

심재 한태동님은 깨우침을 쉬이 일깨워 주는 스승이다. 많은 학인에게 매우 알기 쉽게 사유와 논리를 알게 하고 동서양의 철학을 쉬이 터득하게 하는 학인들의 사표이시다. 이러하신 심재님은 중국 상해에서 진교 어른의 아드님으로 태어나셨다.

원래 진교 어른은 1887년에 태어나신 후 1914년 중국 상해에 광복을 주선하는 해송양행을 세우시고, 황성린, 선우혁 님과 더불어 상해에 독립지사의 자제를 훈육하는 인성학교를 세우시고, 1919년에는 민국의 임시정부를 세우는 데 참여하여 임시의정원 위원까지 되셨다. 이어서 조동호님 등과 신한청년당을 결성하여 청년운동을 주도하여 마침내 1977년 건국포장을, 1990년에는 애국장을 받으신 겨레의 선각자이셨다.

이러한 선친의 정훈 아래 심재님은 여운형님의 보살핌까지 받아 지·덕·체의 함양은 물론 국권 회복에 대한 안목과 포부도 길렀다. 그리고 한편 김두봉, 김구 선생의 사랑과 가르침은 물론 주시경, 신채호, 김규식 선생들의 훈도에도 크게 영향받은 바도 적지 않았다.

이렇듯 남다른 정훈과 훈도를 받으신 심재님은 일제 식민지 굴레를 탈피한 올곧고 강건한 학인으로 우뚝 섰다. 그리하여 심재님은 사유의 근본과 동서양의 기초 소양과 철학의 기본 과정을 두루 갖추면서 양의 동서를 망라한 고전을 모조리 섭렵하면서 그리스 사상, 기독교의 신학, 아우구스티누스, 보카치오, 갈릴레이, 비베스와 발라, 루터, 칸트와 헤겔, 만하임과 마르크스, 부르크하르트 역사학, 베이컨과 불 등 빠짐없이 두루 연구하였다.

그러나 서양 학문에만 치우치지 않고 동양의 역사학에서 공자의 논어, 묵자의 의협, 한비자의 법, 석가의 금강과 심경 그리고 퇴·율의 도학까지 정리하여 우리로 하여금 교양과 문화인으로서의 긍지를 음미케 하셨다.

사유와 학문에 대해서도 토인비의 사학방법론, 유대 철학, 콰인의 수리논리학, 중용소석, 미래학의 가치관, 역위의 역사철학, 도교의 자연관, 의상과 원효의 사상, 의상의 법계도와 원효의 판비량론, 이데올로기와 유토피아, 묵자의 변증론들을 두루두루 다루고 있다. 이에 덧붙여 심재는 거칠 것이 없는 풀이로 사고와 사유를 달리하면서 모택동, 유소기, 김일성 등을 다루고 있다. 이어서 한국의 종교 전통, 한국 종교의 상징성, 한국 종교의 현대성 등을 다루고 있다.

나아가서 구석기 문화의 이해 그리고 모계사회를 갑골문의 발달과 사회구조와 시대 관계의 연관에서 인식하고 풀이하는 시각과 인식은 뛰어난 것으로 여겨진다. 훈민정음의 음성구조를 과학적 방법으로 풀어내고 악학궤범의 완성이 현대 서양음악 이론보다 선행한 업적이었음을 밝혀낸 철학자요 자연과학자로서 뛰어난 관찰, 실험 그리고 증명한 것은 길이 남을 업적이라 하겠다.

심재의 아버지가 길이 빛나고 칠년을 넘기면서 하느님의 축복이 깃들기를 바라마지 않는다.

2003년 2월
연세대학교 박물관 연구실에서 파른 손보기

차례

제4부 사유의 세계 ·193

제1부

사유의 흐름

제 1 장

기독교의 인지 구조

현대 학문의 특징 가운데 하나는 이식론적 측면이 발전된 것이다. 존재에 관한 형이상학적인 면보다 그것을 어떤 생각의 틀에 놓고 인식할 것인가 하는 것이 문제이다. 역사적으로 보아 기독교는 유대교적인 배경에서 자라난 것으로 그 전통과 경전을 이어받았고, 그리스-로마 세계로 건너가 그 문화의 틀을 입게 되었다. 현대에 와서는 이것을 극복해 보려고 여러 시도를 하고 있다.

1. 유대교적 인지 구조

유대교적인 사고 유형은 단체적(Simplex)인 구조로 3개의 요원으로 구성되어 있다. 창조의 이야기에서는 하나님이 세상을 만들고 거기에 사람을 만들어 살게 했다고 한다. 그래서 하나님과 사람과 자연은 조화된 상태(Shalom)에서 지냈다고 한다. 그런데 악에 의해 인간이 타락됨으로써 인간은 하나님에게서 추방을 받게 되었고, 인간과 인간은 서로 소외되었으며, 자연은 저주를 받았고, 사람은 땀과 수고로 삶을 영위하게 된다고 하였다.

이러한 배경에서 하나님은 다시 인류의 구원을 위하여 십계명을
내렸다고 한다. 십계명은 세 부분으로 되어 있다. 처음 세 계명에서는
하나님 외에 다른 신을 만들지도 말고, 섬기지도 말며, 하나님의 이름
을 망령되게 일컫지 말라고 했다. 이 세 계명의 요점은 인간이 하나님
을 어떻게 섬겨야 하느냐 하는 것이다. 다시 말하면 하나님과 인간 사
이의 바른 관계를 가르쳐 준 것이다. 다음 5, 6, 7계명은 인간과 인간
사이에 관한 것으로, 자기를 낳아 준 부모를 공경할 것과 대인 관계에
있어서 상대방을 죽여서도 안 되고, 정욕으로 더럽혀도 안 된다고 가
르친 것이다. 마지막 8, 9, 10, 세 계명은 인간과 물질 혹은 자연과의
관계를 말한 것이다. 물질에 대해 탐내지 말며, 나아가 도둑질하지 말
며, 법정에 나가 이해관계를 따져 거짓 증거를 하지 말라고 가르친 것
이다. 다시 말하면 십계명이란 인간과 하나님, 인간과 인간 그리고 인
간과 자연 사이의 바른 관계에 관한 계명이다. 그중에 제4계명은 안
식일에 관한 것이다. 이날에는 자연의 저주에 의해 땀 흘려 수고해야
했던 인간이 그 수고로부터 쉬며, 상호 소외된 인간이 다시 한자리에
모여 멀리했던 하나님을 다시 가까이 섬기라고 가르친 것이다. 다시

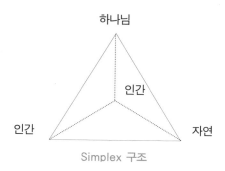

Simplex 구조

말하면 제4계명은 세 대목으로 요약된 아홉 계명을 다시 하나로 묶어 천·지·인의 조화를 말한 것이다(그림 Simplex 구조 참조).

예수는 주기도문을 통해서 이를 잘 요약하고 있다. '주기도문'에 "이름이 거룩히 여김을 받으시오며"라고 하였는데, 이는 십계명에서 이름을 망령되이 일컫지 말라는 말씀에 대한 표현으로 하나님과 올바른 관계를 맺고 살 것을 말한 것이다. "우리가 우리에게 죄지은 자를 사하여 준 것같이 우리 죄를 사하여 주옵시고"라고 한 것은 소외된 사람과 사람 사이의 관계를 다시 융화되게 해 달라는 뜻이다.

"일용할 양식을 주옵시고"라고 한 것은 물질과의 관계를 다시 회복해달라고 말하는 것이다. 이 세 가지 간구는 천·지·인의 조화를 기원한 것인데, 이것이 '하나님의 뜻'이며 "하늘에서 이룬 것같이 땅에서도 이루어질" 것을 요청했다. 그 반면에 이 뜻을 마귀가 쉬지 않고 시험하고 있으므로 "다만 악에서 구하옵소서"라고 기원했다. 악마는 이 하나님의 뜻을 예수에게 시험해 보려 했다고 한다. 즉, 예수는 광야에서 40일간 기도를 한 후 사탄에게서 세 가지 시험을 받았다고 한다. 첫 번째 시험은 그의 능력을 보이기 위해 광야의 많은 돌을 떡으로 만들어 보라는 것이었다. 예수는 이것을 거부했다. 이는 단순히 돌로 떡을 만드는 일을 거부한 것이 아니다. 성서 기록을 보면 그는 떡으로 떡을 만들어 많은 사람을 먹였었다고도 한다. 그러므로 기적으로 떡을 만드는 것 자체가 잘못된 것은 아니었다. 다만 문제는 사람과 자연의 관계만이 아니라 하나님과 사람과 자연의 본연의 조화가 있느냐 하는 것이었다. 그래서 예수는 "사람은 떡으로만 사는 것이 아니라 하나님의 말씀으로 산다"고 대답했다. 그다음은 성전 위에서 뛰어내려 사람 위의 사람이 되어 하나님의 뜻을 전하면 어떻겠느냐 하는 시험이었다. 예수는 이 시험도 거부했는데 이는 하나님의 뜻을 전한다고 해서 다른 사람보다 높아진다고 하는 생각, 즉 사람과의 소외를 거부한 것이다. 마지막 시험은 사탄에게 절하면 천하만국을 준다는 것인데 이는 하나님의 엄하신 구원의 경륜을 고되게 수행하는 것보다 사탄과 협력하여 쉽게 이루어 보라는 것이었다. 이 세 가지 시험에서 사탄은 하나님, 사람 그리고 자연과의 조화적 관계를 끊어보려고 했으나 아담이 실패했던 것과는 달리 예수는 이를 이겨냈다고 한다.

2. 그리스-로마적 인지 구조

바울은 기독교를 유대교의 단체적(Simplex) 구조를 가진 전통에서 그리스-로마적 틀로 전입시켰다. 그리스-로마 문화는 대창적 이원(二元) 체계를 갖고 있다. 논리 분야에서도 전체와 개체로 이분화된다. 전체를 기본으로 삼고 개체를 인출(引出, deducere)하는 연역법(deductive), 여러 개체를 모아 공통분모를 찾는, 즉 개체에서 전체로 인입(引入, inducere)하는 귀납법(inductive), 연역과 귀납 두 방법의 대화를 통한 변증법(dialectic), 두 논조가 평행하여 팽팽하게 대립됨으로써 생기는 역설(Paradox) 등이 있게 된다. 이원적 논리는 극대화하여도 네 가지(2^2=4) 이상은 없게 마련이다. 그런데 처음 세 논법, 즉 연역, 귀납, 변증은 합리적인 것으로 받아들였고, 넷째의 역설은 모순적인 것이어서 그 가치를 부정했다.

기독교는 바로 이 버려진 논리적 역설 위에 그 신학을 수립했다. 기독교의 신앙의 대상은 예수 그리스도이다. 예수 그리스도를 하나님이요 사람이라고 믿는다. 창조주이며 거룩한 하나님이 피조물이며 속된 인간의 모습으로 화육되었다고 믿는다. 다시 말하면 창조주와 피조물 그리고 거룩하며 속된 이원이차적(二元二次的) 역설을 신앙의 대상으로 받아들였다.

그리스-로마적 배경에서 발전된 초대 교회의 신학은 페르시아와 소아시아에 유포된 이원론(Dualism)적인 이단 사상의 압력하에 정통적인 입장을 재천명하게 되었다. 이원론이란 두 개의 대칭적인 요소를 극단적으로 분리하여 대립시키는 입장이다. 그들은 하나님은 영적인 존재이므로 약한 물질세계를 만들지 않았다고 주장했으며, 예수도 죄의 근원이 되는 육신을 입지 않았다고 주장하고, 몸의 부활을 부정했다. 이런 배경에서 그들의 윤리는 극도로 금욕적인 경향을 띠게 되어 철저한 금욕적인 생활을 강조했으며, 속세를 떠나 사는 것을 이상으로 삼았다.

이런 이원론적인 사상 체계의 압력하에 기독교는 그 신앙을 이와 정반대되는 방향으로 표현하게 되었다. 이것이 '사도신경'에 뚜렷이 나타났다. 그 내용을 보면 전능하사 천지를 창조하신 하나님을 믿는다고 했고, 예수 그리스도는 동정녀 마리아에게서 육신을 입고 태어나신 하나님임을 강조했으며, 몸의 부활을 강조했다. 이런 역사적 배경에서 볼 때 기독교는 어느 한 시대의 이단을 배격하기 위해 결정된 신조를 시간을 초월한 불변의 것으로 생각하고 있지 않나 여겨진다.

한편 초대 교회에서는 창조주 하나님이 피조물인 인간이 되었다고 하는 신조에 대해 그 신성(神性)과 인성(人性) 사이의 관계를 규명해야 했다. 그래서 오랜 논쟁 끝에 5세기에 칼케돈 총회에서 비로소 그리스도의 신성과 인성 사이의 관계를 규명하게 되었다. 여기서 그리스도는 '참 하나님이요 참 사람'이라고 했다. 다시 말해 하나님의 하나님((하나님)²)이요 사람의 사람((사람)²)이라고 했다. 그리고 그 사이의 관계를 넷으로 규명했는데, 즉 갈라질 수 없으며, 나뉠 수 없으며, 섞일 수 없으며, 바뀔 수 없다고 했다.

3. 개신교적 인지 구조

14세기에 시작된 유럽의 문화적 변화는 종교적 영역에도 영향을 미치게 되었다. 루터의 사상 형체는 그의 신앙생활에 있어서 르네상스의 발전을 독특한 양상으로 경험한 데에서 비롯되었다. 그의 종교체험이 중세와 다른 점을 지적해 보면 중세에는 십계명에 따라 하나하나씩 참회하면 죄가 다 사해진 것으로 여겼다. 그러나 루터는 하나님과 자기 사이에 있는 죄를 참회하고 하나님께 더 가까이 가려고 하면 전에는 적게 보이던 죄가 하나님의 거룩한 빛으로 더 크게 보여 이전과 마찬가지의 죄의식을 가지게 되었다. 그래서 아무리 죄를 고백하더라도 하나님께 가까이 갈 만큼 정결해질 수는 없다고 느끼게 되었다. 그러던 중 그는 시편을 연구하는 가운데 시편 31편 2절 "주의 의(義)로 나를 건지소서"라는 구절을 주목하게 되었다. 그 전에 그는 '하나님의 의'란 하나님의 속성을 가리키는 것으로 생각했다. 그러나 이때 루터는 '하나님의 의'란 말은 하나님 자신의 의롭다는 것을 가리키는 말이라기보다 우리를 의롭게 하시는 하나님의 의를 가리키는 것임을 깨닫게 되었다. 또한 '믿음'이라는 말도 내가 하나님을 믿는 것을 가리키는 말이라기보다는 우리를 믿게 해 주시는 하나님의 돌보심을 가리키는 것으로 깨닫게 되었다. 우리를 의롭게 하시는 하나님의 의에 의해, 즉 (의)²에 의해 우리가 사죄를 받고 의롭게 되어 구원을 받는다는 사실을 확신하게 되었다.

4. 현대 신학의 인지 구조

현대 신학에 있어 새로운 구조 설정은 슐라이어마허(Schleiermacher)에 와서 생성되었다. 그는 경건을 지식의 대상도 아니고, 윤리의 기준도 아닌 이 둘의 분화되지 않은 그 점에서 본연(本然)의 자아의식의 '느낌'(Feeling)으로 해석했다. 이 경전에서 지식과 윤리가 장(場)을 이루었다고 하였다. 이는 유대인의 전역적인 단체(Global Simplex)적 사고형이 그리스-로마의 이원적인 영향 아래 오랫동안 머물러 있던 것을 다시 국부적인 단체(Localized Simplex) 구조인 3원적인 사고 유형으로 복귀시킨 것이다. 그의 신학은 그 당시 낭만파의 기주(基柱)도 되었거니와 그는 지성과 의지의 대립에서 벗어나 경건을 신학에 재도입한 신학자로 볼 수 있다.

제 2 장
공자(孔子)의 인지 구조

　　공자는 자기의 모든 가르침을 하나로 꿸 수 있다고 하였다(一以貫之). 이는 단편 단편의 것으로 자기의 사상을 구축하지 않았다는 뜻이다. 그렇다면 『논어論語』 첫 장에 언급된 배움과 우정과 군자의 도를 세 가지 독립된 주제로 볼 것이 아니라 거기에 있는 하나의 통일된 입장을 찾아 내야 할 것이다. 여기서 배우는 것과 복습하는 것은 학문에 대한 이중적인 자세이다. 또한 친구와 다시 친교를 가지게 되었다는 것도 우정을 이중적으로 표현한 것이다. 또 남이 알아주지 않아도 불평하지 않는다는 것은 부정을 부정함으로써 군자의 도를 이중적으로 표현한 것이다. 이 세 마디는 이중적인 공통된 구조를 가지고 있다고 볼 수 있다.

　　위에서 말한 바를 다시 공자의 사상의 핵심이 되는 인(仁)에 관계시켜 구체적으로 설명하고자 한다. 그는 인에 대해 다음과 같이 말했다. 즉,

$$
\left.
\begin{array}{l}
\text{임금은 임금다워야 되며(君君)} \Rightarrow (君)^2 \\
\text{신하는 신하다워야 되며(臣臣)} \Rightarrow (臣)^2 \\
\text{아비는 아비다워야 되며(父父)} \Rightarrow (父)^2 \\
\text{아들은 아들다워야 된다(子子)} \Rightarrow (子)^2
\end{array}
\right\} (X)^2
$$

고 하였다. 다시 말해서 공자는 인에 대해 단순히 어진 것만을 나열하려고 한 것이 아니다. 위의 네 덕목(德目)을 각기 이중화(二重化)하였는데 그 변수들을 다시 기호화하면 곧 $(X)^2$이 된다. 즉,

$(X)^2$

$(X)^2$은 (X) 나름대로 되어야 한다.

는 이중적 구조를 말한 것이다.

공자는 이 이중적인 제2계의 의식 구조(意識構造)를 부정적 방법으로도 표현한 바 있다. 그는 과오(過誤)에 관해서 다음과 같이 설명하였다.

과오를 범하고 뉘우치지 않을 때 이것이 곧 잘못이다

(過而不改 是謂過也)

$(過) \cdot (不改) \Rightarrow (過)^2$

$(\sim X) \cdot \sim[\sim(\sim X)] \Rightarrow (\sim X)^2$

공자에게 있어서 과오란 일의 잘못을 말함이 아니다. 잘못은 누구에게든 있을 수 있다. 잘못을 저지르고 뉘우치지 않는 것이 잘못이라고 했다. 그는 제2계적 의식 단계(第二階的 意識段階)에서 과(過)를 이해

함으로써 탁월하고 깊이 있는 해석을 할 수 있게 되었다.

공자는 때로 긍정의 이중 구조와 부정적 이중구조를 동시에 연립하여 쓰기도 했다. 그는 인에 관해 다음과 같이 말한 바 있다.

어진 사람은 남을 좋아할 줄도 알고 미워할 줄도 알아야 한다.

(仁者 能好人 能惡人)

다시 말해서 어진 사람은 선악을 구분하여 선한 사람은 선하게 대하고 악한 사람은 미워해야 한다고 했다. 공자가 말하는 어짐이란 흔히 우리가 생각하듯이 아무에게나 좋게만 대해 주는 것이 아니라, 미움도 포함하고 있는데 악한 자를 미워하는 것도 '인'(仁)의 과제로 선한 사람을 사랑하는 것만큼의 비중을 차지하고 있다. 그래서 '인'이라는 말을 문자적으로 '어짐'으로 해석할 것이 아니라 공자의 생각의 틀에 따라 해석해야 할 것이다.

그는 지식에 대해서도 다음과 같이 말하였다.

아는 것은 안다 하고 알지 못하는 것은 알지 못한다고 하는 것이 아는 것이다.

(知之爲知之 不知爲不知 是知也)

$(知)^2 \cup (不知)^2 \cong$ "知"

$(X)^2 \cup (\sim X)^2 \cong$ "X"

이와 같이 공자는 위에 말한 이중화 된 두 대칭적인 사고 구조를 일관성 있게 고수했다. 이것이 바로 군자(君子)의 도(道)이다.

공자가 말한 이 이중 구조는 오늘날의 중공에서도 여전히 그 영향을 주고 있다. 유소기(劉少奇)는 "爲共産黨員的 訓練"에서 '군자'란 말을 '무산계급'으로 바꾸어 대입하였다. "무산 계급만이 마르크스·레닌이즘을 제대로 습득할 수 있다", "무산 계급만이 혁명과업을 실천할 수 있다"고 하였다.

   f_1: 무산 계급 → 마르크스·레닌이즘의 습득

   f_2: 무산 계급 → 혁명 과업의 실천

   $f_1 \cap f_2$: 무산 계급 → 이념 습득∩혁명 수행

   ≅ 지식∩행동

   ≅ 지행일치

여기에서의 지행일치는 변증법에 의한 것이 아니라 유가(儒家)에서 전수받은 것이다.

유가의 이원이중적(二元二重的)인 사상 구조를 한대(漢代)에 이르러 양웅(揚雄)은 삼원이중적인 것으로 격상시켰다.

   "玄有一道, 一以三紀 一以三生

   以三起者 方, 州, 部, 家 … 八十一所"

   ("太玄" 卷十頁四, 卷七頁十六)

유(儒), 노(老)에서는 '일생이'(一生二) 혹은 '무극이 생태극'(無極而 生太極)이라고 하였는데 여기에서는 '일생삼'(一生三)이라고 하였고, 이를 방(方), 주(州), 부(部), 가(家), 사차(四次)로 높여 81소(所)(3^4=81)를 만들어 놓았다. 그러나 4=2^2으로 3을 이차원적으로 설정하여($3^2 \times 3^2$=

9×9=81) 2차원적인 평면의 제한 내에서 3원적인 것을 다룸으로써 이 매개 단위(單位)를 다시 평면적인 9단위(九單位)로 구분하여 81개 단위로 갈라놓게 되었다.

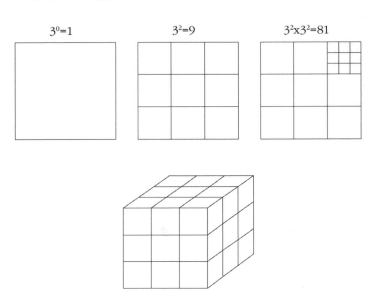

$3^0=1$ $3^2=9$ $3^2 \times 3^2=81$

양웅(揚雄)을 이어 소옹(邵雍)도 그의 『황극경세皇極經世』에서 원(元), 회(會), 운(運), 세(世), 년(年)의 방식으로 12와 30을 엇갈려 곱함으로써 역시 평면적인 제한을 벗어나지 못했다. 소옹의 제자 채원정(蔡元定)의 『율려신서律呂新書』를 거쳐 한국의 세종(世宗) 시대에 제정(制定)된 『악학궤범樂學軌範』에 이르러 비로소 삼차 삼원의 형틀을 처음 갖추게 되었다. 각기 삼원적으로 된 '율, 성, 진'(律, 聲, 秦)을 삼차원으로 연결시킴으로써 이미 데카르트(Descartes)의 해석 기하가 나오기 백 년 전에 인류 문화사상(文化史上) 처음 입체 삼원형(三元型) 사고 양식을 완성시켜 『훈민정음訓民正音』과 『동국정운東國正韻』에도 적용시켰다.

물론 성리학(性理學)에서 율곡의 위치가 고명(高明)하였으나, 이(理)와 기(氣)의 2원 2차적인 문제를 다루었을 뿐이다. 우리 문화를 3원 3차적인 경지에 이르게 하였던 것은 자부할 만한 공헌이라고 하겠다.

제 3 장
노자(老子)의 인지 구조

『도덕경道德經』의 첫 마디는 아래와 같이 되어 있다.

道可道 非常道

名可名 非常名

　　많은 학자들이 이 구절을 다룰 때 첫 글자인 '도'(道)자를 주목했다. 그들은 대체로 두 갈래로 나누어져 도를 명사 혹은 동사로 해석해 보려고 했다. 도는 최고의 원칙을 의미한다고 보기도 하고, 가야 할 길을 가리킨다고 보기도 했다. 잇따른 주석의 주석이 복잡한 결론을 내어 도(道)의 뜻을 흐리게 만들었다. 노자(老子)는 도(道)나 명(名)자의 의미를 해석하고 있지 않다. 없으면 없는 대로 시작할 것이지 무엇일 것이라고 주입해서는 안 된다. 그렇다고 해서 아무것도 없는 것은 아니다. 이 두 구절은 같은 틀을 가지고 있다. 위의 두 명사 '도'(道)와 '명'(名)을 변수로 대입하면 다음과 같이 된다.

X可X 非常X

이와 유사한 구절이 그다음 장에 다시 연속해서 나온다.

天下皆知 美之爲美 斯惡[不美]已 皆知善之爲善 斯不善已
天下皆知 X爲X 不X已

이 두 구절에서 '미'(美)와 '선'(善)을 변수로 대입하면 같은 구조를 갖고 있음을 알 수 있다.

위의 네 구절 중 처음 두 구절은 시간을 주축으로 하였고[常], 다음 두 구절은 공간을 주축으로 하였다[天下]는 점에서 다를 뿐이다. 이 구조를 풀이하면, 무엇이든 '가'(可)하다고 하면 그 상위적(相位的)인 '비'(非)나 '부'(不)가 있게 된다는 것, 즉 '그렇다'고 하면 이와 대칭적(對稱的)인 '그렇지 않다' 함이 따르게 마련이라는 것이다. 이 틀 위에 '도'나 '명'을 대입하든가 '미'나 '선'을 대입했을 뿐이다. 노자는 가변적인 어떤 명사보다는 밑에 남아 있는 변치 않는 구조를, 의식의 세계보다는 잠재의식의 세계에서 직관하도록 하는 기법을 사용한 것이다. 이런 의도에서 개별적인 명사를 가변(可變)의 인자(因子)로 여겨 별도로 하나하나씩 해석하지 않고 남긴 것이다. 하나의 밑구조를 연속하여 네 번이나 반복한 것은 독자로 하여금 무의식 중에 조건 반사되게 하기 위한 서술법이라고 하겠다.

이러한 틀에 의해서 노자의 도에 관한 구상을 살펴볼 수 있다. 그는 도에 관하여 다음과 같이 서술하고 있다.

有無相生 難易相成…

  '유'(有)와 '무'(無), '난'(難)과 '이'(易)는 두 상위적인 대칭적 명사이
다. '유'라는 것은 '무'라는 개념이 없이 있을 수 없고, 모든 유라는 작
용이 없이는 있을 수 없다고 함이다. 이 두 요인은 '상생'(相生), 즉 서로
짝이 되어 어울려 태어난다고 하였다.
  상위적(相位的)인 대칭을 이룬 명사와 동사를 다시 연결시켜 그가
말하고자 하는 궁극적인 제2계의 의식 구조를 구축했다. 이런 의미에
서 아래와 같은 말로 첫 장을 끝마치고 있다.

  比"兩"者 同出而異名 同謂之玄
  玄之又玄 衆妙之門

상위적인 명사의 대칭과 상위적인 동사의 대칭은 비록 달리 불리우기
는 하지만, 하나의 황홀한 것으로 보았다. 황홀하게 얽힌 두 개의 상위
적인 것이 2차적으로 다시 황홀하게 얽힌 것이 바로 그 궁극적인 제2
단계의 의식을 이루게 되었다.
  이러한 제2단계의 상위적인 요원의 황홀한 얽힘 안에서는 감각적
대립을 수용하고도 남게 된다. 그래서 그는 이 도를 "들어도 들리지
않고 보아도 보이지 않으며 묶어도 묶이지 않는 것으로 형용되지도
않고 이름을 붙일 수도 없는 존재"라고 하였다. 이러한 2차적인 상위
적 결합의 이름을 지을 수 없어 '도'라고 부를 뿐이라고 했다(吾不知其名
字之曰'道'). 그런 의미에서 도(道)라 함은 어느 하나의 술어(述語)로서
사건을 서술하는 데 사용될 것이 아니고 구조적으로 제2단계의 2원구

조의 규합을 말함이다. 그는 이것이 바로 '영구히 있을 수 있는 도'('常'道) 또는 '하늘의' 도('天'道) 혹은 큰 도('大'道)라고 하였다. 이것은 만물의 본 모습이요 진실되고 믿을 만한 기백으로 나타난다고 했다.

『도덕경』의 후반부는 덕(德)에 관하여 설명되고 있다. "도가 잃어졌을 때 덕이 있게 된다"(失道而德)고 하였다. 이 말은 도의 상위적 대칭이 덕이라고 하는 것이 아니고 도가 잃어졌을 때 덕을 찾게 된다고 함이다. 그러므로 덕의 구조를 도의 구조에서 연출시킬 수는 없게 된다. 덕의 구조는 아래의 몇 개의 구절에서 그 나름대로 구축해야 한다.

> 선한 자를 나는 선하게 여길 것이며
> 선치 못한 자도 선하게 여길 것이니
> 이것이 바로 덕스러운 선이다.
> 善者 吾善之 不善者 吾亦善之 德善

노자는 또 아래와 같이 말하였다.

> 믿을 만한 사람은 나는 믿을 것이요
> 믿지 못할 사람도 믿을 것이니
> 이것이 바로 덕스러운 믿음이다.
> 信者 吾信之 不信者 吾亦信之 德信

이 두 구절의 공통된 틀은 다음과 같다.

> X한 자를 나는 X로 여기고

X치 못한 자도 X로 여기니

이것이 바로 덕스러운 X이다.

다시 말해서

X든 (~X)든, X로 같이 대하는 마음이 X를 덕되게 한다.

는 것이다. 어떤 대상을 상위적 대립(相位的 對立)으로 갈라 놓고 달리 가치평가(價値評價)할 것이 아니라, "젖은 자리 마른 자리 가리지 않는" 심정을 가리킴이다. 그러므로 덕을 두터이 품을 때 대립과 투쟁으로 얽힌 현실이 비로소 조화를 다시 찾게 될 것이라고 했다.

덕은 조화적(調化的) 소임 외에 형평(衡平)의 작용을 한다고 하였다. 그는 천도(天道)는 마치 휘어잡은 활과 같아서(張弓) 활줄을 당기는 방향과 화살이 나가는 방향이 상반됨과 같이 높은 자를 낮게 하며 낮은 자는 높이며, 있는 자의 것을 빼앗고 부족한 자를 채워준다고 했다. 그래서 대성하면 좀 부족한 양 살아야 하며, 달변한 사람은 좀 더듬어야 된다고 했다. 그래서 하면서 하지 않은 태도로(爲·無爲) 담담하게 살아야 하며, 일을 할 때 안 함과 같이 하여야(事·無事)한다고 했다. 흔히 노장철학(老莊哲學)을 '무위'(無爲)의 철학이라고들 하나 '무위'라고 한 적은 한 번도 없다. '위무위'(爲·無爲)를 주장하여 어진 덕의 삶이 얽혀서 황홀한 도의 경지에 이르도록 강조했을 뿐이다.

노자의 덕에 대한 개념이 모택동(毛澤東)에 의해서 문화혁명(文化革命)의 기조(基調)가 되었다. 그는 두 대칭적 요소가 '모순'(矛盾) 관계로 되어 있다고 하였다.

호상연결(互相聯結)

호상관통(互相貫通)

호상삼투(互相滲透)

호상의뢰(互相依賴)

이러한 네 용어는 헤겔이나 마르크스에게서 유래된 변증법적 결합이 아니다. 상호연결은 대립하는 한 측면이 다른 특면과 분리될 수 없는 공간적인 문제와 관련되어 있고, 상호의뢰는 한 측면이 다른 측면 없이 존재할 수 없다는 존재의 조건과 관계된다. 상호관통은 한 측면이 다른 측면을 통해서 능동적으로 들어가는 것을 의미하고, 상호삼투는 양 측면의 수동적 유입을 의미한다. 두 대립물의 이러한 작용을 통해서 쌍방은 하나의 통일체 안에서 거의 식별할 수 없을 정도로 공존하고 있다. 이것이 모순의 동일성의 제1의 의미라고 하였다.

모순하는 쌍방이 서로 의존하는 것으로 사정은 끝나지 않고 서로 전환한다는 것이다. 요컨대 사물의 내부에 있는 모순은 어떤 일정한 조건하에서 서로 상반된 측면으로 전화(轉化)하고, 대립하는 측면으로 전위(轉位)한다. 이것이 모순의 동일성의 제2의 의미라고 하였다.

제 4 장

석가(釋迦)의 인지 구조

석가는 여러 가지 문제에 대해 해답을 주었다기보다는 그 문제 자체에서 해탈할 수 있는 길을 제시했다고 하겠다. 그의 가르침은 많은 경전으로 전해 내려오고 있는데, 여기서는 대승(大乘)의 공통분모가 되는 『금강경金剛經』을 중심으로 그의 생각의 틀을 찾아보고자 한다.

석가는 먼저 생각의 바탕을 분석했다. 그는 오랫동안 번뇌 혹은 고뇌가 무엇인지를 깊이 생각했다. 번뇌가 주는 아픔보다 번뇌가 생기게 되는 바탕을 깊이 탐구했다. 석사는 욕심이 바로 번뇌의 진원임을 깨닫게 되었다. 그는 다시 욕심이 어떻게 해서 생기는지를 묻고, 욕심은 아집(我執)이 주체가 되어 색계(色界)를 소유하려고 하는 데서 생김을 깨닫게 되었다. 석가는 아집이 주체가 되어 색계를 소유하고자 하는 그 욕망의 구조를 더 캐물었다. 그리고 그 욕망은 우리가 일상적으로 무심코 갖고 있는 생각의 바탕에서 나온다는 것을 알게 되었다.

그러나 석가는 이분화된 아집과 색계는 우리 머리에서 조작된 것이라고 했다. 다시 말해 아집과 색계는 본래적으로 그렇게 존재해있는 것이 아니라 이분화하는 우리 사고의 작용에서 생겨난 것이라고 보았다. 뿐만 아니라 아집이라는 범주만도 계속 이분화되어 아상, 인상, 중생상, 수자상(我想, 人相, 衆生想, 壽者相) 등으로 무한히 분화되어 '중생'(衆生)을 이루었다고 했다. 석가는 이런 한없는 무량중생(無量衆生)은 우리의 의식 작용으로 형성된 것으로 실제로 존재하지 않는다고 하여 실무중생멸도입열반(實無衆生滅度入涅槃)이라고 했다. 즉, 흔히 석가가 중생을 멸도하기 위해 이 세상에 왔다고 하나, 멸도할 중생이란 우리 생각의 조작으로서 실제로 존재하지 않으므로 구원의 대상으로 실재하는 것이 아니라고 보았다.

그는 색계에 관해서도 우리 의식의 이분화 작용으로 무한히 증식하고 있다고 했다. 그래서 비록 욕계육천(欲界六天)에서부터 무색계사천(無色界四天)을 말하며 삼천대계(三千大界)와 무량한 겁(劫)을 말한다고 하더라도 이 모든 것은 우리의 인식 작용으로 색계를 계속 분화한 데서 생긴 것으로 실재하지 않는다고 보았다. 그래서 그는 삼천대계(三千大界)를 다 보시(布施)한다고 해도 그의 말 한마디를 읽는 것보다 그 복이 못하다고 했다. 다시 말해 우리 마음의 이분화 작용으로 주체와 색계가 형성되었을 뿐만 아니라 다시 그 하나하나가 계속 이분화하는 데서 중생과 삼천대계로 나누어져 보이게 되었다고 했다. 그러나 우리의 생각하는 주체와 색계는 사실상 실재하지 않는 것이어서 어떤 주체이든 색계에서 무엇을 소유하려고 하면, 이는 이루어질 수 없는 행동으로서 결국 번뇌를 자아낸다고 했다.

석가는 이런 아집과 색계와 욕심의 복합된 작용을 극복하는 방법으로 육바라밀(六波羅蜜)을 말했다. 즉, 번뇌에서 해탈에 이르기까지 과정을 여섯 단계로 설파했다. 그중 마지막 단계인 제6바라밀은 지혜(智慧)인데, 주(註)를 붙여 '아뇩다라삼먁삼보리'라고 했다. 이것을 한

문으로 무상정등정각(無上正等正覺)이라고 한다. 정등(正等)이란 쉬운 말로 하면 평등이다. 평등하게 한다는 것은 가치관의 이분화를 제거하자는 것이다. 좋고 나쁘다고 하는 개념은 우리의 의식에서 조작된 것이므로 버리자는 것이다. 정각(正覺)이란 이분화된 개념을 버리자는 것이다. 예컨대 아집과 색계로 나누어 볼 것이 아니라 나누기 이전의 본연의 하나를 찾아보자는 것이다. 정등정각을 떠난 생각은 이차적인 이분화 작용을 이루어 내적 분열을 일으키게 한다. 이에 반하여 정등을 되찾게 된다면 우열에서 평등에 이르게 되며, 정각을 찾게 되면 주체와 객체가 하나가 되므로 평(平)과 화(和), 즉 평화(平和)를 되찾게 된다고 했다. 오늘날 우리는 평화라 하면 흔히 싸움으로부터의 평화를 연상하지만, 석가에 있어서 평화란 인위적인 조작을 떠나 생긴 그 나름대로 보는 여래관(如來觀)에서 오는 것을 말한 것이다.

수당시대(隋唐時代)에 이르러 불교는 '이제삼절'(二諦三節: 혹은 '중'(重), '종'(種), '계'(階))로 발전하게 되었다. 길장(吉藏)은 일찍이 '이제장'(二諦章) 권상(卷上: 大藏經 卷四五頁七八)에서 이원삼차 사고유형(二元三次 思考類型)을 창안(創案)하였으며, 현장(玄奘)도 이를 따라 유식론(唯識論)을 해명(解明)하였다.

이상에서 설명한 석가의 인지 구조는 다음의 도표로 정리될 수 있다.

吉藏(二諸二節)	玄奘
第一階　　　　　$[2^{3+1}=2^4=16]$ 〈有, 無〉 世　眞	了別識 所綠(相分), 能綠(見分) 依他起生, 生無性(如法爲實有) 〈資量, 加行〉

第二階 二 遍, 中 道 〈有, 無〉·〈~有, ~無〉 世 眞	思量識, (自發分), 遍計所執性, 相無性 (如法爲實有) (通達, 修習)
第三階 偏, 中, 非遍非中 〈有, 無〉·〈~有, ~無〉·〈非二非不二〉 世 眞	異熱階 (證自證行) (種子, 薰習) 勝義 : 無性 究境 〈無上正等正覺〉

　미분화($未分化$)의 상태는 본연($本然$)의 하나 또는 본연($本然$)의 공($空$)이다. 미분화의 상태에서 이분화($二分化$), 즉 공간($空間$) 전체를 둘($二$)로 나누는 부정($否定 : \sim$)에 의한 이분화이다. 이러한 공간적 이분화에 의하여 유($有 : X$)와 유의 부정인 무($無 : \sim X$)가 대칭된다. 이와 반면에 시간적($時間的$) 이분화는 망각($妄覺 : \bigcirc$)함으로써 공($空 : (\bigcirc)$)에 이르는 것이다.

미분화($未分化$)		本然의 空	
이분화 ($二分化$)	공간 ~ : 부정	(X) ――有	$(\sim X)$ 無――▶
	시간 ○ : 망각	○·(X) 妄覺·實	$(\bigcirc)$ 空
재분화 ($再分化$)	공간 이중부정($二重否定$)	$X = \sim(\sim X)$ 轉	$\sim X = \sim(\sim(\sim X))$ 移――▶
	시간 절연망각($絶緣妄覺$)	○·(○·(X))	○·○ 出障 ↓ (解脫)
여래관($如來觀$)		如來	

이와 같은 공간적 이분화와 시간적 이분화의 차이는 재분화(再分化)의 상태로 나아가는 방식에서 더욱 확연하게 드러난다. 공간적 재분화는 부정(否定)의 부정(否定)인 이중부정(二重否定)에 의하여 이루어진다. 이중부정은 무(無 : ~X)를 부정(否定 : ~)하여 유(有 : ~(~X))로, 다시 유(有 : ~(~X))를 부정(否定 : ~)하여 무(無:~(~(~X)))로 전이(轉移)하게 된다. 즉, 이중부정은 긍정(肯定)의 역할을 하는 것으로서 유(有 : X)와 같게 되고, 무(無:~X)의 이중부정(~(~(~X)))은 무(無 : ~X)와 같게 된다.

하지만 시간적 재분화는 망각(妄覺)의 망각(妄覺)인 절연망각(絶緣妄覺)에 이르게 한다. 절연망각(絶緣妄覺)은 실(實 : (X))을 망각(妄覺:○)한 것(○ · (X))조차 망각(○· (○· (X)))함으로써 출장(出障), 즉 해탈(解脫)의 경지((○) · (○))에 이르는 상태를 말한다. 여기에서 재분화를 넘어 여여(如如)한 여래(如來)를 체인(體認)하는 것이 여래관(如來觀)이다.

제 5 장
인접구조론적 인지 구조

어느 민족이든 그 시대와 환경에 따라 그 나름대로 생각하는 틀을 구축했다고 볼 수 있다. 그런데 그 생각의 틀을 성화(聖化)시켜 신격화한 때도 있었다. 유교(儒敎)에 있어서 천(天)이나, 노장(老莊)에 있어서 도(道)나, 유대 민족에 있어서 '헤브라이즘'은 그 시대 그 민족에 있어서의 인지의 틀이라고 볼 수 있다. 그러나 그것이 반드시 다른 환경에 사는 다른 민족에게 적용되리라고 볼 수는 없다. 그래서 '인접상황구조'(隣接狀況構造)연구가 필요하다.

인접상황구조 연구는 최근 수학 분야에서 시작되었다. 특히 위상학(Topology)의 발전으로 감각적으로 다르게 보이는 둥근 것과 네모난 것 등을 하나로 취급할 수 있게 되어 공간(空間)의 많은 번잡한 문제를 간추려 다룰 수 있게 되었다. 아울러 추상대수(Abstract Algebra)를 통하여 다르게 보이는 여러 함수 과정을 분석하여 유사한 성격의 작용으로 보게 된 데서 복잡한 시간 개념도 정리되게 되었다. 이러한 다원화(多元化)한 새로운 시공간의 틀로 학문의 새 장이 열리게 되어 문화의 구조를 분석하는 데에 도움이 될 뿐만 아니라, 한 문화로 다른 문

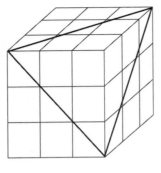
삼원삼차적 구조

화를 이해하는 데에도 도움이 되게 되었다.

이와 같은 견지에서 살펴볼 때 유대의 전역적 단체구조(Global Simplex)와 슐라이어마허의 국부적 단체구조(Local Simplex)는 세종의 삼원삼차적(三元三次的)인 구조 내에 포함되게 된다.

세종(世宗)의 삼원삼차적 구조는 3^3=27개 '단위 입체'(單位立體)를 충분히 포괄할 수 있게 됨과 동시에 그 이상의 것을 구상하는데도 새로운 터전이 될 수 있게 한다.

기독교에 있어서 그리스-로마의 이분역리(二分逆理) 구조는 동양에 있어서 노자(老子)와 상응한다. 그리스-로마의 사상 구조에 의한 신조를 되살펴 보면 예수 그리스도에 관하여 다음과 같이 표현되었다.

참 하나님이시다.   성부와 동질이시다.

  $(X)^2$

참 사람이시다.   우리와 같으시다.

  $(\sim X)^2$

이 둘은 섞일 수 없으며
    바뀔 수 없으며
    나뉠 수 없으며
    갈라질 수 없다.

노자와 모택동의 표현을 빌린다면 이 두 대칭 요원 사이의 관계는 다음과 같이 표현될 수 있다.

호상연결(互相聯結)

호상관통(互相貫通)

호상삼투(互相滲透)

호상의뢰(互相依賴)

즉, 이 연결과 관통은 전위(傳位)의 관계를 가졌고, 삼투와 의뢰는 전화(轉化)의 기능을 소유한다고 함과 같다.

이러한 이분역리구조(二分逆理構造)는 다시 불교(佛教)의 이제삼절적(二諦三節的) 구조에 흡수될 수 있다. 가령 불교에서는 기독교의 기본 형틀이 대칭적인 요소를 역설적 관계로 연결한 것으로, 번뇌의 원인이 된다고 본다. 예를 들어 기독교에서 "원수를 사랑하라"고 함은 번뇌를 '사랑'이라는 미명 아래 감추어 놓음이라고 말한다. 더 나아가 이를 시간성(時間性)의 연계부정(連繫否定)에 적용하면, 미워할 원수조차 존재할 수 없는 경지에 이르게 된다고 할 수 있다.

끝으로 루터의 사상을 유교(儒教)와 비교한다면 루터는 긍정적 이중구조($(X)^2$)를 소유하고 있지만, 부정적 이중구조($(\sim X)^2$)에는 아직 도달하지를 못하여 유교의 $(X)^2 \cup (\sim X)^2$의 구조에 포함될 수 있다.

$$(X)^2 \subset <(X)^2 \cup (\sim X)^2>$$

루터   儒教

루터는 잘못을 저지른 것을 죄라고 생각하였으나,

$$罪 \cong (\sim X)$$

잘못을 뉘우치지 않을 때를 죄로 여기는 경지(境地)에는

$$罪 \cong \sim(\sim X))$$

도달하지 못하였다.

　그 반면 유학(儒學)에서는 죄를 계율에 의하여 규정짓지 않고, 죄를 인간 본성에 의거하여 논하고 있다(Humanized Ethics). 윤리를 인간화하여 인간 입장에서의 적부(適否)를 논한다는 것(Humanistic Ethics)이라기보다 인간 본연의 성품에서의 판단을 주창하였다고 볼 수 있다.

　신학은 신의 존엄을 표상하는 틀에 불과하다. 그동안 서구인의 신학은 그들의 자만과 아집으로 고착된 생각의 틀을 고수함으로써 그들의 신의 개념을 그들의 문화 양상대로 표현하게 되었다. 이렇게 환각 속에 잠들어 있을 때 다른 문화권에서는 눈부신 발전을 이룩하고 있었다.

　우리의 당면 과제는 신학을 이 앞선 문화의 형틀로 바꾸어 주어야 할 뿐 아니라, 아울러 앞서나가는 학문을 연구하여 새로운 문화 양상(文化樣像)을 형성시켜 나가는 것이며, 그것을 통하여 신의 존엄성을 이 시대에 새롭게 알리는 것이 우리의 소임이다.

제2부

동양의 사유

제 1 장

원시적 사고 양상

1. 무엇이 시작인가

많은 민족들이 그들의 유래를 신화에 의존한다. 한국의 단군, 중국의 반고, 이집트의 이시스(Isis)와 오리시스(Orisis), 그리스의 올림피아, 로마의 라물루스(Ramulus)를 들 수 있다. 이야기의 줄거리와 주인공이 너무 이질적이어서 '신'들의 이야기, 즉 '신화'라고 부른 것 같다.

신화는 무엇인가를 학자들은 다각도로 검토해 왔으며 '신화는 역사인가' 하는 문제는 오래전부터 제기되어 왔다.

이질적인 신화를 역사가 아니라고 하기는 어렵지는 않으나 역사가 아닌 신화로 대부분의 역사 서술이 시작된다는 데 문제가 있다. 이스라엘의 역사를 보아도 창조 신화로 시작되었다. 세상은 인간이 아닌 신이 창조했고, 처음 만든 남자는 어머니에게서 난 것이 아니라 흙으로 빚어진 것이고, 여자는 남자의 갈비뼈로 지어졌다고 하였다. 그들의 수명도 흔히 천년쯤 산 것으로 되어 있다. 신화는 역사가 아니라면 많은 역사 기록은 그 시발점을 상실케 된다.

2. 신화는 어떤 위치에 있는가

많은 종교적인 입장에서는 신화를 믿어야 하며 그대로 받아들여 경건하게 다루어야 한다고 주장한다. 그들에게는 신화가 역사보다 더 중요한 위치를 차지하고 있다. 신화를 신의 것으로 착각하여 신성화하는 입장은 종교적인 비호하에 신화 그 나름대로의 의미를 파악하기 어렵게 만든다.

이와 반대로 유물론자들은 신화란 것도 인간의 사상, 윤리, 정치, 법률과 같이 특정된 생산 구조 위에 세워진 상층 구조의 하나로 본다. 원시 생산 구조를 바탕으로 한 사고 양상을 바로 과학 이전의 신화적 세계관으로 보았다.

원시적 사회에서는 원시적인 생산 구조가 의식 구조로 되어 있는 것은 당연한 것이나, 어느 것이 하층 구조이며 어느 것이 상층 구조가 되느냐고 이야기하는 것은 너무 유물주의에 집착하여 성급한 판단을 내린 것 같다.

문화인류학자들이 원시인의 생각을 관찰하는 데 신화를 한때 신화답게 접근해 보았다. 일찍이 뒤샹(Duchamp)과 그 제자 레비 브륄 (Levy-Bruhl)이 서구 문화가 유입되었음에도 그 원주민들의 원시적인 모습이 아직 보존된 곳을 찾아 나섰다. 이들은 아프리카 대륙의 동쪽에 위치한 마다가스카르섬을 선택하였다. 그들의 무속적인 신앙과 색다른 생각의 틀을 연구의 초점으로 두었다.

하루는 브륄에게 한 원주민이 와서 삿대질을 하며 흥분한 모습으로 알아들을 수 없는 말로 떠들어 댔다. 그의 통역의 말인즉 간밤 꿈에서 브륄 씨가 집에 와서 훔쳐 간 닭을 다시 내놓으라고 한다는 것이었

다. 이 사건을 통해 서구적인 인식 세계에서는 꿈과 현실을 구분하여
야 하나 원주민들은 아직 구분하지 않고 있음을 알게 되었다.

서구적인 인지 구조와 논리체계가 아직 원주민에게는 성립되어
있지 않다고 하여 그들의 사고형을 논리 이전의 것(Pre-logical) 혹은 논
리가 결여된 사고형(A-logical)이라고 하였다. 원주민의 사고 양상을
그들 나름대로 풀이하기보다는 서구의 것을 기초로 하여 그 범주로
원주민의 것을 비교·연구한 것이라고 하겠다.

그 후 심층 심리학자들 중 융(Jung)은 잠재의식에 깔려 있는 태고
의 집단의식의 표현이 곧 신화라고 하였다. 그는 많은 신화를 수집
하여 분류하고, 그 대표적인 것을 추려 서술한 바 있다. 이와 동시에
피아제(Piaget)는 어린이의 의식 구조를 연구하는 데서 원시적인 것과
많은 유사점이 있음을 발견하였다. 아울러 신화는 역사 형태가 아닌
다른 형태로 기재된 전승임을 알게 되었다.

3. 단군 신화의 '우리'

단군 신화는 고려의 승려 일연이 『위서魏書』와 『고기古記』와 『당배
구전唐裵矩傳』 등의 문헌을 자료로 하여 썼고, 『통전通典』과 『한서漢書』를
인용하여 주를 덧붙였다.

일연은 『고기』를 인용하고, 이승휴는 『본기』를 인용한 것을 보아
그들의 허구적인 조작이 아니고 비록 지금은 존재하지 않으나 이미
문서화되어 있었던 자료를 사용한 점을 입증한다. 이야기에 나오는
주인공 환인(桓因)의 서자 환웅(桓雄)을 천왕이라고 하였고, 삼천이나
되는 하늘의 무리와 같이 백두산에 하강하였다고 한다. 그들은 세상

에 내려와 신시(神市)를 만들고 "사람에 이롭게 하였다"고 한다. 이는 신과 사람의 품성 차이로 인한 거리감보다 어울려 하나의 '우리'가 되어 있음을 말한다. 곰도 무슬로 변화되어 여자로 전환하게 되어 있다.

천왕 웅(雄)도 사람이 되어 여자와 서로 결연됨을 볼 수 있다. 신과 사람, 곰과 여인, 그런 두 대립적 범주를 나누기보다 상통될 수 있는 함을 더 부각시킨 것이다. 그리고 단군의 나이가 천 년 이상 된다 함은 개인의 나이를 말함인지, 한 조대를 말함인지 신화적인 사고 양상에서는 완전 분리가 되어 있지 않다.

4. 원시적인 생각의 틀

원시적인 생각의 틀을 수리적인 모델로 풀이해 줄 수도 있다. 하나의 존재가 대칭적인 둘로 분리되는 과정은 <그림 1>과 같을 것이다. 이 미분화된 상태가 바로 신화 세계의 공간이요 그 사이의 관계가 무속에서 말하는 품성적 변화의 바탕이 된다. 이 미분화 상태는 분화된 상태에서 다시 합한 것과는 다르다. 헤겔이 말하는 합(合)은 대립된 정·반이 합쳐진 것이다. 영어의 'We'라고 하는 것도 분리된 개체들의 합이다. 그러나 한국어의 '우리'는 미분화된 하나를 말함이다. 단군의 성품을 신화의 양식으로 풀이할 때 그는 천신이 남자로 되어 여자가 된 곰과의 미분화된 틈에서 융화되어 태어난 존재이다. 그러므로 그는 신성을 지닌 사람이요 사람의 성품을 가진 신의 표상이다. 이 둘이 따로 존재하는 것이 아니고 둘보다는 적고 하나보다는 많은 존재이다.

원시적인 '우리' 사상은 모든 것을 그런 양상의 논리로 전개하여 분리된 사상과는 아주 다르게 구성되어 있다. 이 미분화된 터전에서

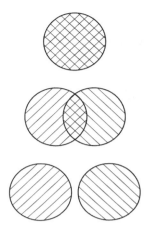

1+1 = 1
미분화 상태에서는 하나를 또 하나에 더하면 겹치게 되어 하나가 된다.

1+1 = 1⁺ 또는 2⁻
부분적으로 분화될 때 하나를 또 하나에 더하면 하나보다는 크고 둘보다는 작게 된다.

1+1 = 2
완전히 분리될 때 하나를 하나에 더하면 둘이 된다.

〈그림 1〉

'신화의 양상'이 생겨난다면 '분리된 틀' 위에서만이 '역사적 서술 방법'이 형성되게 마련이다. 그러므로 역사적 형틀이 잡히기 전에 신화의 형틀로 진행되고 있는 사건을 고정시켜 구전으로 내려왔다고 하였고, 태백산에서 평양 곧 평지로 도읍을 옮겼다고 하였으며, 바람과 구름 그리고 비를 관할하는 신도 같이 내려왔다고 함을 보아 수렵 시대에서 농경 사회가 시작될 무렵 성문화된 것 같다. 고조선조의 개국 사건이 성문화되던 당시의 상황에 비추어 신화 양식으로 표현한 것이다. 이 사건이 신화의 형틀을 입었다고 해서 그 사건을 부정해서는 안된다. 엄격한 시·공간의 대칭적인 틀을 벗어난 원시적 생각의 틀에 의해서 실제로 있었던 사건을 기술했을 뿐이다. 비록 관습적인 의미로의 '역사'는 아니지만 실재한 사건을 원시적 생각의 틀에 맞추어 표현함으로써 그 호탕한 기세를 풍겨주고 있다.

원시 사고 양식이라고 해서 현대에 와서 버려야 하는 것은 아니다.

이것이 우리의 잠재의식으로 영구히 남아 있어 그 위에서 그 후의 진전된 의식 세계가 축적되게 마련이다. 이런 면에서 이 미분화한 '우리' 사상이 우리의 예술에 강력하게 반영되어 비록 섬세하지는 못하다고 하겠으나, 그 생동력과 깊이 있는 의미를 가림없이 직시할 수 있게 해주었다.

아울러 이 '우리' 사상에 있어 끊을 수 없는 하나가 끊김을 당할 때 여기에 따르는 슬픔은 한(恨)을 맺게 한다. 그리하여 우리는 서구 민족들보다 애수에 민감하고 정에 두텁다. 우리의 역사를 한으로 채운 듯 느낄 수도 있으나 이 역시 한에 민감한 데서 느껴진 면도 없지 않나 생각된다. 우리의 문화를 고찰할 때 이 원시적 사고 양상이 흔들리지 않는 바탕이 됨을 다시 상기하게 된다.

제 2 장

역(易)과 역사철학

1. 머리말

역(易)의 구조를 이해하는 데 도움이 되도록 먼저 역의 유래를 밝히려고 한다. 역이라는 이름은 주나라 때에 비롯된 것이나 그 이전에도 있어 '연산'(連山) 혹은 '귀장'(歸藏)으로 불렸다. 이는 계시로 받은 것이 아니고 관찰을 통해서 터득한 것이다. 이것으로 모든 것을 관통하여 볼 수 있으며, 이로써 모든 것을 분류하여 정리할 수 있을 것이라고 보았다.

2. 문제의 발달

『역경易經』「계사繫辭」와 『역위易緯』「건착도乾鑿度」 상편에 보면 복희 씨가 괘를 처음 만들 때는 상징적인 '문'(文) 혹은 무늬로 작성하였다고 하였다. 「—」과 「--」 두 무늬로 이분하여 이진법으로 연출하였고, 그다음 상형적인 자(字)가 생겼다.

오늘날 우리는 흔히 '문자'(文字)라고 겹쳐서 '글자'를 뜻하나 옛날에 문은 상징적이었고, 자는 상형적이었다. 산을 문으로는 ☶로 표시하였다면, 자로는 산의 모습을 그려 ⛰(山)으로 표시하였다.

우리가 갖고 있는 주역은 바로 이 무늬로 된 것을 상형적인 글자로 옮겨 쓴 것이며 뒤에 이로 인해 많은 문제가 야기되었다.

2.1. 문(文)의 분화

상징적인 문을 상형적인 방법으로 분화한 흔적도 남아 있다. 무늬(文)를 상하로 나열할 때는 '상'(像)이라 하여 본질 면을 논하였고, 좌우로 배열하였을 때는 '효'(爻)라고 하여 유동성을 지적했다.

그런데 같은 문이라도 ☰는 하늘의 본질을 의미한다면 |||은 서열의 선두, 즉 시간적으로 시초를 말한다. 공간적으로 높은 하늘은 시간적으로 시초가 되는 의미를 가졌다고 말함이다. 비록 한 무늬가 두 다른 차원으로 투사되었다 하더라도 그 문 자체는 하나였던 것이다.

2.2. 자(字)의 의미 제약

문은 상징적인 것이어서 형체는 갖고 있으나 질료에는 제한받지 않는다. ☰은 양성이 강한 것을 상징하는 것이므로 천(天), 군(君), 부(父), 금(金) 등을 표시한다. '-'은 순수한 음으로 되어 있어 지(地), 모(母), 부(釜) 등을 표시할 수 있다. 하나의 상징이 구체적인 질료의 제한하에서 표시될 때 자(字)의 형체로 변하게 된다. 그러므로 문이 자로 변할 때 추상적인 문(文)이 구체적으로 감각을 통하여 측정될 수 있는 자(字)

의 형체로 바뀌진다. 물질적인 면에서 다양한 질료를 지닐 때 하나의 문(文)이 여러 자(字)로 표시되게 된다.

그러나 같은 상징을 지닌 많은 자 사이의 기본적인 형태는 같은 것이어서 이러한 변천에 따라 새로운 문제가 일어나게 된다. 이것은 곧 자(字)와 자(字) 사이에 분야별로 다른 의미를 띠고 있다고 할지라도 그 기본 의미가 같다는 데서 그 유대 관계를 제한 없이 연장시켜 사용한 데서 일어난다. 예를 들어 천(天)과 지(地)의 관계를 건(乾)과 곤(坤)의 사이로 보아 천을 둥글다(圓) 보면 천과 지가 상반된 것과 같이 지는 네모나다고(方) 한다. 그래서 '천원지방'(天圓地方)이라고 하고 있다.

2.3. 동사·명사의 분리

이렇게 문(文)이 구체화됨은 자(字)에게만 반영되지 않고 문법에도 변화를 일으켰다. 한 무늬를 가지고 동·명사의 두 역할을 하던 것이 자를 쓸 무렵 동·명사는 완전히 분리되어 대립적인 것이 된다. 역의 문이 글자로 변할 때 비로소 '상'(像)과 '효'(爻)로 나누어 보기 시작하였다.

상은 괘의 깊이로, 효는 괘의 움직임으로 나누어 논하게 되었다. 이 두 의미를 캐는 데 있어 '복'(卜)은 상의 뜻을 찾음이요, '점'(占)은 효의 움직임을 보려 함이다. 비록 상과 효가 나눠졌으나 이러한 터전 위에서 일치되는 것으로 보았다.

그래서 천명(天命)은 세상의 운세(運世)와도 일치된다고 믿고, 천지의 어떤 작은 현상이라도 반드시 역사 과정에 깊은 의미를 띨 것으로 확신하였다. 비록 거북 등의 무늬라도 그것을 바로 해독하는 데서 인간의 운명을 지적해 주는 것으로 여겼고, 책수(策數)로 연출한 괘는 그 복(卜)자의 운수를 지배할 것으로 지켜왔다.

3. 역의 구조

3.1. 거시적 분석

3.11. 방도(方圖)

방도는 공간적인 면에서 이분법으로 구성되어 있는 역이며, 그 요원이 어떻게 형성되었는가를 설명하고 있다.

우리말본 속에 깊숙이 스며있는 사고 양식도 명사와 동사로 나눈 다음, 명사는 주격과 목적격으로, 동사는 자동사와 타동사로 계속 갈라놓았다. 우리가 사용하고 있는 개념들도 이분되어 있다. 선과 악, 상과 하, 흑과 백, 유와 무 등으로 갈려져 이분된 것이 거듭 이분하여 이진법으로 번식하게 되었다. 주역에서 말하는 태극(太極), 양의(兩儀), 사상(四象), 팔괘(八卦) 등의 진전도 이진법에 기준하여 연출되었다.

3.12. 원도(圓圖)

방도에 의하여 연출된 괘들을 어떠한 서열로 배열하느냐가 원도의 문제이다.

1에서 4, 즉 건(乾:天), 태(兌:澤), 이(离:火), 진(震:雷)은 오른쪽에서 왼쪽으로 순행했고, 손(巽:風), 감(坎:水), 간(艮:山), 곤(坤:地)은 왼쪽에서 오른쪽으로 역행하게 배열하였다. 그런데 음과 양이 서로 교차하는 데

2^0	太 極							
2^1	陽				陰			
2^2	太陽		少陰		小陽		太陰	
2^3	乾	兌	离	辰	巽	坎	良	坤
	天	澤	火	雷	風	水	山	地
2^3	☰	☱	☲	☳	☴	☵	☶	☷
2^2	⚌	⚏		⚎		⚍		⚏
2^1	—				— —			

易有太極
是生兩儀
兩儀生四象
四象生八卦

字
≠
文

兼三才而兩之 故六 : $2^{3×2}=2^6=64$ 卦

〈그림 1〉 방도

서 만물이 생겼다고 하는데, 4괘인 진(震)과 6괘인 손(巽)을 교차시켜 놓기도 한다. 1에서 4까지는 순으로 내려오다가 5(皇極)를 통하여 6으로 건너가 거기서 9까지 역으로 배열되는 데서 다음의 <그림 3>으로 간단히 하면, 바로 우리가 흔히 쓰는 태극의 모습이 된다. 낙서(洛書)의 배열 방법은 순에서 역으로, 역에서 순으로 끊임없이 율동을 갖게 마련이다.

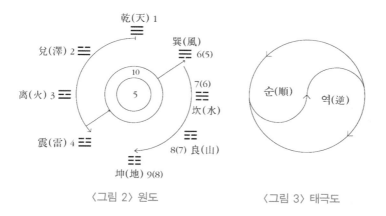

乾(天) 1
兌(澤) 2
离(火) 3
震(雷) 4
坤(地) 9(8)
8(7) 艮(山)
坎(水)
7(6)
巽(風)
6(5)
10
5

〈그림 2〉 원도

순(順)　역(逆)

〈그림 3〉 태극도

3.2. 미시적 분석

괘의 구조를 상징적으로 분석하는 데 있어 흔히 상(像)과 효(爻)로 나누어 본다. 상은 그 괘의 본질적인 성격을 규명하고 효는 율동을 설명해 준다. 감(坎)괘를 예로 들어 말해 보자.

3.21. 감(坎)괘의 예

坎「☵」

외유내강(外柔內剛: 물과 같은 것)

이 괘는 음, 다시 말해서 부드러운 것이 바깥쪽을 싸고 있고 양, 즉 굳센 것이 그 가운데 들어 있다. 구체적인 물건으로는 물을 들 수 있다. 물은 유한 모습을 가지고 있어 어디서나 그 바깥 형틀을 조정하나, 그 흐르는 성격은 어디서도 변치 않는다. 외유내강한 품성을 지니고 있다.

효는 모든 율동을 표기함이다. 모든 움직임을 관찰한 후 그 과정의 규율이 짜여진 것이다. 그러므로 '효친다'는 말은 그 행동을 예측한다고들 어렴풋이 알고 있었다. 여기에 우리는 오래 숨었던 동방의 보고(寶庫)를 찾은 것 같다. 흔히 서구인들이 동방에는 역사철학이 결여되었다고들 주장하였다. 그들은 그들의 몇몇 형태의 역사철학을 두드러지게 내세워 그것이 마치 역사의 이정표인 양 생각하였다. 그런데 우리에게도 사실은 이런 것이 있었을 뿐만 아니라 더 다양하고 풍부한 것이었음을 재발견할 때 자부심을 갖게 된다.

3.22. 건(乾)괘의 예

乾 ☰

건괘의 효는 다음과 같다.

제1효: 숨어서 꾸준히 힘을 기르는 용(潛龍 勿用)

제2효: 용이 점차 나타나게 되나 대인의 지도를 받는 것이 이로울 것이라
하였다(見龍在田 利見大人).

제3효: 본격적으로 나타나 움직이겠으나 반성함을 잊지 않는 데서 탈이
없을 것이다(君子終日乾 夕惕陽厲 无咎).

제4효: 혹 뛰어서 못 속에 있으니 허물이 없을 것이다(或躍在淵 无咎).

제5효: 하늘에 오른 용과 같이 극치에 달하겠으나 대인의 지도를 받아야
이로울 것이다(飛龍在天 利見大人).

제6효: 다 오른 용은 이지러질 것이다(亢龍有悔).

육효의 등위와 대응·비에 의하여 괘의 율동을 여섯 소절로 배열하
고 매효의 기복을 3급 정도로 해놓고 괘의 율동 양상을 도식화하면
<그림 4>와 같은 그래프를 얻을 수 있다.

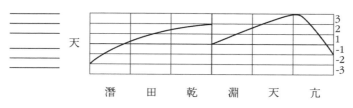

〈그림 4〉 건괘의 율동 양상

4. 맺음말

서구 학자들은 흔히 동양적인 역사철학은 반복되는 원(圓)의 형태를 갖고 있는 것처럼 말하고 있다. 건괘만 보더라도 첫 세 효는 연속적인 것이나, 다음 세 효의 것과 연속되어 있지 않으며, 첫 효의 시발점과 끝 효의 종점이 다른 위치에 있어 원을 형성할 수 없게 되어 있다. 다시 말하면 우리의 역사철학을 원으로 표현할 만한 근거가 없음을 밝혀 두려고 한다.

어거스틴이나 헤겔은 단일형의 역사철학을 내세운 다음, 모든 사건이 그것 하나로 해석되는 것처럼 믿고 있었다. 그러나 역에는 64개의 모양을 가지고 사건과 좀 더 접근하여서 그 모습대로 이해하게끔 만들었다. 이런 면에서 역의 역사철학이 서구의 대표적인 것보다 더욱 다양성 있게 만들어져 있음을 지적하고 있다. 이러한 중요한 공헌이 있었음에도 불구하고 그것이 점쟁이의 손에 들어가 산통(算筒)에 의하여 운명에 맞는 괘를 선정하는 것에서 그 참뜻을 알게 되었던 것이다.

제 3 장

도(道)와 덕(德)의 세계

1. 머리말

청나라의 문화사 대가인 장학성(章學誠)은 그의 『문예통사^{文藝通史}』에서 오경을 시(詩), 서(書), 예(禮), 역(易) 그리고 악(樂)으로 보아 하나의 고대사회를 여러 측면에서 서술한 것으로서 비록 분야는 다를지라도 그 대상은 같은 것으로 볼 수도 있다고 하였다. 하나를 파악하면 나머지 다른 것들도 파악할 수 있을 것이므로 그다음 시대로 내려와 그보다 좀 색다른 구조를 가진 『도덕경』을 다루어 보기로 한다.

『도덕경』의 저자는 노담(老聃)으로 보인다. 어떤 분은 그 이름이 '늙을 노'자로 되어 있어 그는 날 때 영감으로 태어난 애늙은이였다고 하는 이도 있다. 어떤 이는 『도덕경』이라는 이름을 보고 윤리 도덕에 관한 책인 양 풀이하려고 하기도 한다. 그러나 이 책의 주제는 '도덕'이 아니라 '도'와 '덕', 두 주제를 다루는 것이다. "도를 잃게 될 때 비로소 덕이 있게 된다"(失道而德)는 말을 전제로 하여 둘로 나누어 보는 것이 적절할 것이다. 그리고 이 경전을 지금까지의 연구처럼 고증과 글자 주석으로 풀이하기보다 이 책의 기본 틀을 찾아서 거기에 맞는 의미를 찾아보고자 한다.

2. 도(道)의 구조

『도덕경』의 첫 부분은 도에 관한 서술로 되어 있다. 그 부분은 다음과 같은 구절로 시작된다. "도라고 할 수 있는 도는 영원한 도가 못 되며 명이라고 할 수 있는 명도 영원한 명이 못 된다"(道可道 非常道 名可名 非常名). 많은 학자들이 이 구절을 다룰 때 첫 글자인 '도'자를 주목했다. 그들은 대체로 두 갈래로 나누어져 '도'를 명사 혹은 동사로 해석해 보려고 했다. '도'는 최고의 원칙을 의미한다고 보기도 하고 가야 할 길을 가리킨다고 보기도 했다. 잇따른 주석의 주석이 복잡한 결론을 내어 '도' 자의 뜻을 흐리게 만들었다.

노자는 '도' 자나 '명' 자의 의미를 해석하고 있지 않다. 없으면 없는 대로 시작할 것이지 무엇일 것이라고 주입해서는 안 된다. 그렇다고 해서 아무것도 없는 것은 아니다. 이 두 구절은 같은 틀을 소유하고 있다. 위의 두 명사 '도'와 '명'을 변수(variable)로 대입하면 다음과 같이 된다.

X라 할 수 있는 X는 영원한 X가 못 된다.
X可X, 非常X

이와 비슷한 구절이 다시 연속해서 적혀 있다.

천하가 아름답다고 하는 아름다움은 아름답지 않은 것일 뿐이며,

다 선하다고 하는 선은 선하지 않은 것일 뿐이다.

天下皆知 美之爲美 斯惡[不美]已

皆知 善之爲善 斯不善已

이 두 구절에 있어서도 '미'(美)와 '선'(善)을 변수로 대입한다면 같은 구조를 갖고 있음을 알 수 있다.

위의 네 구절 중 처음 두 구절은 시간을 주축으로 하였고(常), 다음 두 구절은 공간을 주축으로 하였을 뿐이다(天下). 다시 풀이하면 "무엇이든 가능하다"고 하면 부(否) 혹은 비(非)가 있게 되며, "그렇다"고 하면 "그렇지 않다" 함이 따르게 마련이라고 하였다. 이 구절에는 '도'를 '명'으로 대입해도 그 기본 구조는 동일한데, 이는 가변적인 어떤 명사보다는 밑에 남아 있는 변치 않는 구조의 의미를 의식의 세계보다는 잠재의식의 세계에서 직관하도록 하는 기법을 사용한 것이다. 저자는 이런 의도에서 개별적인 명사를 가변의 인자로 여겨 해석하지 않은 것이다. 그러나 연속하여 하나의 구조를 네 번이나 반복한 것은 그 구조를 강조하기 위해 사용한 서술법이다.

우리는 이 기본 구조에 의해 해석하는 데 있어 외래적인 의미는 배제하고자 한 바 있다. 그러므로 '가'(可) 자를 왜 "X라고 할 수 있다"로 풀이할 수 있는지를 설명해야 할 것이다. 여기에 다행히 가(可)는 그것과 대칭적인 비(非)와 연결되어 있다. '가'(可)는 '비'(非)가 아닌 것으로 되어 있어 '가'(可)를 "X라고 할 수 있다"는 해석은 다른 책에서 통용되는 의미를 고증하여 얻은 것이 아니라 주어진 구조 안에서 해석되어진 것이다. 그 구절의 구조가 그 글자의 의미를 함축하고 있는 것이다.

이런 면에서 우리가 시도하는 방법이 종래의 연구 방법과 다르다고 할 수 있다.

'도'에 관하여 다음과 같이 서술하고 있다.

> 유(有)와 무(無)는 서로 생겨서 있고(相生) 어려움(難)과 쉬움(易)은 서로 이루어지게 마련이고(相成)….

'유'와 '무', '어려움'과 '쉬움', '높은 것'과 '낮은 것', '앞'과 '뒤'는 상위(相位)적인 명사와 동사들이라고 하였다. 그런데서 가(可)하다고 함은 비(非)를 부정하는 말이다. 가(可)가 비(非)에 대해 상위적인 관계가 없이는 하나가 또 하나로 쉬지 않고 변하게 마련이어서 영원불멸의 것이 될 수 없다고 했던 것이다. 이런 의미에서 아래와 같은 말로 첫 장을 맺고 있다.

> 상위적인 이 둘은 비록 이름은 다르지만 같은 데서 온 것인데
> 같다고 함은 그 황홀함을 말함이요.
> 황홀하고 황홀함이 모든 오묘함의 문이 되느니라.
> **(此兩者 同出而異名 同謂之曰玄 玄之又玄 衆妙之門)**

상위적인 명사의 대칭과 상위적 동사의 대칭은 비록 이름은 다르나 하나에서 나온 황홀한 것으로 보았다. 황홀하게 얽힌 두 개의 상위적인 것이 2차적으로 다시 황홀하게 얽힐 때 바로 도의 구조가 된다고 하겠다.

'도'라는 것은 2차적인 상위적 존재의 황홀한 얽힘이어서 그 안에

는 감각적 대립을 수용하고도 남게 된다. 이것은 "비록 들어도 들리지 않고 보아도 보이지 않으며 묶어도 묶이지 않는 것"으로 형용되지도 않고 이름을 붙일 수도 없는 존재라고 하였다. 두 추상화된 것을 다시 추상화하는 데서 모든 속성의 제한에서 해탈되어 있음을 말한다. 우리가 흔히 말하는 '모든 것'(有)이라는 것은 '없는 것'(無)까지 포함한 모든 것(有)이 못 되고, 없는 것(無)을 제외한 '모든 것'(有)이다. 따라서 이와 같이 '모든 것'(有)과 '없는 것'(無)이 얽혀 있는 상태를 도(道)로 명명하는 것이다.

이러한 이차적인 상위적 결합의 이름을 알 수 없어 '도'라고 부를 뿐이라고 말했다(吾不知其名, 字之曰道). 그런 의미에서 '도'라 함은 그 실체를 지적하는 이름이 아니고 상징적으로 붙여준 이름으로 보아야 한다. 이것만이 '영구히 있을 수 있는 도'(常道) 또는 '하늘의 도'(天道) 혹은 '큰 도'(大道)라고 하였다. 이것은 만물의 본 모습(象)과 진실되고 믿을 만한 기백으로 나타난다고 하였다.

3. 덕(德)의 구조

『도덕경』의 후반부는 덕에 관하여 쓰여 있다. "도가 없어졌을 때 덕이 뒤를 있게 된다"(失道而德)고 하였다. 이 말은 도의 위상적 대칭이 덕이라고 하는 것이 아니고, 도가 잃어졌을 때 덕을 행하라는 뜻이므로 덕의 구조를 도의 것에서 연출시킬 수는 없게 된다.

덕의 구조는 아래에 몇 개의 해당되는 구절에서 그 나름대로 구축되어야 한다.

선한 자를 나는 선하게 여길 것이며,

선치 못한 자도 선하게 여길 것이니

이것이 바로 덕스러운 선이다.

(善者 吾善之 不善者 吾亦善之 德善)

믿을만한 사람을 나는 믿을 것이요,

믿지 못할 사람도 믿을 것이니

이것이 바로 덕스러운 믿음이다.

(信者 吾信之 不信者 吾亦信之 德信)

이 두말의 공통된 틀을 아래 말과 같이 된다.

X한 자를 나는 X로 여기고,

X치 못한 자도 X로 여기니

이것이 바로 덕스러운 X이다.

다시 말해서 "X든, X아니든 X로 같이 대하는 마음이 바로 X를 덕되게 함이다"일 것이다.

어떤 대상을 상위적 대립으로 갈라놓고 달리 평가하는 것이 아니라 "젖은 자리 마른자리 가리지 않는" 심정을 가리키는 것이다. 그러므로 덕을 두터이 품을 때 대립과 투쟁으로 얽힌 사상이 비로소 조화를 다시 찾게 될 것이요 이 조화가 있는 곳에 밝고 정상함이 깃들 것이라고 하였다(含德之厚, 和之至也, 知和曰常, 知常曰明). 그런 의미에서 덕은 황홀하게 하나로 만든다고 하였다(謂之玄德). '덕'과 아울러 '도'를 잃은 상태를 다음과 같이 묘사하였다.

도가 퇴폐될 때 인자함과 의로움이 요청케 되며

지혜로운 사람이 나타났다고 함은 큰 거짓이 생겼다함을 뜻함이요,

육친이 화목치 못할 때 효성과 자비가 요청케 되며

국가가 혼란할 때 충신이 있게 된다.

(大道廢 有仁義 慧知出 有大僞 六親不和 有孝慈 國家昏亂 有忠臣)

우리는 단순하게 충신을 흠모하나 충정은 난세가 요청하는 윤리 기준이라고 하였다. 태평시에는 모두가 덕스럽게 되어 있어 충정을 두드러지게 숭배할 이가 없을 것이라고 하였다.

또 하늘의 도(天道)는 마치 휘어잡은 활과 같아서 활줄을 당기는 방향과 화살이 나가는 방향이 상반됨과 같이 높은 자를 낮게 하며 낮은 자는 높이며, 있는 자의 것을 빼앗고 부족한 자를 채워준다고 하였다. 그래서 대성하면 좀 부족한 양 살아야 하며, 달변한 사람은 좀 더듬어야 된다고 하였다. 그러므로 하면 하지 않은 태도로(爲無爲) 담담하게 살아야 하며, 일을 할 때 안 함과 같이 하여야(事無爲) 한다고 하였다. 흔히 노장철학을 '무위'의 철학이라고들 하나, '무위'라고 한 적은 한 번도 없다. '위·무위'(爲無爲)를 주장하여 어진 '덕'의 삶이 얽혀서 황홀한 '도'의 경지에 이를 것을 강조하였을 뿐이다.

4. 도법자연(道法自然)

'도'의 구조를 설명했으므로 '도'의 모습도 덧붙여 설명코자 한다. "도법자연"이라 함은 도는 자연에서 그 법귀를 배웠다는 뜻인데, 이런 해석은 근래 중국에서 많이 성행하고 있다. 유물론적 사관을 이 고

전에서 재발견한 양 많은 논문이 쏟아져 나오고 있다. 그러나 여기에서 말하는 자연은 18세기 이후 서양에서 말하는 자연계(自然界)를 뜻함이 아니다. 이 책에서는 자연이라는 말 외에도 자부(自富), 자화(自化), 자정(自定) 등의 많은 어휘가 있다. 그러므로 자연이란 말도 명사가 아닌 동사로 해석되어야 한다. 그런 의미에서 자연(自然)은 자기에 알맞게 스스로 이룬다는 말이다. 물질계의 자연이 아니고 스스로 그 나름대로의 움직임을 뜻한다. 이것이 바로 동양인의 자유자재한 모습을 그려주는 어휘이다.

5. 맺음말

끝으로 『도덕경』의 구조는 사상(四象, $2^2=4$)에 의해 풀이된 체계라고 할 수 있다. 바로 주역의 팔괘(八卦, $2^3=8$)를 요약하여 처리한 것이다. 그러나 주역처럼 단구(短句)로 조합되어 있지 않고 좀 더 짜임새 있고 확실한 구조를 내포한 하나의 논문 형식의 서술이다. 비록 오천 자의 단편이지만, 풍부한 표현과 철저한 통일성을 지닌 인류 역사상 희귀한 고전 체계라고 하겠다.

제 4 장
논어(論語)에 나타난 공자의 사상

1. 머리말

많은 학자들의 노력으로 유교에 대한 연구는 활발하게 진행되어 왔으나 공자에 대한 연구는 별로 진척된 것 같지 않다. 주자(朱子)의『십삼경주해(十三經註解)』만 하더라도 비록 그것이 유학을 집대성한 기술이긴 하지만, 주로 공자의 오경에 대한 연구의 주석이거나 아니면 후학들의 말에 관한 것이다.

우리는 여기서 공자 자신의 사상을 찾아보고자 한다. 그러므로 그가 편찬한 오경이나 후학들의 기록에 의존하지 않고 그가 직접 한 말을 수집해 놓은『논어』에 의존하여 연구하기로 한다.『논어』가운데서는 "공자왈"로 시작하는 구절만 연구 자료로 사용할 것이며, 중간중간에 있는 제자들의 말들은 제외시키기로 한다.

2. 학이시습지(學而時習之)

『논어』를 읽기 시작하면 알 것 같기도 하고 모를 것 같기도 하다. 그 첫 구절은 "배우고 대로 복습하니 또한 기쁘지 아니한가?"(學而時習 之 不亦說乎)로 되어 있다. 이 구절에 대해 무엇을 어떻게 배우고 복습해 야 되는지를 설명하지 않고, 곧바로 다른 구절로 들어가 "벗이 있어 먼 곳에서 오니 또한 즐겁지 아니한가?"(有朋自遠方來 不亦樂乎)라고 말 한다. 어떤 벗을 사귀었는데 다시 만나 왜 그렇게 즐거워하는지도 설 명하고 있지 않다. 더욱이 첫 구절에서 배움에 관하여 말을 꺼낸 다음 아무런 결말도 맺지 않고 주제를 바꾸어 벗에 관한 말로 이어가고 있 다. 그다음 곧바로 "사람이 몰라주어도 불평하지 않으니 그 또한 군자 가 아닌가?"(人不知而不慍 不亦君子乎) 하고 말한다. 여기서도 어떤 사람 이 군자인가에 대해 한마디도 언급하고 있지 않다. 이 세 구절은 주제 면에서도 다르고, 서열에 있어서도 연관성이 없다. 혹시 후학들이 독 립된 세 구절을 잘못 모아놓은 것이 아닌가 의심할 사람도 있을 것이다.

공자는 자기의 모든 가르침은 하나로 꿸 수 있다고 하였다(一以貫 之). 이는 단편 단편의 것으로 자기의 사상을 구축하지 않았다는 뜻이 다. 그는 3천 제자 가운데 70인을 뽑을 때 역시 하나로 꿰뚫어 볼 수 있는 입장이 있느냐 없느냐에 따라 선정했다. 예를 들어 네모꼴의 물 체가 있을 때 어느 한 모를 움직이면 나머지 셋도 움직이게 된다는 것 을 알아야 자기의 제자가 될 자격이 있다고 했다. 다시 말해서 구조적 으로 연관된 것이 있을 때 어느 하나가 움직이면 다른 것도 그 위치가 변화된다는 뜻이다.

또한 그는 자기의 칠십 평생을 간단하게 서른여덟 자로 표현했다.

즉, 그는 열다섯 살에 학문에 몰두하기로 결심했고(志於學), 삼십에 학문의 어떤 입장을 세우게 되었고(立), 사십에 그 입장이 바로 되었는지 남과 많은 논쟁을 했고(不惑), 오십에 자기의 입장 외에 하늘의 명(命)도 있을 것을 알게 되었으며(知天命), 육십에 자기와 다른 입장의 말도 귀에 거슬리지 않게 되었고(耳順), 칠십에는 마음에 내키는 대로 행하더라도 모든 규범에서 어긋나지 않더라고 했다(從心所欲不踰矩). 여기서 그가 삼십에 입장을 세웠다 하는 것은 모든 것을 하나로 꿸 수 있는 입장을 세웠다는 뜻이다. 바꾸어 말하면 그의 모든 가르침은 통일된 입장에서 세상을 보며 이해하여 정립된 것이다.

그렇다면 『논어』의 첫 장에 언급된 배움과 우정과 군자의 도는 세 가지 독립된 주제로 볼 것이 아니라, 거기에 있는 하나의 통일된 입장을 찾아내야 할 것이다. 여기서 수동적으로 배우는 것과 능동적으로 복습하는 것은 학문에 대한 이중적인 자세이다. 또한 친구와 다시 친교를 가지게 되었다는 것도 우정을 이중적으로 표현한 것이다. 또 남이 알아주지 않아도 불평하지 않는다는 것은 부정을 부정함으로써 군자의 도를 표현한 것이다. 이 세 마디를 하나로 관통한다면 '어떤 것이든지 그 나름대로 해야 함'을 가리킨 것이다.

3. 인(仁)과 과(過)

위에 말한 바를 다시 공장의 사상의 핵심이 되는 인(仁)에 관계시켜 구체적으로 설명하고자 한다. 그는 '인'에 대해 다음과 같이 말했다. 즉, 임금은 임금다워야 되며(君君) 신하는 신하다워야 되며(臣臣) 아비는 아비다워야 되며(父父) 아들은 아들다워야 된다(子子)고 하였다. 다시 말하면 공자에게 있어서 '인'은 단순히 어진 것을 말한 것이 아니다. 위의 네 변수를 기호화하면 곧 $(X)^2$이 된다. 즉, 모든 것이 그 나름대로 되어야 한다는 이중적인 구조를 말한 것이다.

위의 긍정적인 이중 구조를 부정적인 이중 구조로 해도 같은 의미를 가지게 된다.

$$(\sim X)^2 = (X)^2$$

그래서 공자는 앞의 구조와 비슷한 표현을 많이 사용했다.

좌석이 제대로 배열되지 않았을 때는, 앉지 말아야 한다.
席不正 不座

해당된 위치에 있지 않을 때, 거기에 관한 정사를 생각하지 말아야 한다.
不在其位 不謀其政

과오를 범하고 뉘우치지 않을 때, 이것이 곧 잘못이다.
過而不改 是謂過也

이것이 곧 잘못을 반복해서 범하지 말아야 한다는 것이다(不二過). 여기서 우리는 잠시 동서 윤리에 있어서 인간의 과오에 대한 태도를 살펴보고자 한다. 서양 윤리에서는 잘못을 저지른 그 사실의 수준, 즉 1차적인 과오를 지적하고 비판했다. 그러나 동양 윤리에서는 인간이 잘못을 저지를 가능성이 있음을 인정하고, 다만 그 잘못을 뉘우치지 않을 때 비로소 잘못으로 엄히 다룬다. 예컨대 우리 사회에는 술 취한 사람의 잘못은 보고 넘기지만 잘못을 범하고 오만하게 뉘우치지 않을 때는 엄히 꾸짖는 관습이 내내 이어져 왔다. 그래서 동양에서 말하는 과오는 1차적인 과오가 아니라, 과오를 뉘우치지 않는 2차적인 과오로서 좀 더 인간성이 깊은 윤리관에서 나온 발상이라 하겠다.

그러므로 공자에게 있어서 '인' 혹은 '인자'(仁者)는 흔히 우리가 생각하듯이 아무에게나 적당히 좋게 대해 주는 자를 의미하는 것이 아니다. 인자는 선악을 구분하여 선한 사람은 사랑하고 악한 사람은 미워하는 자라고 했다(仁者 能好人 能惡人). 바꾸어 말하면 공자가 말하는 인(仁)이란 미움도 포함하고 있는데, 악한 자를 미워하는 것도 '인'의 과제로서 선한 사람을 사랑하는 것만큼의 비중을 차지하고 있다. 그래서 '인'이라는 말을 문자적으로 '어짐'으로 해석할 것이 아니라, 공자의 생각의 틀에 따라 해석해야 할 것이다.

지식에 관해서도 공자는 긍정의 이중 구조와 부정의 이중 구조로 표현했다. 그는 말하기를,

아는 것은 안다고 하고 알지 못하는 것은 알지 못한다고 하는 것이 아는 것이다.
知之爲知之 不知爲不知 是知也

$$(知)^2 \cup (不知)^2 \rightarrow \ulcorner 知 \lrcorner$$

라고 했다. 예컨대 소크라테스는 말하기를 "나는 한 가지 아는 것이 있는데, 그것은 곧 내가 모른다는 것이다"(I know one thing that I know nothing)라고 했다. 이 말을 구조적으로 본다면 모르는 것 가운데 아는 것

이 포함되어 역설적인 표현이 된다. 그러나 공자는 "아는 것은 안다고 하고 모르는 것은 모른다고 하는 것이 바로 아는 것"이라고 했다.

그는 또 마을 사람마다 좋다고 하는 사람이 선한 사람이 아니라, 선한 사람은 좋아하고 악한 사람은 미워하는 사람이 참으로 선한 사람이라고 했다. 이것을 기호화하면 다음과 같이 될 것이다.

善者好之 不善者惡之

$$(X)^2 \cup (\sim X)^2 \rightarrow \ulcorner X \lrcorner$$

4. 혹(惑)과 불항(不恒)

공자는 위에 말한 이중화된 두 대칭적인 구조를 고수함으로써 노자의 입장과 대립하게 되었다. 노자는 위·무위(爲無爲)를 주장했다. 즉, (X)·(~X)의 구조로 표현했는데, 이는 곧 역설적인 표현이다. 그래서 노자는 "원수를 덕으로 갚아라"(以德報怨)라고 했는데, 공자는 이에 대해 "원수를 덕으로 갚는다면 덕은 무엇으로 갚느냐"(何以報德)고 반문했다. 다시 말하면 덕을 베푼 사람에게는 악으로 갚아 주는 것이 역설적인 입장을 가진 사람의 태도여서 각각 그 나름대로 다루지 않고 역설적인 관계로 연결시킬 때 사람의 마음에 의혹(惑)이 일게 되고, 사람의 행동에 항구성이 없게 된다(不恒)고 했다. 그래서 공자는 다음과 같이 말했다.

없으면서 있는 척하고 비었으면서 차 있는 것처럼 하며,
간단한 것을 복잡한 것처럼 하면 꾸준함이 있을 수 없다.

亡而爲有 虛而爲盈 約而爲泰 難乎有恒

살려고 하면서 또 죽으려고 하는 것은 바로 혼미함이다.

旣欲其生 又欲其死 是惑也

다시 말하면 있는 것과 없는 것, 빈 것과 넘친 것, 삶과 죽음은 대칭적인 범주인데, 이것들을 각각 그 나름대로 다루지 않고 둘을 겹쳐 놓으면 사람은 미혹되어 바른길을 찾지 못할 것이며 삶을 불변하게 이어나가지 못할 것이라고 본 것이다. 그래서 공자는 노자의 입장과 완전히 대립하게 되었으며, 훗날에 있어서도 이 두 학파는 서로 화합하지 못하고 끝내 대립하게 되었다.

5. 맺음말

우리는 공자가 타협적 중용(中庸)을 주장했다고 하는 오해를 시정해야 할 것이다. 이런 오해는 공자의 제자인 자사(子思)가 "두 극단을 버리고 중간을 잡아라"(去其兩端 執其中)고 한 데서 발단된 것 같다. 그러나 공자의 입장으로는 무적(無適), 즉 적당주의를 배격할 수밖에 없었다. 그러므로 공자가 뜻하는 중용이란 어떤 중간 지점(명사적 의미)을 가리킨 것이 아니고, 동사적인 의미로 생각과 행동의 적중(適中)이라는 뜻이다. 예컨대 적중하지 못하면 지나치거나(過) 아니면 미치지 못한다고 했다(不及). 그래서 공자는 적절하게 옳은 것은 옳게 그른 것은 그르게 밝히라고 했지 옳은 것과 그른 것 사이의 회색 지대에서 타협적으로 행동하라고 가르치지 않았던 것이다.

제 5 장
묵자(墨刺)와 의협 정신

1. 머리말

　전국시대에는 명가(名家), 법가(法家), 묵가(墨家) 등이 나타나 그들 나름대로 새로운 생각의 틀을 구상했다. 명가는 다른 사람들이 상상하지 않는 논법으로 다른 사람들이 생각하지 못한 문제를 끌어내었다. 그래서 그들이 그 시대를 현혹시켰다고 보는 사람들도 있다. 법가는 그들의 새로운 변증법을 정치에 사용하여 많은 영향을 주었다.

　제자백가들 가운데 특히 묵자는 이 모든 이론과 실제를 구체적으로 이론화하여 하나의 새로운 사상 체계를 형성했다. 묵가는 명석한 이론적 체계 위에서 확신을 갖고 행동에 임하게 되어 일찍이 공자가 주장하던 언행일치를 몸소 이루었다고 할 수 있다. 이들은 이처럼 실천을 강조하여 의롭다고 여기는 일은 물불을 가리지 않고 실행했으므로 역사상 의협심을 구현한 학파로 뚜렷이 그 위치를 차지하게 되었다.

2. 묵가의 이론 체계

공자나 노자의 생각의 틀은 주로 이원적으로 구성되었음을 살펴보았다. 공자가 옳은 것은 옳고 그른 것은 그르다고 하였다면, 노자는 옳고 그른 것이 하나에서 나왔다고 주장했다. 그런 데 비해서 묵가는 세 단계로 구상하여 지금까지 내려오던 논법에 하나를 더 첨가하였다.

명가의 한 사람인 공손룡(公孫龍)은 "흰말은 말이 아니다"(白馬非馬)라는 논제를 제기했다. 그래서 그는 구체적인 말인 '백마'를 보편적인 말인 '말'의 말과 대립시켰다. 그러므로 개체적인 '물'(物)과 다음 차원의 '지'(旨)의 두 단계로 논했다. 이에 비해 묵가에서는 '사'(私), '유'(類), '달'(達)의 삼 단계로 구상했음을 볼 수 있다. '사'는 개체적인 물체이고, '유'는 그 물체들의 종류이며, '달'은 모든 '유'를 포괄하는 그 이상 더 없는 바탕을 말한다.

한편 묵가는 이 삼 단계의 구분으로 공손룡의 견·백분리설(堅白分離說)을 정정했다. '굳은 흰 돌'(堅白石)에서 '굳음'과 '하얌'은 '유'에 속한 범주이다. 예컨대 굳은 돌, 굳은 쇠, 굳은 나무가 있을 때, 이 굳은 성격은 어느 한 물체에만 속한 것이 아니다. 이는 '물' 위에 있는 '유'에 소속된 범주이다. 공손룡은 '견백'(堅白)을 '유'에 해당하는 두 독립된 범주로 보았다. 그러나 묵가는 이 '견백'을 다음 차원의 '달'에서 연결시킬 수 있는 것으로 보았으며, 그래서 구체적인 물체 '사'에도 함께 있을 수 있다고 주장했다. 돌과 같은 구체적인 물체에 '굳고 흰' 특성이 병존할 수 있는 것으로 보았다.

묵가에서는 이러한 삼 단계의 구조에 의거해서 일곱 가지 논법을 설정했다. '사'의 단계에는 '혹'(或)과 '가'(假)가 있다. '혹'이란 어떤 개체적인 것이 본질적으로 완벽한가를 묻는 것이고, '가'란 그것이 현재에서도 적용되고 있는가를 묻는 것이다. 전자를 공간적 개념이라고 한다면, 후자는 시간적 개념일 것이다. 그다음 '유'의 단계에서는 2², 즉 네 가지 논법을 말했다. '원'(援), '추'(推), '효'(效), '벽'(辟)이 그것이다. '원'과 '추'는 주어와 술어를 가지고 논하는 방법이다. '원'은 "그 사람이 그렇게 하니 나도 그렇게 해야겠다"는 식으로 주어에 의하여 설득하는 방법이고, '추'란 술어의 범위를 미루어 논하는 방법이다. 예를 들면 어떤 민족이 소유하고 있는 성격이 그 보편성에 따라 전 국민에게 적용될 수 있는 사례를 말할 때 사용하는 방법이다.

'원'과 '추'를 공간적 개념이라고 한다면 다음의 '효'의 '벽'은 시간적 개념이라 할 수 있을 것이다. '효'란 하나의 전제를 모형(法)으로 하여 모방(効)하게 하는 논법이고, '벽'이란 두 개의 전제를 비교함으로써 그들의 공통점과 차이점을 찾아 논하는 방법이다.

끝으로 '달'의 단계에는 '모'(牟)가 있다. '모'란 현대 논리학에서 말하는 논리적 우주(Universe)와 같은 것이다. 이는 모든 구체적인 성격을 탈피한 순수한 형식의 차원으로서 모든 논리의 기반이 되어 그 위에 범주가 작용할 수 있는 틀이 되는 것이다.

불(George Boole)의 셈 논리에서는 하나라는 것이 바탕으로서 무엇하고 곱해도 그 상대의 성격을 그대로 세워주는 것과 같다. 즉 1×a=a에서 a의 성격을 그대로 보존되어 있게 하는 그 바탕이다. 예컨대 '굳은 흰 돌'이라 할 때, 굳다는 것과 희다는 것과 돌이라는 것이 모두 각각의 범주이다. 그런데 이 셋이 이 논리적 우주라는 기초 위에서 하나의 구체적인 물체를 지칭하게 되는데, 이 기본 틀이 바로 '모'이다(<그림 2>). 고전 논리에서 논리적 바탕(universe of discourse)을 논하기는 이

X^3	達	牟	恕	天
X^2	類	援推 效辟	知	鬼
X^1	私	或假 Sp T	物	人

〈그림 1〉

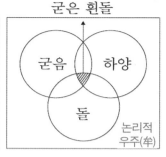

〈그림 2〉

것이 처음인 것 같다.

묵가의 삼 단계의 구조는 인식된 내용 면에서도 반영되었다. 즉, 감각에 의해 지각된 '물'(物)과 '물'을 다루는 '지'(知)와 '지'(知) 다루는 '지'(恕), 이렇게 세 단계로 구성하였다.

3. 묵가의 생활 교훈

묵가의 인식 구조는 삶에 대한 그들의 가르침에도 반영되어 있다. 그들은 '천'(天), '귀'(鬼), '인'(人) 세 범주를 다루었다. 묵자는 '천지편상'(天志篇上)에서 '천'의 성격을 "부하고 귀하며"(富且貴), "지와 의를 겸한"(知兼義) 것으로 묘사했다.

'천'은 지혜로우므로 그 아는 바를 실천할 수 있는 힘, 즉 의도 갖추고 있기 때문에(天義) "능히 벌하기도 하고 능히 상주기도 한다"(能罰能賞). 그러므로 경세(經世)의 차원에서 보면 선정(善政)한다고 했다. '천지편중'(天志篇中)에서는 "천은 천하를 두루 사랑한다"(天兼天下而愛之)고 했고 또한 "만물을 이롭게 한다"(撽遂萬物以利之)고 했다. 그러므로

"사람을 사랑하고 이롭게 하는 것은 천의를 따르는 것으로 하늘의 상을 받을 것"이라고 하였다. 이와 같이 묵자는 여러 차원에서 표현되고 있는 '천'의 성격이 본연적으로 내적 조화를 이루고 있는 것으로 설파하고 있다.

묵자는 또 유명을 달리하여 이 세상 사람들에게 성현이 있는 것 같이 저 세상에는 '귀'가 있어 어진 사람을 도와주고 악한 자를 처벌한다고 했다(鬼神之能賞賢而罰暴也). '수신편'(修身篇)에서는 "군자는 남을 위하여 옳은 일을 하며, 생명이 태어남을 볼 때 사랑하며, 죽음을 볼 때 애처러워 할 줄 알아야 한다"고 말했다.

또한 묵자는 '천지편 하'에서 "위로는 하늘을 이롭게 하고, 가운데로는 귀신을 이롭게 하며, 아래로는 인간을 이롭게 함을 삼리(三利)라 하는데, 이 세 가지 이익에 의해서 이익을 받지 않는 자란 없으므로, 이 삼리를 합해서 천덕(天德)이라 한다"고 했다.

여러 활동적인 차원에서만이 아니고, 천·귀·인의 차원에서도 본연의 조화가 있어서 천덕에 순응하면 천하의 착한 이름이 집중할 것이므로 만사가 형통할 것이라고 말했다.

묵자는 이러한 구체적인 차원에서뿐만 아니라 좀 더 논리적인 차원에서도 이러한 본연의 조화를 다루고 있다. 그는 '비명편 상'(非命篇上)에서 삼법(三法)이란 '본'(本), '원'(原), '용'(用)을 말한다고 했다. '본'이란 '천'(天), '귀'(鬼), '성'(聖), 즉 신학적 차원을 뜻하고, '원'이란 사회학적인 것 그리고 '용'이란 이해관계, 즉 경제적인 면을 총괄하여 말하는 것이다. 이 세 차원도 존재의 구체성 안에서 본연의 조화를 이루고 있다고 그는 주장했다. 그는 이러한 존재에서의 조화를 믿었기 때문에 운명론을 거부하고 유학을 배격했다.

즉, 운명론에 관해 "운명을 주장하는 사람들은 운명이 부하라고 하면 부해지고 운명이 빈하라고 하면 빈해진다고 한다. … 그렇다면 비록 힘이 강하다 할지라도 아무 소용이 없을 것이다"라고 한다. 이렇게 된다면 그의 힘과 성취됨이 조화되지 않게 되어 본연의 조화가 깨어지게 되므로 불합리하게 되며, 더불어 운명론은 사람을 자포자기하게 만든다고 비판했다.

제4장에서 공자는 그의 가르침을 하나로 꿰었다(一以貫之)고 말한 바 있다. 그러나 그의 '일이관지'는 각 차원 내에서의 '일이관지'였지 한 차원과 다른 차원 사이를 다루는 데 있어서는 내적인 통일을 이루지 못했다.

임금에게는 임금으로서의 가치를 주고(君君) 신하에게는 신하로서의 가치를 주었지만(臣臣), 임금과 신하의 관계에 있어서는 엄격하게 차별하게 되었다. 다시 말해서 겸애하기보다는 계급 의식에 젖어 임금과 신하의 사이를 엄격히 차별하게 되었다. 그리하여 묵자는 '비유편'(非儒篇)에서 공자의 설은 구분하는 데에만 편중하여 "겸애의 천덕"을 이루지 못하게 되었다고 비판했다.

묵자는 이러한 유학의 결점이 공자의 생활에서도 반영되어 있음을 지적했다. 공자는 언젠가 어려울 때 명아주국으로만 연명한 때도 있었다. 그 후 노애공(魯哀公)의 추대를 받았는데 그는 좌석이 바르지 않아도 앉지 않고 고기가 바로 썰어져 있지 않아도 먹지 않는다고 했다. 자로(子路)가 스승의 이런 태도를 못마땅하게 여기자 공자는 궁핍할 때는 살기 위하여 망령된 일도 불사하고, 풍부할 때는 거짓된 행실로 스스로 꾸미는 것은 무방하다고 했다. 묵자는 이에 대해 간사하고 허위됨이 어찌 이보다 더 클 수 있겠느냐고 했다. 어떤 면에서 볼 때 공자는 그 환경에 적응하라고 한 것인데, 이런 면에서는 묵자의 조화설과 유사하게 보인다.

그러나 공자는 외적 환경에 적응할 것을 주장함으로써 자기의 행위를 합리화시켰지만 묵자는 내적인 것, 즉 존재의 본연적인 조화를 주장함으로써 유가와 분리하게 되었다. 공자는 어디까지나 주어진 세상에서 살아나가는 길을 말한 것이고, 묵자는 내적인 세계를 스스로 구현하며 살아 나가자는 것인데, 이러한 차이는 두 사람의 기본 전제가 다른 데서 기인한 것이라 하겠다.

끝으로 많은 학자들이 맹자는 의를 행함을 주장한 데 반해 묵자는 실리를 주장한 실리주의자라고 하지만, '이'(利)는 단순한 이익만을 뜻하는 것이 아니고, '천덕'이 있는 곳에는 '이'도 따르게 마련이라고 한 것이다. 이는 귀하고 의롭고 능하면 이롭게 된다는 것이다. 또한 묵자를 실천주의자라고 보는 이들도 있다. 그의 제자들이 그 교훈을 생명을 걸고 행한 사례가 많았으므로 그렇게도 생각할 수 있을 것이다.

특히 '귀의편'(貴義篇)을 중심으로 한 묵자의 사상이 중국의 의협 정신의 원천이었다고 보는 이도 있었다. 그러나 '삼표'(三表)나 '천덕'의 입장에서 의로우면 강할 것이고, 거기에 어울리는 지혜도 따르게 되어 자연히 소신대로 실천하며 거침없이 살게 된 것이 아닌가 생각된다. 이런 점에서 의협주의자나 실천주의자라기보다 의협적인 면이나 실천적인 면에서도 존재의 본연적 조화가 있다고 함이 묵자의 생각에 더 접근한 이해가 아닌가 한다.

4. 맺음말

　서양의 변증법에서는 신의 섭리나 절대정신에 의해 시간의 흐름
에 따라 정·반·합으로 발전되는 것으로 보았으나, 묵가의 변증법에
서는 '달천'(達天)하는 본원적인 하나에서 분화한 '유'(類)의 속성을 한
개체인 '물'(物)이 가질 수 있다고 보았다. 그래서 이들은 유물론적인
제한을 받지도 않고, 외재적인 절대자의 힘을 빌리지도 않은 순수한
변증법을 구성하는 일에 공헌했다 하겠다.

제 6 장
한비자(韓非子)의 법(法)

1. 머리말

한비자(韓非子)는 이사(李斯)와 함께 순자(荀子)의 제자이다. 이사는 진시황을 보필하여 천하를 통일한 유명한 재상이며, 그의 동기인 한비자는 그 당시 작았던 한나라의 중신으로 법가의 규범이 될 많은 저서를 남긴 사람이다. 그의 『주도主道』, 『고분孤憤』, 『세란說難』, 『정법定法』, 『내저설內儲說』 상·하편 등은 후에 마키아벨리가 읽었다고 해도 탄복할 만한 작품이다. 진시황도 그의 저서를 읽고 그를 한번 보고 죽으면 한이 없겠다고 말했다. 그 말을 들은 이사는 한나라를 침범한다고 위협해서 마침내 한비자를 사신으로 오게 만들었다. 진시황은 그의 학문에 탄복하여 그를 머물러 두려고 힘썼으나 그는 자기 나라에 대한 충절 때문에 거부했다. 이사는 그가 한나라로 돌아가면 진나라에 위협이 될까 우려하여 왕명도 없이 사약을 내려 죽게 했다. 후에 이 소식을 들은 진시황은 퍽 애석하게 생각했다고 한다.

2. 주도(主道)

법가는 어떤 면에서 유가와 입장을 달리했다. 이들은 삼황오제 시대를 인간 본연의 선한 마음을 가진 낙원의 세상으로 보고 흠모한 유가의 상고적 태도를 배격하고 오늘의 현실에 관심을 두었다. 그 당시는 전국의 말기인 만큼 세상이 극히 혼란하고 사람들은 너무 자기의 이익에 급급하여 공과 선이란 거의 찾아보기가 어려웠던 시기였다. 이들은 이러한 난세를 어떻게 다스려 질서와 법규를 되찾느냐 하는 문제로 고심했다. 다시 말하면 이들은 노자가 말한 도를 잃은 난세에서 어떻게 덕스럽게 살 수 있느냐 하는 문제로 씨름했다. 요컨대 법가는 유학의 입장보다 노장의 가르침을 더 가까이하여 그 방법으로 시대의 위기를 타파하고자 했다.

그래서 한비자는 '주도편'에서 노자의 말을 많이 인용하여 군주가 난세에 어떻게 처신해야 할지를 말했다. 예컨대 그는 "도는 있어도 볼 수 없고 작용이 있어도 알 수 없다. 비어 있고 고요한 채 일이 없으니 그 하자를 볼 수 없다. 보고도 보지 않고 듣고도 듣지 않으며 알아도 안다고 하지 않는다. 임금이 신하의 말을 듣고 그대로 나가면서 변하지도 말고 고치지도 말라. 그리하여 그 말들을 서로 참조하여 교열한다"고 했다. 이것은 노자의 '위무위'(爲無爲) 사상과 같다. 그러나 여기서 이 대칭적인 두 범주를 역설로 표현한 것은 사실 도를 잃었을 때의 우리의 태도를 말한 것이지 도 자체를 말한 것은 아니다. 다시 말하면 한비자가 여기서 말하는 도는 노자의 도보다는 덕에 해당한다고 보아야 할 것이다.

한비자가 난세에는 역설적인 태도를 취해야 한다고 한 이유는 임금의 마음을 신하들이 알면 그것을 신하들이 진심으로 좋아하지 않더라도 거기에 영합하는 시늉을 하면서 자기들의 실속을 차릴까 우려했기 때문이었다. 신하들이 임금의 마음을 알면 재리를 탐하고 자기들의 뜻대로 명령을 내리고 자기들의 사람을 부식할 수 있다는 것이었다. 다시 말하면 신하들이 임금의 속마음을 알면 그것을 기회로 당파와 재산의 이익을 도모한다는 것이었다.

3. 논리적 우주

한비자가 말한 '도'는 노자가 말한 '도'처럼 역설적인 틀을 가지고 있긴 하지만, 그것은 형이상학적인 관념이 아니라 현실을 주시하여 많은 사건들을 일일이 관찰한 것에서 얻어진 것이라 하겠다. 다시 말하면 많은 현상을 하나로 꿰어 해석하며 하나의 현상으로부터 많은 현상을 전개(development)시킬 수 있는 특이한 기능을 말한 것이다.

또한 한비자가 말한 '도'는 묵자가 말한 '달'(達)과도 다르다. '달'은 하나의 추상적인 틀로서 모든 '유'(類)의 범주들을 하나로 묶을 수 있는 기반이었다. '견고한 것'이나 '흰 것'은 다 개체를 뛰어넘은 '유'에 속한 범주인데, 이런 이차원적인 범주가 서로 어울릴 수 있는 기반이 바로 '달'이었다. 이 '달'이라고 하는 범주는 논리에서 말하는 우주(universe)로서 부류에 속한 범주는 아무것도 포함되지 않는 그런 바탕이었다. 그러나 한비자가 말하는 '도' 곧 그가 말하는 논리적 우주는 '유'에 속한 한 범주와 다른 한 범주가 어울릴 때 전개될 수 있는 실체를 말한 것이다. 예컨대 한 면에 그림이 있고, 다른 한 면에 글자가 있는 두 개의 동전을 동시에 던질 경우 네 개의 가능성이 생길 것이다.

즉, 둘 다 그림이 나올 경우, 둘 다 글자가 나올 경우, 하나는 그림 다른 하나는 글자가 나올 경우, 하나는 글자 다른 하나는 그림이 나올 경우의 네 가지이다.

여기서는 이 네 가지로 논리적 우주가 형성된다. 이것이 바로 그 부류에 있어서의 전체 집합이다. 이 전체 집합이 바로 논리적 우주가 되어 모든 이론의 바탕이 될 것이다.

예컨대 한비자는 '고분편'에서 '법'(法)과 '술'(術)을 가진 사람과 전래적인 세도를 가진 관원들 사이의 갈등을 설파했다. 임금의 측근자들은 "오랫동안 사귀어 온 친숙한 사이다. 그들이 임금의 마음을 좇아서 좋아하고 미워함을 같이하고 있음은, 본래부터 자진해서 그렇게 하려고 해서가 아니다. 그들의 벼슬은 존귀하고 무거우며 붕당 또한 많다"고 했다. 여기서 벼슬이 높다 한 것은 질료를 말한 것이며, 오래 사귀었다 한 것은 효능을 말한 것이고, 기호가 같다고 한 것은 목적을 말한 것이다. 다시 말하면 하나의 것을 설명할 때 그 형식, 질료, 효능, 목적 등 분석적인 요소를 한꺼번에 들어 설명하는 것이 한비자의 독특한 표현법이다. 그의 이러한 표현법은 비슷한 시기의 서양의 아리스토텔레스의 분석 방법과 유사한 것이다. 이에 반해 "법에 능통한 인사는 반드시 의지가 굳세고, 의젓하며, 철저하고, 곧다"고 했으며, "술(術)을 알고 있는 인사는 반드시 멀리보고 밝게 살핀다"고 했다. 여기에 나오는 것도 넷이다. 즉, 굳세고 의젓한 것, 철저하고 곧은 것, 멀리보는 것, 밝게 살피는 것 등이다. 한비자가 사용한 이런 전개법을 이해하게 되면 부분을 앎으로써 전체를 파악할 수 있게 되며 따라서 생각을 단순화시켜 주어 행동할 수 있는 여력을 주는 이점이 생기게 된다.

4. 문제 중심의 방법

한비자가 말한 '술'은 우리가 통속적으로 말하는 권모술수를 가르킨 것이 아니다. 여기서 '술'이란 '법'과 대칭되는 말로 사용된 것이다. 법은 명시된 규범으로서 그것에 의해 만백성을 평등하게 판단하며 상벌을 주는 것이다. 그 당시는 봉건제도 하에 제후들의 권리 다툼으로 통일된 국가가 성립되지 못했다. 봉건 제후들이 각자의 권익을 주장하고 있을 그 무렵 법가는 만천하 백성을 상대로 법 앞의 평등을 주장했다. 다시 말하면 법가는 봉건적인 불평등에 대해 평등을 주장한 것이다.

제후들은 통일된 법 앞에서라기보다는 자기들의 세습적인 권리를 주장하고 있었으며, 백성들은 과연 법이 실천될 수 있는지를 의심하고 있었다. 그래서 법가에서는 법을 준수할 때 상을 주고, 법을 어길 때 엄한 벌을 주어 군왕의 권위로 법조문에 명시된 것과 같이 반드시 실행할 것을 강조했다.

법에 대응하여 '술'이란 것은 어떤 정책을 어떤 사람을 통하여 실천하느냐 하는 것이다. 법은 만인이 지켜야 될 것을 명시한 것인데 반해 '술'은 사람을 어떻게 다스려 그 법이 목적하는 것을 이룰 수 있느냐 하는 것이다.

한비자의 방법은 오늘의 말로 문제 중심의 방법(Problem Oriented Method)이라고 한다. 먼저 많은 문제들을 수집하여 관련된 것들을 묶어 분류한다. 그다음 그 문제들을 충분히 파악하고 거기에 대한 대책을 세우는데, 먼저 계획하고, 그 계획에 따라서 구체적인 대책을 강구하여 실천하고, 그다음 그 실천된 결과를 평가한다. 다시 말하면 수립된 계획을 어느 정도로 실천했는지를 평가하는 것이다. 이렇게 되면 그 문제를 파악하고 계획을 세우는 데 있어서 단순한 지적 추리는 별 의미가 없고, 실현성이 있느냐 하는 것이 평가의 대상이 된다.

5. 분서갱유(焚書坑儒)

그런데 문제 중심의 해결 방법을 사용할 때는 의식의 구조를 바꾸어야 한다. 공리공론이 아니라 문제를 해결할 수 있는 이론이 되어야 한다. 단순한 학술적인 견지에서 말하는 것이 아니라 책임 있는 계획이 서야 된다는 것이다. 그 때문에 이들은 '분서갱유'를 주장했다. 쓸데없는 공리공론의 책은 마음만 복잡하게 하지 실생활에는 동떨어진 것이므로 태워도 좋다고 한 것이다. 모든 책을 태워야 된다고 한 것이 아니라 문제 의식을 갖고 거기에 적절한 대책을 세운 학리가 아니면 태워도 좋다고 한 것이다. 이것은 사상의 자유를 제한한 것이라기보다는 사상의 책임성을 강조한 것이라고 해석할 수 있을 것이다. 즉, 책임성이 있는 사유를 주장한 것이다. 특히 유학자들은 이상화된 과거의 세계를 전거로 하여 오늘을 다스리려고 했으므로 거기에서 생기는 인간 이해에 대한 오차를 갖고 정치에 임하기 때문에 파묻혀도 괜찮다고 한 것이다. 과거를 과거대로 이해하는 것은 옳은 일이며, 현재를 현재의 입장에서 이해하는 것도 옳은 일이다. 그러나 낭만적으로 구성된 과거의 기준으로 복잡한 오늘의 상황을 처리하려고 할 때 자연히 문제를 자초하게 되므로 이를 거부하는 의미에서 갱유를 주장했다고 할 수 있을 것이다.

6. 맺음말

법가에서는 말한 것과 같이 실천이 될 때에는 상의 대상이 되지만, 말한 대로 실천이 안 되었다든가 말보다 더 낫게 실천되었을 때는 언행이 일치되지 않는다 하여 똑같이 벌을 받아야 한다고 주장했다. 그들은 허와 실을 기준해서 말을 덜하고 실천을 많이 한 것도 허한 것으로, 그것은 비록 실천이 많이 되었다 하더라도 상을 줄 수 없다고 했다. 이는 말과 행동을 혼란시킨 것으로 벌을 받아야 된다고 했다. 다시 말하면 겸허한 것도 사실과 어긋난 것으로 벌의 대상이 된다고 한 것이다. 그러나 이것은 어디까지나 피통치자에 대한 법의 치리이다. 한비자는 노자의 가르침에 따라 통치자에 대해 "남을 관리하지 않고 처사의 졸렬함과 교묘함을 알며 스스로 계획하고 생각하지 않고 득과 허물을 안다. 그러므로 말하지 않아도 잘 호응하고 약속하지 않아도 잘 모여서 많아진다. 말에 이미 호응이 있으면 그 계권(契券)을 가지고, 일이 이미 증가하면 그 할부(割符)를 잡는다. 부계(符契)를 맞추는 곳에 상과 벌이 생긴다." 이런 의미에서 한비자가 말한 법은 피통치자에 대해서는 평등한 법이지만, 통치자는 법에 종속되지 않는 것으로 보았다고 할 수 있다.

제 7 장
퇴계(退溪)와 율곡(栗谷)

1. 머리말

오랫동안 성리학(性理學)은 공리공론에 지나지 않는다고 여겨져 왔다. 성리학으로 인해 많은 당쟁이 일어났으므로 성리학은 없었던 것만 못하다고 하는 이들도 있었다. 그러나 『성리대전(性理大全)』의 서문을 보면 성리학은 단순히 추상적인 것을 다루는 것이 아니라 일상생활에서 사람답게 살 수 있는 도리를 찾아 천하를 바르게 다스리는 데 목적이 있다고 했다. 즉, 성리학의 목적은 구체적인 생활 윤리에 기초가 되는 하나의 원칙(道)를 찾는 데 있었다고 하겠다. 이는 우리의 행동이 성숙된 인격에서 우러나오며, 그 인격은 지상(至上)의 원칙에 의해 도야(陶冶)되도록 하기 위한 것이었다. 이 원칙, 즉 도리(道理)를 찾아보려는 동기에서 성리학이 태동된 것이다. 그래서 선비들은 이 도리에 대해 한 치도 양보할 수 없는 지상적인 것으로 여겨 목숨보다 귀중하게 생각했던 것이다.

2. 송대의 성리학

성리학은 사서오경을 그 연구 대상으로 삼았다. 송대(宋代)의 염계 주돈이(濂溪 周敦頤)는 한대(漢代)의 동중서(董仲舒)처럼 주역을 중심으로 모든 경전을 일관되게 해석해 보려고 했다.

주돈이는 태극(太極)은 양의(兩儀)를 낳았다고 했다(2^1=2). '양의'란 보통 음·양을 말하는데 하나의 차원 내에 있는 두 개의 대칭적인 요소를 의미하는 것이다. 음과 양은 단순히 어둠과 밝음만을 뜻하는 것이 아니라 모든 대칭적인 요소를 총괄해서 말하는 것이다. 그래서 음양은 천지를 의미할 수도 있고 남녀를 의미할 수도 있으며 부모를 의미할 수도 있다. 무엇이든 같은 차원 내에서의 대칭적인 두 요소를 의미한다.

주돈이는 '양의'를 설명할 때 공간적 분석에 의한 명사적 면을 설명했을 뿐만 아니라 이와 대칭이 되는 시간적 분석에 의한 동사적 면도 아울러 설명했다. 그는 "기양이질음"(氣陽而質陰)이라고 했다. 이 구절은 '음·양에 관련지어 '기·질'을 논한 것이다. 그래서 "기양이질음"이라는 말을 '기'가 곧 '양'이요, '질'이 곧 '음'이라고 해석해서는 안 된다. '음양'이 두 개의 대칭적인 명사라면 '기질'은 두 개의 대칭적인 동사이다. '기'는 '양'을 설명하는 또 다른 하나의 명사가 아니라 하나의 동사이다. '기'와 '질'이라는 말은 '동'(動)과 '정'(靜)의 작용을 뜻하는 것이다. 그래서 "기양이질음"이라는 말은 "양을 동적인 것이라고 한다면, 음은 정적인 것이다"는 뜻이다. 즉, 주돈이는 '양의'를 명사적 면뿐만 아니라 동사적 면까지 포함된 두 대칭적인 것의 대칭적인 작용으로 설명했다. 이것은 오늘날 소위 내적 조작(Internal Operation)이라고 부르는 것과 매우 흡사한 것인데, 이 내적 조작을 처음으로 규명한 이가 주돈이가 아닌가 생각된다. 이것을 현대 논리학적인 측면에서 말하면 이차원에 있어서의 내적 조작(∪, ∩)이라고 할 수 있다.

$$X \cup {\sim}X = \text{Universe}$$
$$X \cap {\sim}X = \varnothing$$

'음 · 양'에 '기 · 질'이라는 동사가 적용되면서 양의의 작용을 '기'(器)로 보게 된다. 양의는 대칭적인 형틀을 가지고 있는 것이어서 형이하적인 것이라고도 하며 또한 모든 형틀과 기질을 담는 것이어서 '기'(器)라고도 하였다.

주돈이는 이 대칭적인 두 차원의 외적 조작(External Operation)으로 '사상'(四象)이 형성된 것으로 보았다고 할 수 있다.

$$2^2 = 4$$

이 '사상'에 그 중심적인 부위를 차지하는 황극(皇極)이 합쳐 오행(五行)이 되었다고 주돈이는 역(易)에 의해 태극도를 그려 만물의 구조와 생성 과정(氣)을 풀이했다. 그는 여기서 태극(太極), 양의(兩儀), 오행(五行)에 대해 차례로 설명했다. 그는 태극에 대해 역에는 없는 무극(無極)이란 개념으로 풀이했다. 역의 "일생이"(一生二)란 말은 "무극이태극"(無極而太極)이라는 말로 고쳐 놓았다. 하나가 둘로 이분화되는 과정, 즉 음과 양으로 양의화(兩儀化)되기 이전의 과정을 말한 것이다. 이것은 이분화된 우리의 문화가 성립되기 전의 상태를 추구한 것이라고 볼 수 있다.

주돈이는 "무극이태극"이라는 말을 이렇게 설명했다. "하늘이 떠 받치고 있는 그 무엇은 소리도 없고 냄새도 없는 것으로 만물을 만드는 관건이며 그 품격의 바탕이 된다. 그런 의미에서 무극이요 태극이라 함은 태극 외에 무극이 있다 함이 아니다"(上天之載 無聲無臭 而造化之樞紐 品彙之根抵 故曰無極而太極 非太極之外 復有無極也). 그는 태극을 다시 소급해 올라가면 그전에 무극이 있다고 말한 것은 아니다. 이것은 오늘날의 표현으로 $2^0=1$을 말한 것이다. $2^1=2$, 즉 양의가 있기 전 다시 말해 하나가 둘로 나누어지기 전, 하나이면서 둘의 근본이 되는 그 무엇을 말한 것이다. 음과 양의 양극으로 이분화되기 전 다시 말해 무극, 즉 2^0에 관해 말한 것이다. 이 무극이 바로 태극이다. 일찍이 주역에서 와 그리고 한대에서 송대에 이르기까지 유학자들은 태극을 그 이상 더 탐구할 수 없는 대상으로 여겼다. 그러나 주돈이는 처음으로 태극의 구조를 다루었다.

주돈이는 태극을 음·양으로 이분화되기 이전의 상태이며 동·정으로 나누어지기 이전의 상태(動靜無端)로 모든 것의 본연적인 기점(本然之妙)이라고 했다. 태극의 성격에 대해 극히 섬세하고 어디든지 가득 차 있다고 했다(沖漠無眹). 다시 말하면 묵가에서 논리적인 기반을 달(達)에 둔 것처럼 주돈이는 그의 논리적 우주의 구조(Universe of Discourses)를 태극과 무극에 두었다. 그는 이 하나로 된 음·양의 바탕과 동·정의 기반을 존재의 필요충분조건으로 설파한 최초의 학자였다. 이것을 가리켜 '이'(理)라고도 했고, '도'(道)라고도 했으며, 아직 형태를 갖기 이전의 것이라는 의미에서 형이상(形而上)적인 것이라고도 했다. 다시 말해서 목(木), 수(水), 화(火), 금(金)의 '사상'에 황극인 토(土)

가 합쳐 오행이 된다고 했으며, 이 양의와 오행이 신비스럽게 배합되어 만물을 무궁무진하게 조작해 내었다고 했다. 다시 말하면 내적 조작과 외적 조작으로 만물이 생성된 것으로 보았다.

요컨대 주돈이는 태극의 '이'(理)와 양의와 오행의 작용으로 만물, 즉 천·지·인(天·地·人)이 형성되었으며, 그래서 그들은 각각 '기'(氣)와 '질'(質)과 '성'(性)을 갖게 된 것으로 보았다.

장재(張載)는 주돈이와는 달리 '무극'을 '태허'(太虛)로 고쳤으며 또한 '도'를 형이상적인 것으로 보지 않고 기화(氣化)된 양의로 보았다. 그는 이 '태허'와 '기화된 양의'가 합쳐 '성'(性)이 되었고, '성'과 지각이 합쳐 '심'(心)이 생겼다고 단계적으로 설명했다.

그다음 주자(朱子)는 이 모든 학설을 집대성하여 하나로 관통시켰다. 첫째로 그는 물체와 '도'가 구체적인 것에서 연결되어 있다고 했다. 그는 '도'나 '이'(理) 외에 '물'(物) 혹은 '기질'(氣質)이 있을 수 있고 물체 밖에 도가 있을 수 없다고 했다.

도외무물(道外無物)

물외무도(物外無道)

必有對							
理		氣					
形而上		形而下(質化 : 形化)					
無極 而 太極	兩義	五行	心：天理：性 身：人欲：情	家	國	天下 萬象

'이'(理)와 '기'(氣)는 상호 필요로 하는 것으로 보았으며, 대칭적인

원리가 모든 구체적인 존재를 꿰고 있다고 했다(一以貫之). 그래서 사람의 '심'(心)을 논할 때도 "심통성정"(心統性情)이라고 했으며 또한 '성'이 있으며 '정'이 따르게 된다고 했다(有性便有情).

그런데 주자는 대칭적인 구조에만 관심을 가졌으되 그 대칭적인 요소들 사이의 관계는 거의 언급하지 않았다. '성'과 '정'의 문제에 있어서도 그들 사이의 관계를 '심'(心)이라고 하는 또 하나의 명사로 연결시켰지 그 이상 그 연결 작용의 성격을 규명하지 않았다.

3. 퇴계와 율곡

한국의 유학계에서는 김굉필(金宏弼)이나 조광조(趙光祖) 등이 한유(韓愈)를 따라 유학의 윤리적인 면(正道)을 다루기 시작했으며, 정여창(鄭汝昌)은 소옹(邵雍)을 따라 상수학(象數學)을 연구함으로써 주자학을 비판적으로 받아들였다. 그러다가 퇴계 이황(退溪 李滉)에 이르러 비로소 우리 나름으로 성리학을 집대성했으며, 율곡 이이(栗谷 李珥)는 이를 더 발전시켰다.

퇴계는 주자의 "유대, 무독"(有對 無獨)설을 구성 요소의 품격을 규명하는 데 철저히 적용했다. 일찍이 주돈이는 '무극'이나 '지허'(至虛)를 주장했는데, 후학들은 이를 '허무'로 오해하기도 했다. 그러나 퇴계는 이 '허'나 '무'는 '유'(有)와 대칭이 되는 존재를 가리킨다고 보고 "허이실"(虛而實), "무이유"(無而有)라고 말했다. 이런 뜻에서 그는 '무'란 없는 것이 아니라 실제로 존재하는 것이라고 주장했다.

퇴계는 '이'(理)와 '기'(氣) 사이의 내적 관계에 대해 둘이 서로 필요로 하므로 형체를 갖게 되고 서로 의지함으로 작용하게 된다고 했다

(相須以爲體 相待以爲用). 그리고 '이'와 '기'의 외적 조작으로 '성정'이 된
다고 했다. 다시 말해 '사단'(四端)과 '칠정'(七情)이 다 '이'와 '기'로 구성
된 것이라고 했다. 그래서 이 둘은 같으면서 다르고(同中而知其異) 다르
면서 같은 것으로(異中而知其同) 나누면 둘이 되나 분리될 수 없는 것(分
而爲二…不相離)으로 해석했다. 마치 하나의 타원형이 같은 비중을 가
진 두 개의 중심으로 이루어져 있듯이 그는 '성'과 '정'을 차등하게 보
지 않고, '정'에게도 그 나름의 자리를 주었다. 그래서 그의 윤리관은
퍽 덕스럽게 되었다. 따라서 그는 모든 것을 그 나름대로 받아들일 수
있는 아량을 갖게 되어 유학자들 가운데서는 보기 드문 후한 인품을
풍기게 되었다. 그의 공헌을 '이기호발설'(理氣互發說)에 두고 풀이한
것처럼 그는 단순히 마음(心)에 관한 성(性)이나 정(情)을 논하는 데 그
치지 않고 경(敬)과 성(誠)을 아울러 주장함으로써 우리의 인품을 도야
하는 데 큰 도움을 주었다고 하겠다. '경'이란 진리에 대한 담담한 예
우이고 '성'이란 기(氣)의 움직임에 대해 취해야 할 태도라고 했다. 윤
리적 측면에서 볼 때 경과 성은 그 이상 더 있을 수 없는 인간 존재의
지고의 조건이라고 하겠다.

　한편 율곡은 '이'와 '기'에 대해 "이는 이에서부터 왔고, 기는 기에
서부터 왔다"(理自理 氣自氣)고 했다. 이는 일찍이 공자가 가졌던 이차
원적인 구조를 처음으로 성리학에 도입한 것이다.

이자리(理自理): (理) · (理) = (理)^2 = (X)^2

기자기(氣自氣): (氣) · (氣) = (氣)^2 = (~X)^2

이것을 그 당시의 용어로 '이재'(二裁) 혹은 '사재'(四裁)라고 불렀는

데, 율곡은 성리학자들이 흔히 쓰는 이원적인 '이재'를 사용하지 않고 2차원적인 이원, 즉 '사재'를 사용하여 설명했다. 그리고 '이'와 '기'의 관계도 '사재'로 설명하였는데, 즉 "서로 분리될 수 없으며(相離不得), 서로 혼합될 수 없으며(不相來難), 공간적으로 간격이 없이 하나가 돼 있으며(渾淪無間), 시간적으로 앞서지도 않고 뒤서지도 않는다(無先無後)"고 했다. 이것은 그 두 사이의 황홀한 관계를 네 개의 부정적인 표현으로 규명한 것이다. 그는 '이' 외에 '기'의 관계를 '이재'로 설명할 때 '기발이승'(氣發理乘)의 관계로 설명한 때도 있었으나, 그 나름으로 독특하게 '사재'로 설명함으로써 네 개의 요소를 네 개의 성격으로 규명했는데 이것은 논리적 우주를 작성하는 데 그 요소들을 빠짐없이 포함시킨 것이다. 이런 점에서 율곡은 성리학을 이론적인 면에서 그 절정에 올려놓았다고 하겠다.

제 8 장

금강경(金剛經)과 심경(心經)에 나타난 석가(釋迦)의 사상

1. 머리말

석가(釋迦)는 여러 가지 문제에 대해 해답을 주었다기보다 그 문제 자체에서 해탈할 수 있는 길을 제시했다고 하겠다. 그의 가르침은 많은 경전으로 전해 내려오고 있는데, 여기서는 그것들의 공통분모가 되는 『금강경金剛經』과 『심경心經』을 중심으로 그의 생각의 틀을 찾아보고자 한다.

2. 아집(我執)과 색계(色界)

석가는 먼저 생각의 바탕을 분석했다. 그는 오랫동안 번뇌 혹은 고뇌가 무엇인지를 깊이 생각하고, 번뇌가 주는 아픔보다 번뇌가 생기게 되는 바탕을 깊이 탐구했다. 그는 욕심이 바로 고뇌의 진원임을 깨닫게 되었다. 그는 다시 욕심이 어떻게 해서 생기는지를 묻고 욕심은

‘아집’이 주체가 되어 ‘색계’를 소유하려고 하는 데서 생김을 깨닫게 되었다.

석가는 아집이 주체가 되어 색계를 소유하고자 하는 그 욕망의 구조를 캐물었다. 그리고 그 욕망은 우리가 일상적으로 무심코 갖고 있는 생각의 바탕에서 나온다는 것을 알게 되었다. 우리의 뜻을 나타내는 데 가장 보편적으로 쓰이는 도구인 ‘말’ 자체를 보아도 이분화되어 있다. 움직임을 표현하는 동사가 있다면 그것과 대칭되는 명사가 있다.

명사는 다시 주격과 목적격, 다른 말로 아집과 색계로 나누어져 있다. 또한 동사도 자동사와 타동사로 나누어져 있다. 명사에는 형용사가 붙고 동사에는 부사가 따른다. 이렇게 대칭적으로 이분화된 언어의 범주로 말이 구성된다. 주격과 목적격이 타동사로 연결되어 우리가 흔히 쓰는 말이 형성된다. 우리는 이렇게 된 말로 우리의 생각을 나타내게 된다.

석가는 이분화된 아집과 색계는 우리 머리에서 조작된 것이라고 했다. 다시 말해 아집과 색계는 본래적으로 그렇게 존재해 있는 것이 아니라 이분화하는 우리 사고의 작용에서 생겨난 것이라고 보았다. 뿐만 아니라 아집이라는 범주만도 계속 이분화되어 ‘아상’(我相), ‘인상’(人相), ‘중생상’(衆生相), ‘수자상’(壽者相) 등으로 무한히 분화되게 된다. 또한 그 기원에 따라 이분화되어 난생(卵生)과 태생(胎生), 습생(濕生)과 화생(化生), 유색(有色)과 무색(無色), 유상(有想)과 무상(無想), 비유상(非有想)과 비무상(非無想) 등으로 퍼져 나가 중생(衆生)을 이루었다고 했다.

석가는 이런 한없는 중생(無限衆生)은 우리의 의식 작용으로 형성된 것으로 실제로 존재하지 않는다고 하여 “실무중생멸도입열반”(實

無衆生滅度入涅槃)이라고 했다. 즉, 흔히 석가가 중생을 멸도하기 위해 이 세상에 왔다고 하나, 멸도할 중생이란 우리 생각의 조작으로서 실제상 존재하지 않으므로 구원의 대상으로 실재하는 것이 아니라고 보았다.

그는 색계에 관해서도 우리 의식의 이론화 작용으로 무한히 증식하고 있다고 했다. 그래서 비록 욕계육천(欲界六天)에서부터 무색계사천(無色界四天)을 말하며 삼천대계(三千大界)와 무량한 겁(劫)을 말한다고 하더라도 이 모든 것은 우리의 인식 작용으로 색계를 계속 분화한 데서 생긴 것으로 실재하지 않는다고 보았다. 그래서 그는 삼천대계를 다 보시(布施)한다고 해도 자기의 말 한마디를 읽는 것보다 그 복이 못하다고 했다.

다시 말해 우리 마음의 이분화 작용으로 주체와 색계가 형성되었을 뿐만 아니라 다시 그 하나하나가 계속 이분화되는 데서 중생과 삼천대계로 나누어져 보이게 되었다고 했다. 그러나 우리의 생각하는 주체와 색계는 사실상 실재하지 않는 것이어서 어떤 주체이든 색계에서 무엇을 소유하려고 하면 이는 이루어질 수 없는 행동으로서 결국 번뇌를 자아낸다고 했다.

3. 육바라밀(六波羅蜜)

석가는 이런 아집과 색계와 욕심의 복합된 작용을 극복하는 방법으로 육바라밀을 말했다. 즉, 번뇌에서 해탈에 이르기까지 과정을 여섯 단계로 설파했다. 제1바라밀은 '보시'(布施, Dana)라고 한다. 보시란 희사한다는 뜻인데 욕심과 대립되는 것으로 욕심에 대항하는 작용이라 하겠다. 탐심에 대항하기 위해 보시를 하라는 것인데 보시 자체는 궁극적인 해탈 방도가 아니다. 석가는 누차 삼천대계를 다 보시한다고 해도 자기 가르침의 진의를 터득하는 것보다 못한 일이라고 했다. 비록 중생이 가진 것을 희사한다 하더라도 궁극적으로 이는 욕심에 대한 대항이지 해결이 아님을 지적해 주었다.

제2바라밀은 '지계'(持戒)라고 한다. 이것은 문자적으로는 계율을 지킨다는 뜻이 되지만, 원어를 한자로 번역하는 과정에서 본뜻과 거리가 생긴 것 같다. 지계, 즉 '실라'(Silla)란 주체의 악습을 방지하여 본성을 드러내는 것이다. 다시 말해 아집 및 중생, 즉 주체에 관한 것인데 이 역시 머리의 구상에서 생겨난 것으로 실재하지 않음을 깨달아야 한다는 것이다.

제3바라밀은 '인욕'(忍辱, Ksanti)으로서 남한테 맞고 욕을 먹어도 참아야 된다는 것인데 이는 삼천대계가 있고 보이는 색계가 있어 거기에 우글거리는 악귀들이 우리를 괴롭히는 것을 참아야 한다는 것이 아니다. 삼천대계라는 것은 우리의 생각에서 이분화 작용으로 조작된 것이어서 궁극적으로 색계의 모든 작용이 우리를 괴롭힌다고 하더라도 실재하지 않으므로 그것에 마음을 써서는 안 된다는 것이다.

그리고 보면 보시, 지계, 인욕의 셋은 실재하지 않는 아집이 실재하지 않는 색계를 소유하려고 탐함으로써 따라오는 번뇌를 송두리째 뽑아버리려는 과정을 말하는 것이다. 위의 세 바라밀은 통속적인 범주인 데 반해 석가는 이와 대칭되는 성스러운 세 바라밀을 제시했다. 지계와 인욕이 아집과 색계에 관한 가르침이라면, 제4바라밀 정진과 제5바라밀 선정은 불과 법에 대한 가르침이다.

제4바라밀 '정진'(精進, Virya)은 부처님의 주체의 면인 상(相)과 관계된 것이다. 부처님의 32가지 아름다운 모습을 게으름 없이 모방하는 데 정진하라는 것이다. 그러나 비록 부처님의 모습을 배운다 하더라도 그 역시 부처님의 주관적 면을 다룬 것이므로 역시 부처님에 대한 아집을 권장하는 것에 불과하다. 그래서 석가는 누구든지 자기의 모습을 보고 자기를 배웠다고 하는 자는 이단이요 우상을 섬기는 자라고 책했다.

제5바라밀은 '선정'(禪定, Dhyana)이다. 자성(自性)은 본래 청정함을 정념(靜念)하여 익힌다는 것인데 그 본래의 의미는 명상이라는 뜻이다. 명상이란 부처님의 가르침, 즉 법에 대해 명상하는 것이다.

그러나 석가는 자기의 가르침이 객관화하여 법으로 존재하게 된다면 그 역시 색계에 속한 것이 될까 두려워하여 법이란 있는 것도 아니요 없는 것도 아니라고 했다(無實無虛). 그리고 또 법에 의해 보시나 그 외 모든 것을 행한다면, 이는 깨닫지 못한 소견에서 나온 행동이라고 했다. 그는 자기의 가르침은 마치 뗏목과 같아 피안에 이른 다음에는 그 뗏목을 우상화하여 지고 다닐 필요가 없다고 했다.

제6바라밀은 '지혜'(智慧, Prajna)인데 일체 모든 법에 막힘이 없다는 뜻으로 풀이하기도 하지만, 실은 이 제6바라밀에 대해서는 다시 주를 붙여 "아뇩다라삼먁삼보리"라고 했다. 이것은 그 뜻이 너무 깊다 하여 원어를 한문으로 음역한 것인데 그 의미는 그 이상 더 없는 바른 위치의 올바른 깨달음이라는 뜻이다. 그래서 한문으로는 '무상정등정각(無上正等正覺)이라고 한다. '정등'이란 쉬운 말로 하면 평등이다. 평등하게 한다는 것은 가치관의 이분화를 제거하자는 것이다. 좋고 나쁘다고 하는 개념은 우리의 의식에서 조작된 것이므로 버리자는 것이다.

'정각'이란 주객의 이분화된 개념을 버리자는 것이다. 예컨대 아집과 색계로 나누어 볼 것이 아니라 나누기 이전의 본연의 하나를 찾아보자는 것이다. '정등정각'을 떠난 생각은 이차적인 이분화 작용을 이루어 내적 분열을 일으키게 한다. 예컨대 우리가 '정각'을 떠나 자타를 나누게 된다면, 신과 인간을 대칭시켜 조작할 수 있다.

그다음 정등을 떠나면 신은 선하고 그 반대로 인간은 악하다고 가치를 덧붙이게 된다. 이렇게 되면 거룩한 신과 죄된 인간은 피차 소외되게 되며, 그런 신이 인간을 구원하기에는 너무 거리가 멀게 된다.

이에 반하여 '정등'을 되찾게 된다면 평등에 이르게 되며, '정각'을 찾게 되면 주체와 객체가 조화가 되므로 평과 화, 즉 평화를 되찾게 된다. 오늘날 우리는 평화라 하면 흔히 싸움으로부터의 평화를 연상하지만, 석가에게 있어서 평화란 인위적 조작을 떠나 생긴 그 나름대로 보는 여래관(如來觀)에서 오는 것이다.

4. 여래관(如來觀)

이 '여래관'은 지금까지의 모든 철학의 근거를 흔드는 것이다. 유가에서는 옳은 것과 그른 것을 나누고 옳은 것은 옳다 하고, 그른 것은 그르다고 해야 한다고 주장했는데 이것은 이분화된 가치관 위에 구축된 것이다.

도가에서는 "덕으로 원수를 갚아라"고 했으며, "하면서 하지 않는 것 같이 한다"고 했는데 이것은 이분화된 범주를 역설적 관계로 연결시켜 놓은 것으로 이 역시 이분화된 생각의 틀에 기인한 것이다.

묵가에서는 '달'을 인식의 바탕이 되는 논리적 우주로 설정했으나,

그것도 많은 구체적 개념과 대칭되는 하나여서 상호 대칭적인 관계에 의해 이루어진 것이다. 한비자는 어떤 차원에서 한 요소를 포착하고 나서 나머지 모든 요소를 전개시켰는데, 이 하나의 논리적 우주를 형성함에 있어서도 대칭적인 원리에 근거를 두었다. 율곡의 성리학에 있어서 '이·기'의 관계를 확대 전개하여 포함시킬 수 있는 모든 요소를 포함시켰지만, 이 역시 대칭 원리에 의해 전개된 것임은 부인할 수 없다.

석가는 동·서 모든 논리에서 기조로 삼은 대칭적인 이분화 작용은 단순히 우리 머리의 구상에 불과하므로 이에서 탈피해야 한다고 주장했다. 그런 점에서 그의 가르침은 고전 논리의 한 종장에 있다고 하겠다. 그래서 석가는 전래해오던 모든 문제에 대해 해답을 주었다기보다는 그 문제에서 해탈하는 길을 제시했다고 하겠다.

5. 맺음말

석가가 우리들이 실재라고 생각하는 것은 사실상 우리의 이분법적인 사고방식에서 나온 것임을 지적해 준 것은 옳으나, 그 반면 그 자신은 그가 주장한 '여래관'에 대해서 명확하게 설명해 주지 않았다. 모든 것을 그 나름대로 보아야 한다는 것은 옳지만, 이것이 후에 일종의 참선(參禪)으로 전락되고, 서양의 문예계에서 해프닝(Happening)의 양상으로 재연되는 결과를 빚기도 했다.

인간은 어디까지나 자기의 입장에서 대상을 보게 되므로 자기를 떠나서는 대상을 이해할 수가 없다. 이것은 우리가 가진 한계이지만 아울러 인식의 필연 조건이기도 하다. 그래서 부처님은 부처님 나름대로 세상을 보고, 돼지는 돼지 나름대로 세상을 보게 되는 이 현실을 벗어날 수가 없다.

　우리는 석가가 과거에 실재라고 보편적으로 받아들여 온 것을 사고의 조작이라고 깨우쳐 주고, 아울러 일소시켜 준 것을 고맙게 여겨야 한다. 그러나 우리는 진일보하여 이 필연적인 제한 조건인 사고의 양식을 버리는 것이 아니라 각자마다 조금씩 다르며 사회의 형틀에 따라 변화되어 역사의 흐름에 따라 발전되고 있는 다양한 사고 형틀을 그 나름대로 인정해 줌으로써 지식의 허무 상태에서 벗어날 수 있지 않나 생각된다.

　다시 말해 '여래관'을 보이는 대상에 적용할 것이 아니라 보는 눈, 즉 인자에 적용하고, 그 사람이 어떤 관점을 가지고 현실을 보고 있는지를 그에게 알려주는 것이 우리의 책임이 아닐까 생각하게 된다.

제3부

서양의 사유

제 1 장

그리스 사상

1. 머리말

그리스 문화는 신화의 시대를 지나 철학이 발달되기 전 희곡의 시대로 들어갔다. 오늘날 우리는 흔히 그리스 문화의 정수를 그 철학적 사상에 있다고 하나 그 생각의 틀은 희곡에서 적절하고 완벽하게 구성되었다. 그래서 우리는 그리스 사상을 다룸에 있어 희곡의 전성기 중 비극 시기의 대표작인 소포클레스(Sophokles)의 『오이디푸스 왕』을 풀이함으로써 시작하려고 한다.

그리스 희곡(Greek Drama)에서는 흔히 오래전부터 전해 내려오던 이야기를 소재로 했다. 그런데 인물 중심의 이야기인 경우, 자연적인 시간에 따라 그 대상의 생애를 전개시키지 않고 그 작품 나름의 시간을 막(幕)의 서열로 재구성했다. 공간 배열도 무대에 나오는 배역들의 상관관계로 재배치한 다음 그 작품의 줄거리를 펴나갔다.

2. 작품 속의 공간 배열

『오이디푸스 왕』에서는 오이디푸스(Oedipus)를 중심으로 하여 여덟 배역들이 8모로 배열되어 있다. 먼저 남성이요 신인 아폴론(Apollon)과 여성이요 왕후인 요카스테(Iokaste)를 대칭적으로 두었다. 내용 면에 있어서도 아폴론이 오이디푸스의 비밀을 드러내려고 한다면, 요카스테는 그것을 끝까지 감추어 보려고 한다.

다음 오이디푸스의 외삼촌이자 처남이 되는 크레온과 맹인 점쟁이인 테이레시아스를 대위적으로 배치했다. 크레온은 이성을 대표하여 전형적인 행정 기구를 통하여 받고 있는 재앙의 근원을 캐보려고 하는 반면 테이레시아스는 맹인으로서 계시를 받아 이 일의 비밀을 말해 주는 자로 되어 있다.

그리고 두 아버지가 나오는데 하나는 오이디푸스의 친아버지요, 다른 하나는 코린트의 왕인 양아버지이다. 그들의 두 신하가 있는데 하나는 양아버지의 호위병으로서 왕의 죽음을 보고 은신하여 지금은 목자가 되어 있는 사람이다. 또 하나는 고린도에서 보낸 사신이다.

이 작품의 공간은 기본적인 축에 두 대칭적인 요소를 두고 그 축을 또 하나의 대칭을 가진 축과 연결하여 이차원적인 공간을 구성하고, 다시 이 이차원적인 공간 사이에 또 하나의 이차원 공간을 두어 조화 있고 균형 잡힌 공간이 되었다.

거기에 구체적인 배역으로 배치하는 반면 이에 대칭되게 나오는 것이 바로 합창단(Chorus)이다. 그리스 희곡에서 빠질 수 없는 요소로서 무대에서 민중의 의사를 표현하기 위하여 마련한 것이었다.

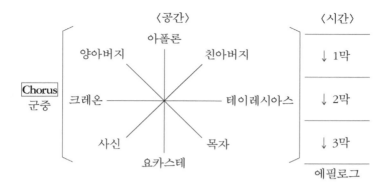

3. 작품 속의 시간 배열

이 작품은 전 3막과 에필로그로 되어 있다. 이 막의 서열이 이 희곡에 있어서 시간의 배열이다. 전술한 배역들의 공간 배치에 따라 막의 서열을 재배치하였다. 다시 말하면 여덟 배역으로 된 8모의 윗부분이 제1막이고, 가운데 부분이 제2막이며, 아랫부분이 제3막이고, 에필로그에서는 이 이야기를 결말짓도록 배열했다.

제1막에서는 아폴론이 그 지방에 심한 온역을 내려 많은 사람이 계속 죽어간다. 이것은 아폴론과 오이디푸스의 부분에 관한 시간이다. 오이디푸스는 이 재난이 왜 왔는지 몰라 몹시 궁금해하며 나라의 임금으로서 백성이 고생하고 있는 것을 보며 측은한 마음이 생겨 그들의 고통의 근원을 찾아 제거해 보려고 한다. 제1막에서는 오이디푸스가 왕위에 있기까지의 과정, 즉 그의 출생, 소년기, 성년기 등에 대한 언급이 전혀 없다. 이 희곡에서의 시간 배열은 그런 시간 과정을 따른 것이 아니다. 이 희곡의 제1막은 어디까지나 이 희곡의 공간과 연결되어 재배정된 시간에 따라 전개되었다.

제2막으로 들어가면 오이디푸스가 크레온과 테이레시아스에게 재난의 원인을 알아 오라고 분부한다. 크레온은 이성과 행정적인 제도를 통해 문제에 대한 해답을 찾는다. 다시 말해 그는 이성을 대표한 사람이다. 크레온은 아폴론의 신탁에 의해 재난의 원인이 곧 왕 자신이라는 암시를 받게 된다. 그러나 오이디푸스는 크레온의 말을 믿지 않는다. 여기까지가 2막 1장이다.

2막 2장에서는 오이디푸스가 크레온과 대칭이 되는 맹인 점쟁이 테이레시아스에게 재난의 원인을 묻는다. 그리스 사람들은 눈이 성한 사람은 이 세상의 것을 잘 보는 반면 눈먼 맹인은 저세상의 것, 즉 신의 뜻을 터득할 수 있다고 생각했기 때문에 여기에서 점쟁이를 등장시킨 것이다. 테이레시아스는 오이디푸스의 물음에 대해 침묵을 지킨다. 이에 오이디푸스는 그가 눈먼 것은 저주로 인한 것이요, 그가 침묵을 지키는 것은 무지하기 때문이라고 욕설을 퍼붓는다. 화가 난 테이레시아스는 홧김에 자기가 알고 있는 신의 비밀을 토로하여 재난의 원인은 곧 오이디푸스 자신이라고 말한다.

2막 3장에서 오이디푸스는 이성을 상징하는 크레온과 계시를 상징하는 테이레시아스의 공통된 결론을 듣고, 이들이 이 어려운 시기에 자기를 축출하려고 음모를 꾸민 것이 아닌가 의심하게 된다. 그래서 그는 광분하여 크레온을 추방시키고 테이레시아스를 저주하여 쫓아낸다. 다시 말해 그는 이성과 계시, 즉 인식에 관한 두 매개체를 거부함으로써 광적 상태에 들어가게 된다. 여기서는 광적 상태를 심층 심리 분석을 통하여 인식의 대칭적인 요소인 이성과 계시를 거부하는 데서 기인한 것으로 보았다.

제3막에서는 코린트의 사신과 오이디푸스의 아버지의 호신병으로 지금은 목자로 은둔 생활을 하고 있는 사람, 이들을 중심으로 사건이 전개된다. 코린트에서 온 사신은 오이디푸스에게 부왕이 별세했다고 알린다. 오이디푸스는 사실상 자기 아버지를 죽이고 자기 어머니와 살게 된다고 하는 자기 운명에 대한 신탁이 이루어질까 두려워하여 코린트에서 떠났다고 말한다. 그때 사신은 코린트 왕이 사실상 자식이 없었는데 자기가 주워온 애를 키운 것이 오이디푸스였다고 말한다.

그리고 친부모가 누구인지 알고자 한다면 자기에게 어린 오이디푸스를 준 그 사람을 찾아 물어보면 될 것이라고 말한다. 이때에 오이디푸스의 아내요 원래 어머니였던 요카스테는 마음에 짐작되는 것이 있어 이 일의 진전을 저지해 보려고 노력한다. 그러나 오이디푸스의 강한 요청에 못 이겨 그가 지금 목자로 은둔 생활을 하고 있음을 알려주게 된다. 그러자 오이디푸스는 그 목자를 불러 묻게 된다. 목자는 오이디푸스의 강요에 못 이겨 사실을 다 털어놓는다. 그래서 오이디푸스는 자기가 어렸을 때 버려져서 코린트 왕의 양아들로 자라난 것과 거리에서 자기 아버지를 죽이고 돌아와서 자기 어머니와 결혼하여 왕이 되었다는 것을 알게 된다. 이를 모두 알게 된 요카스테는 침실로 들어가 자기 목숨을 스스로 끊는다.

끝으로 에필로그가 나오는데 거기에서는 오이디푸스가 참회하는 마음으로 두 눈을 뽑아 피가 낭자한 얼굴로 두 어린애의 손에 끌려 참회하는 장면으로 끝난다. 이 부분은 시간 배치에 있어서 공간 부분의 합창단의 역할과 동등하다.

4. 희곡과 철학

흔히 탈레스(Thales)를 철학의 아버지라고 부른다. 그는 모든 것이 물로 되었다고 말했다고 한다. 그러나 이 말을 한 그가 왜 철학의 아버지로 여겨지는지에 대해서는 잘 이해되고 있지 않다. 그 후 어떤 사람은 모든 것이 불 혹은 공기 혹은 복합적인 요소들로 되어 있다고 했다. 이런 주장들이 철학의 기원이 되었다고 하는데, 그 뜻이 무엇인지를 재발견해야 할 것이다.

모든 것이 물로 되었다고 한 것은 곧 많은 것(多)이 하나(一)의 물로 구성되었다는 말이다. 이것은 많은 것과 하나, 이 두 요소를 하나로 결합하여 만든 문장이다. 모든 것이 물로 되었다고 하는 이 진술은 증명되지도 않고 또한 물로 모든 것을 만들 수도 없는 일이다. 그러므로 말의 내용 전술보다 이 말에 내포되어 있는 이분법적인 사고 때문이라고 볼 수 있다. 이분화 작용이 나타나지 않았던 신화적 시기에서 벗어나 대칭적인 분화와 그 사이의 관계를 규명해 주는 데서 사상사의 아버지로 꼽히게 되었던 것이다.

그리스 희곡은 철학가들보다 훨씬 더 앞서 그 대칭적인 관계를 역설적인 관계로 풀이하였다. 탈레스 이후 그리스 철학자들은 이분화된 대칭적인 '일과 다'(One and Many)의 관계를 계속 규명하는 데 몰두했을 뿐이다. 그리스 비극의 바탕에서 그 철학의 틀을 찾게 된다.

5. 맺음말

우리가 한 작품을 연구할 때 그 작품 내의 시간과 공간을 분석해 보지 않으면 그 작가의 의도를 정확히 포착하기가 어렵다. 예컨대 심층 심리학자 프로이트(S. Freud)는 이『오이디푸스 왕』을 이른바 오이디푸스 콤플렉스(Oedipus Complex), 즉 아버지를 없애고 어머니를 차지하려 하는 충동을 반영시킨 작품으로 보았다.

단편적으론 그의 해석이 틀린 것이 아니나 그 희곡 전체에서 말해 주고자 하는 것은 그런 것이 아니다. 프로이트는 그 희곡 자체의 공간과 시간하고는 너무 이탈된 하나의 부분적인 면만 떼 내어 가지고 설명한 것에 불과하다. 작가의 의도에 따라 그 작품을 이해하기보다 자신의 생각을 그 작품에 투사시켜 설명한 것이다. 문학 비평가든 심층 심리학자이든, 학 작품을 다룰 때 원작의 구상을 경건한 마음으로 다루어야 할 것이다.

제 2 장
아리스토텔레스(Aristoteles)

1. 머리말

아리스토텔레스(Aristoteles, 384~322 B.C.)의 사고는 독창적인 것이라기보다는 여러 사상을 포괄한 것이다. 그리스에서는 희곡의 시대를 거쳐 철학이 다양하게 발전했다. 소크라테스와 플라톤 등 많은 대철인들이 나타났다. 그러나 이 시대의 철학을 발전시켰을 뿐만 아니라 여러 학파 간의 관계까지 규명해 준 사람은 아리스토텔레스였다. 아리스토텔레스의 사고는 독창적인 것이라기보다 여러 사상을 포괄한 것이기 때문에 그 시대의 사상을 고찰하는데 첩경이 되리라 생각되어 그의 명저 『오르가논*Organon*』을 소개하려고 한다.

'오르가논'이라는 말은 '도구'(Instrument)라는 뜻인데, 여기서는 주로 우리 사고에 있어서 기본적인 논리 체계들을 설명해 주고 있다. 이 책은 모두 여섯 부분으로서 크게 둘로 나눌 수 있다. 앞부분인 1, 2부는 우리의 생각을 표현하는 도구인 말을 다루고 있다. 먼저 말의 구성 요소인 어휘를 분석하고 그다음에 어떻게 어휘를 연결하여 문장을 구성하는지를 설명했다. 어휘 분석에 있어서는 주로 이분법적인 대위적 관계로 규명했다.

즉, 명사와 동사로 나누고 다시 명사는 본질과 속성으로, 동사는 자동과 타동으로 나누어 설명했다. 제2부에서는 이런 동사와 명사로 구성된 문장들 가운데 몇을 뽑아 모든 이론의 전제로 삼는 과정을 설명했다. 그는 여기서 주로 개연적인 것이든가 아니면 필요 충분 조건이 성립되는 문장에 한해 전제로 삼았다. 그다음 제3부에서 6부까지는 이런 전제를 네 가지 추론에 의해서 추론할 수 있는 방법을 제시했다.

2. 외적 논리

외적인 네 가지 논리란 '연역', '귀납', '변증', '역설'을 말한다. 여기서는 이 네 가지 추론을 추상적으로 설명하기보다 한 가지 비근한 예를 들어 설명하려고 한다. 예를 들어 여러 딸을 둔 어머니가 딸들에게 어떤 예물을 사 주려고 할 때 어떤 과정을 통해 물건을 골라 살 수 있는지를 생각해 봄으로써 네 가지 추론을 설명하기로 한다.

먼저 어머니의 주장이 더 강하다면 딸들의 생각에 관계없이 독단적으로 물건을 사 줄 것이다. 반대로 딸들의 주장이 더 강하다면 자기들의 의사를 종합하여 무엇을 사달라고 어머니에게 제안할 것이다. 셋째로 어머니의 의견과 딸들의 의견을 서로 피력하여 대화를 통해 무엇을 살지를 결정할 수도 있을 것이다. 끝으로 어머니의 의견과 딸들의 의견이 팽팽하게 대립된 상태에서 물건을 사려고 할 수도 있을 것이다.

위의 네 가지 경우에서 어머니의 의견대로 딸들에게 물건을 사준다면 전체적인 의견이 개체적인 의견을 지배한 것이라고 할 수 있다. 이것을 디덕션(Deduction)이라고 하는데, "무엇으로부터 나온다"는 뜻인 'De'와 '이끈다'는 뜻인 'Duco'가 결합하여 된 말이다. 이것을 우리말로 '연역'이라고 번역할 수 있는데, 이는 일본 학자들이 번역한 용어를 우리가 사용하고 있는 것으로 "어떤 것에서 다른 어떤 것을 연출한다"는 뜻이 될 뿐이다. 그래서 전체적인 입장에서 "개체적인 것을 이끌어 낸다"는 의미가 잘 표현되어 있지 않다.

다음으로 딸들의 의견에 따라 어머니가 어떤 물건을 사주려 할 경우, 개체적인 의견들이 종합되어 전체적인 의견이 되는 것이다. 이 경우를 논리적 용어로 인덕션(Induction)이라고 하는데, "무엇으로 들어간다"는 뜻인 'In'과 '이끈다'는 뜻인 'Duco'가 결합하여 된 말이다. 이것을 '귀납'이라고 번역할 수 있는데, "들어가서 받아들여진다"는 뜻으로 이 번역어 역시 "개체적인 여러 의견을 종합하여 전체적인 것으로 받아들인다"는 원래의 의미를 잘 드러내지 못하고 있다.

셋째로 어머니의 의견과 딸들의 종합된 의견이 대화를 통해 결론을 찾는 경우인데, 이것은 연역과 귀납의 종합이라 할 수 있다. 이것을 다이아레틱(Dialectic)이라고 하는데, 그리스어로 'Dia'는 '통한다'는 뜻이고, 'Lego'는 '말한다'는 뜻으로 이 둘을 결합하여 된 말이다. 즉, "말을 통해 두 의견 사이의 거리를 좁힌다"는 뜻이다. 이것을 '변증법'이라고 번역하였다.

끝으로 어머니의 의견과 딸들의 종합된 의견이 팽팽하게 대립된 상태에서 물건을 사려고 할 경우를 패러독스(Paradox)라고 하는데, 그리스어로 '평행한다'는 뜻인 'Para'와 '의견'이라는 뜻인 'Doxa'가 결합하여 된 말이다. 이것을 '역설'이라고 번역하는데, 이 번역어는 기본적인 이론이 있고 그 이론에 어긋나는 견해를 가리키는 것으로 오해되기 쉬운 말이다. 그러나 그리스어 본래의 의미는 "기본적인 하나의 의견을 전제하지 않고 단순히 두 의견이 대립됨"을 의미하는 것이다.

위의 네 추론 방식은 당시의 여러 논법을 망라한 것이다. 아리스토텔레스는 이 네 추론 가운데 연역, 귀납, 변증법에 대해서는 긍정적인 가치를 두었으나 역설은 그 가치를 부정했다. 연역으로 시작되는 이론이나 귀납으로 종합되는 결론은 비록 그들의 기초나 단계는 다르지만, 같은 비중을 가지는 것으로 보았으며 연역과 귀납을 종합한 변증법적 결론은 이론들의 이론으로서 더 높은 가치를 가지는 것으로 보았다.

『오르가논』제6부는 역설(逆說)을 다루고 있는데, 그 장의 이름을 "드 소피스티시스 엘렌키스"(De Sophisticis Elenchis)라고 하여 궤변가들을 반박하는 것으로 되어 있다. 즉, 그는 역설에 대해서는 궤변이라 하여 거부했다. 한 사람이 무엇을 긍정하는 동시에 부정하는 것은 내재적인 건실성(健實性)이 결여되었다고 하여 받아들일 수 없는 것으로 여겼다. 이것은 당시 그리스의 통속적인 견해를 그래도 받아들인 것이다.

그러나 그리스의 모든 사상가들이 역설을 거부한 것은 아니었다. 철학의 거성 소크라테스는 자기의 뜻을 역설적으로 표현하여 청년들을 현혹하고 사회를 어지럽힌다는 죄명으로 사약을 받았다. 소크라스테스는 세상에서 가장 지혜로운 사람이라는 신탁을 받고 당시의 유명인들과 만나 이에 대해 토론해 보았으나, 그들은 선이나 미에 대해 아는 것이 없으면서도 자기들이 모르고 있다는 사실조차 모르고 있음을 알게 되었다. 그래서 그는 "자기는 모른다는 사실을 알고 있음"을 깨닫게 되어 그 모든 안다는 사람들보다 나음을 알게 되었다고 하였다.

"나는 한 가지 사실은 확실히 아는데 그것은 바로 나는 아무것도 알지 못한다"는 것을 아는 것이라고 했다. 내적인 모순을 포함한 표현이다. 아무것도 알지 못한다는 것은 모든 것을 모른다는 말로 아는 것이 하나도 없어야 하는 것을 안다고 하였다. 말하자면 아리스토텔레스는 네 가지 추론 가운데 역설에 대해서는 그 가치를 부정했지만, 소크라테스의 경우에서 알 수 있는 것처럼 그 당시 일부 철학자들은 역설에도 긍정적인 가치를 부여했던 것이다.

3. 내적 분석

내적 분석은 '질료', '형상', '효능', '목적'의 넷으로 이루어져 있다. 『오르가논』에서는 이상과 같이 주로 외적인 추론의 문제를 다루었으며, 내적인 분석은 다른 곳에서 취급하고 있다. 내적 혹은 구조적 분석에 대해서 그는 어떤 구체적인 존재가 있을 경우, 네 면으로 분석해 설명해야 된다고 했다. 첫째는 그것이 어떤 '질료'로 구성되어 있느냐 하는 것이고, 둘째는 어떤 '형상'으로 되어 있느냐 하는 것이며, 셋째는 어떤 '효능'을 갖고 있느냐 하는 것이고, 넷째는 무슨 '목적'으로 만들어졌느냐 하는 것이다.

예를 들어 우리가 교실에서 사용하는 분필에 대해 내적 분석을 한다면, 분필의 질료는 석회석 가루이며 이것을 원주형의 형상으로 분필 공장에서 만들었는데 이는 교수가 칠판에 쓰기 위한 목적으로 만든 것이다. 이렇게 존재한 것에 대해서는 네 가지 원인으로 분석할 수 있으며, 이 네 가지 원인(Cause)은 그 존재의 구체적인 특성을 보여 준다.

4. 맺음말

한 문화를 다른 문화 형태로 옮길 때는 적절한 매개 수단을 사용해야 한다. 서양에서는 이런 내적인 구조 분석이 오랜 세월 동안 사고의 기주가 되어 전수되어 왔다. 그래서 우리의 표현과 그들의 표현 사이에는 차이가 생기게 된다. 특히 그리스-로마적인 전통에서 형성된 서양의 문법에 근거한 언어를 완전히 이분화되지 않은 우리의 생각으로 옮길 때 거기에서 생기는 격차로 의사소통에 많은 지장을 초래하게 된다. 우리는 남의 대문을 두드리고 누구냐고 물을 때 "저입니다" 하고 대답하는 습관이 있다. 나는 나라고 하는 말이다. 그러나 이런 표현은 서양 사람에게는 불완전한 표현으로 여겨진다. 그들은 반드시 앞의 네 조건을 빠짐없이 서술해야 하나의 완전한 표현이 구성되었다고 인정한다. 우리의 입장에서는 그리스-로마 세계의 표현법을 볼 때 너무 수다스럽게 여겨진다. 당연한 것을 여러 말로 중언부언하는 것 같아 수다스럽게만 보인다. 그러므로 한 문화의 현상을 다른 문화로 옮길 때 적절한 매개 수단을 사용하지 않으면 거기에서 오는 거부감을 배제하기가 어렵다. 우리는 동·서 문화 교류에 있어서 이 점을 유의해야 할 것이다.

제 3 장

기독교 신학의 기틀

1. 머리말

현대 학문의 특징 가운데 하나는 인식론적 측면이 발전된 것이다. 존재에 관한 형이상학적인 면보다 그것을 어떤 생각의 틀에 놓고 인식할 것인가 하는 것이 문제이다. 역사적으로 보아 기독교는 유대교적인 배경에서 자라난 것으로 그 전통과 경전을 이어받았다. 그다음 그리스-로마 세계로 건너가 그 문화의 틀을 입게 되었다. 현대에 와서는 이것을 극복해 보려고 여러 가지 시도를 하고 있다.

2. 유대교적 배경

기독교에서는 유대교의 경전을 받아들여 구약이라 부르고 있다. 구약의 창조 이야기에 의하면 하나님이 세상을 만들고 거기에 사람을 만들어 살게 했다고 한다. 그래서 하나님과 사람과 자연은 조화된 상태(Shalom)에서 지냈다고 한다. 그런데 악에 의해 인간이 타락함으로써 인간은 하나님에게서 추방되었고 인간과 인간은 서로 소외되었으며 자연은 저주를 받아 사람은 땀과 수고로 삶을 영위하게 된다. 이러한 배경에서 하나님은 다시 인류의 구원을 위하여 십계명을 내렸다고 한다.

십계명은 세 부분으로 되어 있다. 처음 세 계명에서는 하나님 외에 다른 신을 만들지도 말고 섬기지도 말며 하나님의 이름을 망령되게 일컫지 말라고 했다. 이 세 계명의 요점은 사람이 하나님을 어떻게 섬겨야 하느냐 하는 것이다. 다시 말하면 하나님과 사람 사이의 바른 관계를 가르쳐 준 것이다. 다음 5, 6, 7계명은 사람과 사람 사이에 관한 것으로, 자기를 낳아 준 부모를 공경할 것과 대인 관계에 있어서 상대방을 죽여서도 안 되고 정욕으로 더럽혀도 안 된다고 가르친 것이다. 마지막 세 계명은 사람과 물질 혹은 자연과의 관계를 말한 것이다.

물질에 대해 탐내지 말며 나아가 도둑질하지 말며 법정에 나가 이해관계를 따져 거짓 증거를 하지 말라고 가르친 것이다. 다시 말하면 십계명이란 사람과 하나님, 사람과 사람, 사람과 자연 사이의 바른 관계에 관한 계명이다. 그중에 제4계명은 안식일에 관한 것이다. 이날에는 자연의 저주에 의해 땀 흘려 수고해야 했던 인간이 그 수고로부터 쉬며, 상호 소외된 인간이 다시 한자리에 모여 멀리했던 하나님을 다시 가까이 섬기라고 가르친 것이다. 다시 말하면 제4계명은 세 대목으로 요약된 아홉 계명을 다시 하나로 묶어 천·지·인의 조화를 말한 것이다.

이런 뜻에서 주어진 십계명이, 그중에서도 특히 제4계명이 형식화됨으로써 본래의 의도와는 멀어져 갔다. 안식일이라 하여 유대인들은 일에서부터 쉬는 데 너무 급급했다. 안식일에는 음식도 만들어서는 안 된다고 생각하여 그 전날 미리 상을 차려놓고 보자기로 덮어두었다. 추운 겨울에는 술이 없이는 찬 음식을 소화시키기 어려울 지경이었다. 이들은 안식일을 문자대로 지키려고 했기 때문에 본연의 뜻에서 벗어나 형식화되는 방향으로 나가게 된 것이다.

예수는 이런 형식적인 면을 극복하고 본뜻을 되찾고자 했다. 그가 가르친 기도 '주기도문'을 보면 "이름이 거룩히 여김을 받으시오며"라고 했다. 이는 십계명에 있는 이름을 망령되이 일컫지 말라는 말씀에 대한 상대적인 표현으로 긍정적으로 하나님과 올바른 관계를 맺고 살 것을 말한 것이다. "우리가 우리에게 죄지은 자를 사하여 준 것같이 우리 죄를 사하여 주옵시고"라고 한 것은 소외된 사람과 사람 사이의 관계를 다시 융화되게 해 달라는 뜻이다. "일용할 양식을 주옵시고"라고 한 것은 물질에 대한 저주로 궁핍하게 되었으니 물질과의 관계를 회복해 달라고 말하는 것이다.

이 세 가지 간구는 천·지·인의 조화를 기원한 것인데, 이것이 '하나님의 뜻'이며 "하늘에서 이룬 것같이 땅에서도 이루어질" 것을 요청했다. 그 반면에 이 뜻을 마귀가 쉬지 않고 시험하고 있으므로 "다만 악에서 구하옵소서"하고 기원했다. 이 하나님의 뜻을 예수는 그 생애에서 실천하기로 한 것이다.

그러나 악마는 이를 처음부터 시험해 보려 했다고 한다. 즉, 예수는 광야에서 금식 기도를 한 후 사탄에게서 세 가지 시험을 받았다고 한다. 첫 번째 시험은 그의 능력을 보이기 위해 광야의 많은 돌을 떡으로 만들어 보라는 것이었다. 예수는 이것을 거부했다. 이는 단순히 돌로 떡을 만드는 일을 거부한 것이 아니다. 성서 기록을 보면 그는 몇 개의 떡으로 많은 사람을 먹였다고 한다. 그 기록자의 견해로는 기적으로 떡을 만드는 것 자체가 잘못된 것은 아니었다. 다만 문제는 사람과 자연과의 관계만이 아니라 하나님과 사람과 자연의 본연의 조화가 있느냐 하는 것이었다. 그래서 예수는 "사람은 떡으로만 사는 것이 아니라 하나님의 말씀으로 산다"고 대답했다. 하나님의 말씀, 사람, 떡, 이 셋의 조화를 재천명한 것이다.

그다음 시험은 높은 성전 위에서 뛰어내려 사람 위의 사람이 되어 하나님의 뜻을 전하면 어떻겠느냐 하는 것이었다. 예수는 이 시험도 거부했는데, 이는 하나님의 뜻을 전한다고 해서 다른 사람보다 높다고 하는 생각, 즉 사람과의 소외를 거부한 것이다. 마지막 시험은 사탄에게 절하면 천하만국을 준다는 것인데, 이는 하나님의 엄하신 구원의 경륜을 고되게 수행하는 것보다 사탄과 협력하여 쉽게 해보라는 것이었다. 이 세 가지 시험에서 사탄은 하나님, 사람 그리고 자연과의 조화로운 관계를 끊어보려고 했으나, 아담이 실패한 것과는 달리 예수는 이를 이겨냈다고 한다.

3. 그리스-로마적 배경

기독교는 이런 단체적 구조(Simplex, 혹은 입체삼각형 구조)를 가진 유대교적 전통과 더불어 바울에 의해 그리스-로마적 틀을 지니게 되었다. 단체적 구조는 세 개의 요원을 갖고 있으나, 그리스-로마 문화는 전에 이미 설명한 바와 같이 대칭적인 이원(二元) 체계를 갖고 있다. 논리 분야에서도 전체와 개체로 이분화되게 된다.

그래서 전체를 기본으로 삼고 개체와 관계시키는, 즉 전체에서 개체를 인출(引出, deducere)하는 연역법(Deduction), 여러 개체를 모아 공통분모를 찾는, 즉 개체에서 전체로 인입(引入, inducere)하는 귀납법(Induction), 연역과 귀납 두 방법의 대화를 통한 변증법(Dialectic), 두 방법이 평행하여 팽팽하게 대립됨으로써 생기는 역설(Paradox) 등이 있게 된다. 이원적 논리는 극대화하여도 네 가지(2^2=4) 이상은 없게 마련이다. 그런데 처음 세 논법, 즉 연역, 귀납, 변증은 합리적인 것으로 받아들였고, 넷째의 논법은 모순적이라 하여 그 가치를 부정했다.

기독교는 바로 이 버려진 논리적 역설 위에 그 신학을 건립했다. 기독교의 신앙의 대상은 예수 그리스도이다. 예수 그리스도를 하나님이요 사람이라고 믿는다. 창조주이며 거룩한 하나님이 피조물이며 속된 인간의 모습으로 화육되었다고 믿는다. 다시 말하면 창조주와 피조물 그리고 거룩하며 속된 이원적(二元的) 역설을 신앙의 대상으로 받아들였다.

이는 노자가 "현지우현 중묘지문"(玄之又玄 衆妙之門)이라 한 것과 흡사하다. 현(玄)이라 함은 황홀하다 함이나 본뜻은 두 새끼줄이 꼬여 황홀할 정도로 분간하기 어렵다는 뜻이다. 본질적인 면과 가치적인 면에서 각각 두 대칭적인 범주의 역설적 관계가 다시 황홀하게 역설적으로 얽혀 모든 것의 바탕이 됨을 뜻한 것이다.

이러한 이원적 구조가 비록 논리적으로는 역설적이지만, 윤리적 측면에서는 그 나름대로의 특성을 발휘하게 된다. 일찍이 노자가 "덕으로 원한을 갚아라"(以德報怨)고 한 것처럼 그리스도의 교훈에서도 "원수를 사랑하라"고 했다. 원수는 미워해야 할 대상이다. 미움을 역전시키면 사랑이 된다. 이 역전된 사랑으로 원수를 대하라는 뜻이다.

이 변화는 단순히 관념의 세계에서의 변화가 아니다. 원수를 감상적으로 낭만스럽게 관용하는 마음으로 사랑하라는 것이 아니다. 미움을 역전시켜 원수를 사랑스럽게 만들어 사랑하라는 것이다. 여기서 창조적인 사랑, 즉 없었던 곳에서 있게 하는 사랑을 주장하게 되었다. 그래서 사랑의 대상이 아름다워서 감상적으로 사랑하는 사랑이 아니라, 본질적인 역전과 가치관의 전도에서 비롯되는 사랑을 주장하게 된다.

이 입장은 대승 불교의 '평화' 개념과는 구별된다. 불가에서는 성과 속의 대립된 가치관을 형평시키고 창조주와 피조물의 대립을 "일체유심조"(一切唯心造)로 여겨 일화(一和)의 경지에 달하고자 한다. 그래서 기독교에서 원수를 사랑하고자 하면, 불가에서는 "미워할 원수가 있어야 사랑하지요"하고 대답하며 아울러 사랑이란 욕(慾)과 관련된 것으로, 사랑하려고 하면 번민이 생겨나게 마련인데 원수까지 사랑하려고 할 경우, 백팔번뇌(百八煩惱)가 따를까 경계해야 되지 않겠느냐고들 한다.

4. 신조의 형성

그리스-로마적 배경에서 발전된 초대 교회의 신학은 페르시아와 소아시아에 유포된 이원론(Dualism)적인 이단 사상의 압력하에 정통적인 입장을 재천명하게 되었다. 이원론이란 두 개의 대칭적인 요소를 극단적으로 분리하여 대립시키는 입장이다. 그들은 하나님은 영적인 존재이므로 이 악한 물질세계를 만들지 않았다고 주장했으며, 예수도 죄의 근원이 되는 육신을 입지 않았다고 주장하고 몸의 부활을 부정했다. 이런 배경에서 그들의 윤리는 극도로 금욕적인 경향을 띠게 되어 철저한 금욕적인 생활을 강조했으며 속세를 떠나 사는 것을 이상으로 삼았다.

이런 이원론적인 사상 체계의 압력하에서 기독교는 그 신앙을 이와 정반대되는 방향으로 표현하게 되었다. 이것이 '사도신경'에 뚜렷이 나타났다. 그 내용을 보면 "전능하사 천지를 창조하신 하나님을 믿는다"고 했으며, 예수 그리스도는 동정녀 마리아에게서 육신을 입고 태어나신 하나님임을 강조했으며, 몸의 부활을 강조했다. 이런 역사적 배경에서 볼 때 기독교는 어느 한 시대의 이단을 배격하기 위해 결정된 신조를 시간을 초월한 불변의 것으로 생각하고 있지 않나 여겨진다.

한편 초대교회에서는 창조의 주 하나님이 피조물인 인간이 되었다고 하는 신조에 대해 그 신성과 인성 사이의 관계를 규명해야 했다. 그래서 오랜 논쟁 끝에 5세기에 칼케돈 총회에서 비로소 그리스도의 신성과 인성 사이의 관계를 규명하게 되었다. 여기서 그리스도는 "참 하나님이요 참 사람"이라고 했다. 다시 말해 하나님의 하나님((하나님)^2)이요 사람의 사람((사람)^2)이라고 했다. 그리고 그 사이의 관계를 넷으로 규명했는데, 즉 섞일 수 없고, 바뀔 수 없으며, 나뉠 수 없고, 갈라질 수 없다고 했다. 그런데 그리스도의 인격에 대한 이 정의는 이상하게도 율곡이 '이'(理)와 '기'(氣)에 관해서 규명한 것과 너무도 흡사함을 볼 수 있다.

이것이 기본적인 정통적 신조가 되어 오늘날까지 전해 오고 있다. 여기서 우리가 한번 생각해 보아야 할 것은 우리 기독교가 믿는 하나님에 대해서 어느 시대와 어느 특정한 지역에서 규명한 것을 절대화시킬 필요가 있겠느냐 하는 것이다. 하나님에 관한 어떤 한 시대의 신학적 해설을 하나님 자체인 것처럼 절대화할 때 여러 가지 문제들이 파생되지 않나 생각된다.

제 4 장
어거스틴(Augustine)의 역사철학

1. 사적 배경

어기스틴(St. Augustinus, 345~430)은 서양 역사철학의 원조로서 그의 사상은 천년 간 중세를 지배해 왔으며, 후에 헤겔과 마르크스를 거쳐 현대에 이르기까지 좌우 학파를 막론하고 그의 사상적 틀을 빌리지 않은 사람은 거의 없었다고 볼 수 있다.

기독교는 그리스-로마의 전통을 받아들여 그들의 이분화된 대칭적인 요소를 갈등적인 관계로 연결시켰다고 전술한 바 있다. 하나님과 사람, 창조주와 피조물, 이 두 대칭적인 요원을 화육론(Incarnation)으로 연결시켰다. 즉, 예수 그리스도는 하나님이 사람의 형상을 입은 분이라는 것이다.

그러나 이 신조가 그리스-로마 문화권 밖에 이르렀을 때 또 다른 문화의 도전을 받게 되었다. 특히 페르시아 및 소아시아 지역에서는 이원론적인 경향이 강했다. 어거스틴 때에는 마니교도들이 극단적으로 대립된 이원론을 주장했다. 이들은 영과 육을 대칭적으로 두고 이 두 요소에 대립된 가치를 부여하여 영은 선하고 육은 악하다고 했다. 그래서 그들은 하나님의 창조설을 부정하여 선하신 하나님이 악한 물질세계를 만들 수도 없고 만들었을 리도 없다고 했다. 그들은 하나님이 세상을 지은 것이 아니라 신들의 후예 중 지극히 미천한 어느 한 신이 모르고 세상을 지었다고 했다. 이들은 이렇게 두 대칭적인 요소 사이를 철저하게 분리시켜 놓았다. 그래서 둘 사이의 관계를 역설적으로나마 연결시켜 놓았던 전통적인 기독교 신조와는 달리 둘을 완전히 분리시키게 되었다.

마니교도들은 이 이원론적인 입장에 따라 그들 나름의 윤리관을 형성했다. 물질을 죄악시하여 음식을 규제하고 결혼을 금했다. 음식을 먹어 몸을 보하게 하는 것은 악한 것을 더 악하게 만드는 것이라고 생각했다. 그래서 그들은 거룩한 신에게 예배하러 갈 때는 금식하도록 했다. 금식으로 육을 괴롭게 하면 할수록 영이 힘을 얻게 되고 신령에 가까워진다고 생각했다. 결혼에 의해서 두 육체가 또 하나의 육체를 번식시키므로 결혼은 악을 번식시키는 것으로 보아 금했다.

그래서 특히 성직자에게는 독신을 강요했으며 독신을 성직자의 기본적인 자격으로 간주했다. 그들은 물질과 육체를 죄악시하는 사람을 독실한 신도로 여겼다. 이런 금욕적인 경향은 시간이 갈수록 더욱 강화되었다. 그러나 이들의 강점이 바로 이들의 약점이었다. 의식 세계에서의 부정은 그 의식의 대상이 없어지는 것이 아니고 그 대상을 부정적으로 인식하는 것뿐이다. 금식을 주장하지만 사실상 아무것도 먹지 않는 것이 아니라 먹지 말아야 한다고 주장하는 데 지나지 않는다. 금욕적인 윤리가 영웅적인 기질을 돋보이게 할 수는 있으나 그 부정적인 성격으로는 건설적인 위대한 인물을 기르기는 어렵다.

마니교도들은 예수 그리스도에 관해서도 하나님이 인간의 몸을 입으신 분이 아니라고 했다. 그의 영적인 신성은 인정하지만, 그의 육은 다만 인간에게 보이기 위한 환상체에 불과하다고 했다. 예수 그리스도는 신들의 미천한 후예인 '창조자'보다 서열이 훨씬 앞서는 분이며, 그가 이 세상에 나타난 것은 성서에 기록되어 있지 않은 구원의 진리를 알려 주기 위한 것이었다고 했다. 그래서 이들은 기독교의 경전을 버리는 반면 자기들은 그리스도로부터 받은 비밀 전승을 가지고 있다고 주장했다. 마니교도들은 자기들의 견해를 창조론, 기독론, 윤리관에 적용했으나 그들이 끼친 근본적인 위협은 두 대칭적인 요소를 구분한 다음, 대칭적인 가치를 부여하여 구조적으로 양극화시킨 것이었다.

소아시아 지역의 이원론은 급변하던 시대적 정세에 편승하여 널리 파급되게 되었다. 오랫동안 번영을 누려오던 로마 제국은 게르만 민족의 이동으로 위기를 맞게 되었다. 어떤 사람들은 로마에 기독교가 들어와 조상들의 신을 저버렸기 때문에 저주를 받아 이런 비운을 맞게 되었다고 생각했다. 이렇게 이민족의 침입으로 로마가 쇠퇴하고 이질적 문화권 속에서 생겨난 이단 교리가 횡행하던 당시 어거스틴은 이런 역사적 사건을 염두에 두고 역사의 흐름과 목표에 대해 사색하는 중에 그의 역사철학을 구축하게 되었다.

2. 『고백록』의 분석

어거스틴의 역사철학은 그의 만년의 저서인 『신국*City of God*』에 나타나 있다. 그러나 그 전에 나온 그의 『고백록*Confession*』에는 이미 그의 역사철학의 구조가 전개되어 있다. 그는 『고백록』의 구조를 발전시켜 『신국』을 저술했다고 볼 수 있다. 『고백록』은 그가 육적으로 태어나서 영적으로 거듭나기까지 생의 한 토막을 서술한 것이다.

이 책은 모두 13권으로 되어 있는데 1-9권까지는 위에서 말한 생애에 관하여 쓴 것이며, 11권부터 13권까지는 자기의 생애 과정과 같은 도식으로 역사가 진행될 과정을 설명한 것이다. 10권은 자기의 생애 과정과 역사의 과정 사이를 연결시키는 것으로 되어 있다.

『고백록』은 어거스틴의 출생으로부터 시작한다. 여기서 그는 그리스-로마 전통의 이분법을 받아들이되 이원적 두 요소가 시간적으로 어떻게 움직이는지를 보여 주고 있다. 그는 경건하고 지혜로운 어머니와 이와 대칭되는 세속적이고 활동적인 아버지 사이에서 태어났다고 한다. 그런데 이런 대칭적인 구상 때문에 자기의 아버지에 대해서 사실보다 더 속된 사람으로 묘사하고 있다. 이런 대칭적인 부모 사이에서 태어난 그는 이중적인 성격을 가지게 되었다고 한다.

어렸을 때는 어머니의 지혜를 이어받아 라틴 문화에 능하였지만, 하나님의 종으로서 공부해야 할 신약 성경의 언어인 그리스어는 싫어했다고 한다. 그는 자기가 해야 할 것을 하지 않았다고 한다. 그 뒤 좀 더 성장해서는 남의 배 밭에 들어가 익지 않은 배를 따서 먹지도 않고 동물들에게 던져 버렸다고 한다. 익지 않은 배를 주인 몰래 딴 것은 단순히 먹으려는 욕심에서 딴 것이 아니라, 자기 속에 깊이 스며있는 원죄의 활동으로 죄를 지은 것이라고 한다.

그 반면 그때 그는 학업 성적이 우수하여 더 큰 도시로 가서 학업을 계속하며 다른 사람들에게 인정받는 학생으로 행세한다. 제2기에서는 자기의 신분에 맞지 않는 하녀와 동거하여 자식을 낳고 죄의 결과로 죄를 전승시켜 삼중적인 죄를 범하는 반면 인정받는 교수로서 다른 사람들에게 학문을 전해주는 일을 한 것으로 묘사된다.

이렇게 범죄가 심화되어 갈수록 동시에 지성이 반대로 점점 발전되어 가는 것으로 묘사하고 있다. 지성과 육적 범죄가 이렇게 양극화되어 갈 때 그는 이원론적인 마니교를 신봉하게 된다.

그래서 선과 악을 별개의 것으로 생각하고, 비록 이 둘을 한 몸에 지녔으나 그 갈등을 합리화하게 된다. 이 무렵 그는 신플라톤철학을 연구하기 시작했으며, 그래서 새로운 선악관을 가지게 된다. 선과 악은 이원적인 별개의 것이 아니라, 악은 선의 결여일 뿐임을 배우게 된다. 이때부터 서양 신학에서는 악의 본질을 선의 결여로 보아 악은 궁극적으로 선에게 정복된다는 낙관적 역사관이 나타나게 되었다.

어거스틴은 선악을 일원적으로 보게 됨에 따라 선악이 하나의 터전 위에 놓여 내적인 갈등을 경험하기 시작했다. 자기의 이중적인 생활 때문에 내적 번민에 쌓이게 되었다. 이때 그는 성자들의 전기를 읽게 되었고 금욕적인 방법으로 악을 극복하려고 했다. 그러나 금욕적인 생활을 할수록 더욱 악의 힘이 작용하고 있음을 느껴 더욱 번민하게 되었다. 그러던 중 이웃 어린아이가 들고 읽으라고 소리지르는 것을 듣고 그것을 하나님의 음성으로 생각하고 성경을 펴서 읽어보니 로마서 13장, 옛사람을 벗어버리고 새사람을 입으라는 말씀이 나왔다. 그는 이때부터 새 삶을 시작하게 되었다고 한다.

그는 자기의 생애를 크게 세 토막으로 설명하고 있는데, 즉 제1단계에서는 대립되는 두 범주 사이의 대립적 관계로 문제가 발단되는 과정을 말하고 있으며, 제2단계에서는 그것이 양극화되어 그 대립이 절정에 이른 것을 묘사하고 있으며, 마지막 단계에서는 그 대립이 해

소되어 조화를 이루는 것을 말하고 있다. 이 과정은 음악적으로 말해
소나타(Sonata) 형식으로 되어 있다고 하겠다.

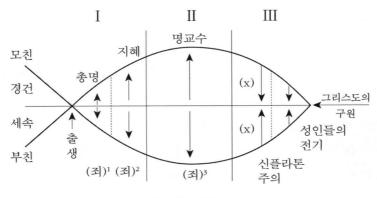

『고백록』의 구조

3. 『신국』의 구조

어기스틴은 위와 같은 구상으로 인류의 역사 발전을 설명하였다.
즉, 그는 『신국』에서 어울릴 수 없는 영원과 시간을 창조라는 개념으
로 엮어 역사의 시점으로 삼았다. 처음 창조된 인간 아담이 타락된 후
그에게서 태어난 아벨과 카인은 선과 악의 두 줄기로 갈라져 전자는
선민의 구조로, 후자는 이방인의 조상이 되어 대립되었다.

교회와 로마로 계속 대립되었다가 그리스도의 화육이 계기가 되
어 신성 로마 제국으로 하나가 되어서 그리스도의 재림을 기다리게
된다고 했다. 신의 섭리 아래서 역사가 창조에서 타락, 다시 그리스
도의 구원으로 복구될 것을 믿는 방향으로 진행되고 있다고 역설
했다.

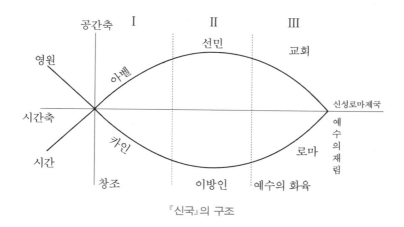

『신국』의 구조

4. 맺음말

이 구조의 성격을 분해하여 볼 때 공간적인 상극이 시간을 통하여 조화를 얻어 구원의 역사관의 윤곽이 됨을 알 수 있다. 그는 창조에서 시간과 공간의 대립이 시작되고 역사의 흐름과 함께 이것이 더욱 대립되어 오다가 그리스도에 의해서 이 공간적인 모순이 해소된다고 확신했다.

그러므로 어거스틴의『고백록』의 구조가 결국 그의『신국』의 원형이 되었고 또한 후일 구원의 역사관을 창설하는 선구적인 소임을 하였다고 할 수 있다. 즉. 그는『고백록』에서 자기의 인생 행로에 대해 다룬 것과 같이『신국』에서는 우주의 역사적 운명을 취급했다고 할 수 있다.

제 5 장
보카치오(Boccacio)와 갈릴레이(Galilei)

1. 머리말

서양 문화사에서 14세기 말과 15세기에 문화의 급격한 변화가 있었다. 이 변화를 많은 사람들이 르네상스라고 불러왔는데, 이는 중세기 동안 기독교의 영향하에 눌려있던 그리스-로마의 문화가 재생되었다는 뜻에서 사용된 말이다. 많은 사람들은 르네상스를 중세기 기독교가 이성을 어둡게 하여 문화를 위축시켰던 것을 옛 로마 제국의 본거지인 이탈리아에서 그들의 옛 문화를 다시 찾은 것으로 설명하고 있다.

그러나 14세기 말부터 시작된 이 변화의 기본적인 틀을 분석해 보면, 이는 옛 그리스-로마 세계에서도 없었고 중세 기독교 세계에서도 없었던 것이다. 이것은 새로운 문화의 발생으로서, 문학과 회화로부터 시작하여 철학과 종교 그리고 자연과학과 나아가서 실생활에까지 점차 파급되게 되었다. 우리는 이 운동에 관해서 세 단원으로 나누어 고찰해 보기로 한다. 첫째로 문학과 자연과학의 분야를 고찰하고자 한다. 물론 일찍이 페트라르카(Petrarca) 같은 사람이 문학에 있어서 이 운동을 개척한 것이 사실이지만, 이것을 좀 더 정교하게 다듬고 대중화시킨 점에 있어서 보카치오(G. Boccacio, 1313~1375)를 대표적인 사람으로 들 수 있을 것이다.

우리는 그의 작품 가운데 가장 널리 알려진 『데카메론Decameron』을 중심으로 이 운동을 고찰하려고 한다. 자연과학 분야에 있어서는 코페르니쿠스와 갈릴레이를 들 수 있는데, 여기서는 갈릴레이(Galilei, 1564~1624)의 가속도에 관한 이론을 중심으로 하여 살펴보고자 한다. 그래서 6장에서는 그 시대의 철인들 가운데 한 사람인 바베스를 중심으로 철학 면에서의 변화를 살펴보고, 7장에서는 종교적인 면에서 루터의 종교개혁을 살펴보고자 한다.

2. 보카치오의 『데카메론』

보카치오의 『데카메론』은 세 사람의 젊은 남자와 일곱 사람의 젊은 여자들이 흑사병의 위험을 피해 시골에 가서 머물며 서로 주고받은 100개의 이야기를 모아 놓은 것으로 되어 있다. 여기서 젊은 여자들은 전통적인 사상을 대변하고 있고, 젊은 남자들은 새 시대의 사상을 대변하고 있는 것으로 묘사되어 있다. 전통적인 사고에 있어서는 세상을 창조한 신이 있고, 그 신이 명한 계율이 있어서 인간이 그것을 지켜야 하는 것으로 되어 있었다. 성서는 신의 계율이 담긴 책으로서 생활의 기준과 윤리의 규범이 되는 것으로 여겼다. 그래서 예컨대 결혼은 신이 맺어 주는 것으로 어떤 형태의 결혼이든 신성한 것으로 여겼으며, 자기와 원한 관계에 있는 사람에 대해서는 자기 자신이 그 원한을 갚는 것이 아니라 신이 갚아 주는 것으로 믿었다. 그래서 일의 주체와 그 일을 실천하는 기준이 이질적인 것으로 되어 있었다. 다시 말해서 결혼은 당사자들의 조화와 사랑에 의해 이루어지는 것이라기보다 신이 맺어 주는 것이므로 그 당사자들의 감정과는 관계없이 받아들여야 한다고 생각했으며, 인간의 원한도 인간 자신의 일인데도 불구하고 인간이 아닌 신이 갚아 주도록 기다려야 한다고 했다.

『데카메론』의 이야기들 가운데 늙은 부자가 젊고 예쁜 여자를 아내로 삼은 이야기가 나온다. 이 결혼은 연령적으로도 어울리지 않고 사회적으로도 신분이 다르며 그 모습도 어울리지 않는 결합이었다. 어느 날 이 지방에 해적들이 나타났는데 그 두목은 젊고 씩씩한 호걸이었다. 그는 신분이 높지 못하고 재물은 없었지만 늠름한 젊은이로서 조금도 빠진 데가 없는 사람이었다. 해적들은 그 마을을 점령하고, 그 마을에서 가장 돈 많은 그 부잣집을 습격하여 그 늙은이를 죽이고 재물을 약탈했다. 그리고 그 젊은 과부도 데리고 갔다.

중세의 윤리에 의한다면 이 여인은 정조를 지켜야 하고 극한 상황에서는 정조를 지키기 위해 목숨을 버려야 할 것이다. 그러나 보카치오는 이 이야기를 다른 방향으로 끌고 간다. 그 젊은 과부는 젊은 해적 두목과 만나 서로 사랑하며, 그 늙은이에게서 빼앗은 재물을 가지고 행복하게 살아가는 것으로 되어 있다. 이것은 중세기의 전통적인 윤리에서 완전히 이탈한 것이다.

그러나 여기서 중요한 점은 젊음은 젊음과 그리고 아름다운 여자는 늠름한 남자와 결합하는 것이 참된 결혼이 아닌가 하고 문제를 제기한 점이다. 만약 이 이야기를 순결성이니, 고결성이니 하는 외적인 윤리 기준에 따라 전개시켰다면, 이 이야기는 비극적으로 끝났을 것이다. 그러나 이 이야기의 중심은 동질적인 것의 어울림을 강조한 것이라 하겠다.

『데카메론』에 나오는 한 교수와 과부 사이의 이야기를 하나 더 살펴보기로 한다. 그 교수는 파리에 유학을 하면서 여러 가지 학문을 익혔으나 실생활에는 아직 어두운 사람이었다. 그는 신분이 높은 미모의 한 과부를 보고 연연하게 되었다. 수차례 만나고 난 다음 마침내 그 과부는 그에게 바깥 대문 열쇠를 주면서 밤중에 찾아오라고 했다.

추운 겨울밤 그가 바깥 대문을 열고 정원에 들어섰을 때 그 과부는 하인을 보내어 오빠가 와 있으니 돌아갈 때까지 기다려 달라고 했다. 그러나 사실 그 과부는 자기의 정부와 함께 이 우매한 학자의 어리석은 사랑의 행동을 보면서 즐기려 했던 것이다. 밤이 깊어 이 교수가 돌아가려고 하면 하인을 보내어 조금만 더 기다려 달라고 했다. 그래서 이 교수는 그녀를 만나게 되리라는 기대 속에 온밤을 새웠고, 마침내 동상에 걸리게 되었다.

그 후 그 과부는 그토록 사랑하던 정부에게서 버림을 받게 된다. 그 과부는 매우 괴로워하며 자기의 정부를 다시 자기에게로 돌아오게 할 온갖 궁리를 하게 된다. 이 소문을 교수가 듣고 자기가 받은 모멸을 갚아 줄 때가 왔다고 생각하게 된다. 그래서 그는 자기가 파리에 있을 때 떠나간 연인을 반드시 돌아오게 하는 주술을 익혔다는 소문을 퍼뜨린다. 그 과부는 이 소문을 듣고 염치 불구하고 그 교수에게 찾아가 그 주술을 가르쳐 달라고 한다.

그 교수는 과부에게 8월 보름달이 뜨는 밤에 교외에 있는 빈 성채 탑에 올라가서 자기가 가르쳐 주는 주문을 여러 번 외우면 그 남자의 마음이 돌아설 것이라고 말한다. 그런데 그 탑 부근에 아무도 얼씬거

려서는 안 되며 탑에 올라가기 전에 성의로운 마음으로 옷을 다 벗어 두고 알몸으로 탑에 올라가서 주문을 외워야 한다고 말한다. 그 과부는 하인에게 그 근처에 사다리를 갖다 놓게 한 후 돌려보내고 자기가 손수 사다리를 가지고 성채에 들어가 사다리를 놓고 옷을 벗어 두고 탑으로 올라가서 주문을 외우기 시작했다. 그때 그 교수는 멀리 숨어서 보다가 슬그머니 가서 사다리와 옷을 가지고 사라졌다. 그 과부는 밤새도록 주문을 외우고 동틀 무렵 탑을 내려오려고 했으나 사다리가 없어졌다. 낮이 되어도 그 성채 주위를 지나가는 사람은 하나도 없었다. 그래서 그녀는 뜨거운 여름 햇볕에 온몸이 타들어 가 쓰라린 고통을 겪게 된다.

이 이야기는 대칭적으로 구성되어 있다. 교수는 겨울에 동상으로 고통을 겪는 반면 과부는 여름 태양 볕에 타는 고통을 겪는다. 하나는 시내의 안뜰에서 된 일이나 다른 하나는 인적이 드문 교외에서 된 일이다.

한 번은 당했다면 다른 한 번은 보복한 것이다. 중세기의 사고에 의하면 복수는 신이 해주는 것으로 되어 있으나, 여기서는 인간이 자기의 힘으로 자기의 원수를 갚는 것으로 되어 있다.

앞의 이야기에서는 젊음(X)은 젊음(X)과 어울리도록(X^2) 구상되어 있으며, 뒤의 이야기에서는 자기의 원수(~X)는 자기가 갚는 것(~X)으로 구상되어 있다(~X^2). 그래서 구조적으로 볼 때 이것은 동일한 2차원적 구조로서 사람이 그 나름대로 행동하도록 방향을 제시했다고 하겠다.

3. 갈릴레이의 가속도 원리

자연과학에 있어서 갈릴레이는 중세기까지 전해 내려오던 생각들을 수정했다. 중세기까지 천체는 신의 창조물로 완전하다고 생각되어졌다. 그러나 갈릴레이는 망원경을 만들어 달의 표면을 관찰한 결과, 그 표면이 고르지 않음을 보고 천체가 완전하다는 주장은 근거가 없는 것으로 여겼다. 또한 사람들은 아리스토텔레스의 견해에 따라 두 물체가 높은 데서 떨어질 때 무거운 것은 가벼운 것보다 먼저 지면에 닿는다고 생각하고 있었다.

이에 대하여 갈릴레이는 피사의 경사진 탑 위에서 큰 포탄 알과 작은 포탄 알을 동시에 떨어뜨려 그들이 동시에 지면에 닿는 실험을 했다. 그리고 아리스토텔레스의 오류를 입증했다. 다시 말해 갈릴레이는 고대 과학을 재발견한 것이 아니라, 고대 과학의 잘못을 발견한 사람이라 하겠다.

고대 그리스-로마의 물리학에 있어서는 움직이는 것을 시간(t)으로, 움직이지 않는 것을 공간(sp)으로 대칭적 틀을 설정하고 그 사이의 관계를 속도($S=sp/t$)라고 했다. 다시 말해 한 시간 내에 얼마의 거리를 가느냐 하는 개념밖에 없었다. 그러나 갈릴레이는 고대 그리스-로마 세계에는 없었던 새로운 개념을 발전시켰다.

그것은 가속으로서, 속도가 시간이 감에 따라 점점 변해간다고 하는 이론이다. 예를 든다면 400m를 가는 데 50초가 걸렸다면 8m/sec 속도로 갔다고 할 수 있다. 그런데 사실은 정지 상태에서 움직일 때 처음 40초 만에 8m/sec가 되었다면 그 속도는 매초마다 0.2m씩 가속되어 40초 만에 8m/sec가 된 것이라 할 수 있다. 다시 말해 가속이란 일정한 속도에 시간의 시간곱(t^2)을 생각하여 다루는 것이다.

　고대 물리학에서는 시공간이라는 대칭적 두 범주의 단순한 관계를 측정했다고 한다면, 갈릴레이는 제곱된 시간과 공간의 관계를 설명했다고 하겠다. 이것은 자연과학의 이론 설정에 있어서 하나의 새로운 큰 발전이었다. 갈릴레이는 피사탑에서 포탄 알이 떨어지는 것을 볼 때 가속된 현상이 있음을 알았다. 그러나 감각적으로만 느꼈지 실제로 측정하기는 어려웠다. 그는 피사탑에서 포탄 알을 떨어뜨릴 때 수직(90°)으로 떨어져서 속도가 너무 빨랐지만, 떨어지는 각도를 줄이면 그 속도로 줄어드는 것을 알게 되었다. 그래서 그는 경사진 각도에서 포탄 알을 굴려 가속도를 측정했다. 이때 그는 정확한 시간 측정도 필수적임을 알게 되었다. 그래서 그는 추 운동에 관해 연구하여 시간 측정법을 발견하게 되었다. 추 운동 역시 가속도의 원리에 따라 움직이는 것으로, 추가 움직이는 길이는 시간의 제곱(t^2)값에 비례함을 알게 되었다. 그는 추 운동을 연구하여 시간을 정확하게 재고 그 정확한 시간에 의해 경사진 각도로 굴려 내려가는 포탄 알의 가속도를 측정하게 되었다. 이 가속도의 원리는 후에 케플러가 천체 운동에 관한 원리를 설명하고, 뉴턴이 만유인력의 법칙을 설명하는 데 핵심적인 기초로 사용되게 되었다. 여기에서 그는 속도(sp/t)에서 가속(sp/t^2)의 개념을 설정하게 되었다.

4. 맺음말

　'르네상스'라고 부르는 이 시기는 현상을 인식하는 새로운 틀을 준 시기라고 할 수 있다. 젊음은 젊음과 어울리고(X^2), 자기의 원수는 자기가 갚아야 하고($(\sim X)^2$), 시간의 제곱(t^2)으로 가속을 측정한 것은 이 시대 사고의 특이한 틀이었다.

이런 발전으로 기계도 자연히 기계의 힘에 의해 움직이는 기계(X^2)가 발명되어 산업 혁명을 이루게 되었다. 요컨대 이 시대의 문학과 예술에서 시작된 새로운 구조(X^2)가 기계의 세계에 도입되어 산업 혁명을 일으키기까지 파급되어 갔다고 하겠다. 이 X^2 틀은 고대나 중세에 없었던 것으로 이 시대의 특이한 것이다. 그런 의미에서 소위 '문예 부흥'이라는 말에 있어 '부흥'이라는 어휘를 제한된 테두리 안에서 새겨들어야 할 것이다.

제 6 장

비베스(Vives)와 발라(Valla)

1. 머리말

우리는 5장에서 14, 15세기에 있었던 유럽 문화의 급격한 변화를 문학과 자연과학의 측면에서 살펴보았다. 그 시대의 특징이란 사람들이 어떤 것을 그 나름대로 보게 된 것이다. 다시 말해 외적인 기준에 의해 평가하기보다 그 자체의 내적 판단 기준을 가지게 된 것이다. 이것이 이전 시대와는 구별되는 그 시대의 독특한 생각의 틀이라 하겠다. 이번에는 그 시대의 철인들 가운데 하나인 비베스(Juan Luis Vives)와 그 시대의 사학가인 발라(Lorenzo Valla)를 중심으로 그 시대의 특징이 철학과 사학에 어떻게 반영되어 있는지를 살펴보려고 한다.

2. 비베스의 『인간에 관한 우화』

비베스의 저작 가운데는 『인간에 관한 우화』라는 작품이 있다. 이것은 짤막한 글이긴 하지만 그 시대의 인간관의 특징을 잘 표현해주고 있다. 이 이야기는 그리스의 신화를 빌려 인간의 위치와 그 기능을 섬세하게 다룬 것이다.

주피터의 아내인 주노의 생일에 주피터는 그 잔치에 참석한 신들을 즐겁게 해주기 위해 구경거리를 준비하기로 했다고 한다. 그래서 그는 이 세상을 만들고 거기에 모든 식물과 동물 그리고 인간을 만들었다. 비록 이 피조물들은 불사의 신들에 비해서는 유한한 존재로 얼마간 살다가 없어지는 것들이기는 했지만 정교하고 아름답게 만들어졌다. 주노의 생일잔치가 끝난 다음 머큐리는 이 모든 피조물들에게 신호를 보내어 각각 그 나름대로 연기를 하도록 명했다.

그래서 각 피조물들은 차례로 무대에 올라가서 비극, 희극, 무언극 등을 통한 재주를 부려 신들을 즐겁게 했다. 그 가운데서도 인간이 신들의 몸짓, 말 그리고 모든 행동을 그대로 모방하는 것을 눈여겨보면 볼수록 더욱더 그들은 놀라게 되었다. 주피터는 모든 신들이 인간을 그렇게 찬양하고 칭찬하는 것을 보고 기뻐했다. 그들은 인간 안에서 주피터의 위대한 모습을 볼 수 있었다. 인간은 자기 자신의 제한을 넘어 많은 재능을 소유하고 있음을 인정받게 되었다. 즉, 인간은 만물의 성격을 내포하고 있는 존재로 여겨졌다.

인간은 능히 "식물의 가면 아래로 자신을 변화시켜 나타나도록 할 수 있어 아무런 감각적 능력이 없는 단순한 생을 누리기도 하다가 수천 마리의 야수의 형태로 변했다." 즉, 격노한 사자로, 탐욕이 가득하고 게걸스러운 늑대로, … 어리석은 당나귀로 변했다.

이렇게 한 후에 잠깐 동안 보이지 않다가 커튼이 다시 올라가고 그는 총명하고 공정하며 진실하고 인간다우며, 친절하고 우정 있는 인간으로 다시 돌아와서는 남들과 더불어 도시를 돌아다니고 권위도 가지고 또 다음에는 복종도 하며, 공의와 복리를 위하여 염려하고, 끝으로는 갖가지 방식으로 정치적인 그리고 사회적인 존재가 되었다. 다시 말해 인간은 인간의 역만 할 수 있는 것이 아니라 인간 이하의 식물이나 동물의 역도 정교하게 잘 해내었다. 인간은 어떤 점에서 바다의 프로테우스(Proteus)처럼 그 환경에 따라 어떤 모습으로든지 적응할 수 있었다.

신들은 인간의 이런 다양한 재능을 높이 평가하여 신들의 좌석에 오도록 권한다. 그때 인간은 주피터를 쳐다보며 놀랍고도 형언할 수 없는 몸짓으로 주피터의 역을 맡아 연출했다. 신들이 처음에 그를 보았을 때 그가 주피터인 줄 착각할 정도였다. 그들은 주피터가 제 자리에 앉았는지 혹은 마스크를 쓰고 나와 출연하는지 궁금하여 주피터의 좌석을 되풀이해서 쳐다보았다. 이만큼 훌륭한 기술로 적응함으로써 인간이 주피터의 역을 잘했으므로 신들은 아래위로, 주피터의 좌석에서 무대로 연방 눈을 돌리며 배우의 똑같은 모습과 정확한 몸짓에 속지 않으려 했다. 다른 연기자들 가운데 몇 명은 이것은 인간이 아니라 주피터 자신이라고 맹세했다가 그들의 잘못 때문에 극한 형벌을 받았다.

신들은 모든 신들의 아버지인 주피터의 형상을 가진 인간에게 신의 영예를 주어야 한다고 말한다. 신들은 주피터의 역과 신들의 역을 그렇게도 잘 해낸 인간에게 그 가면을 벗고 신들 사이에 앉으라고 말하였다. 주피터는 그들의 청에 응하여 그 자신이 오래전에 인간에게 값없이 주기로 결심했던 것을 그들에게 허락하였다. 그래서 인간을 무대로부터 불러내어 신들의 사자인 머큐리 옆에 앉히고 승리자라고 선언하였다.

이 이야기의 요점을 말하면 식물은 식물 나름대로, 동물은 동물 나름대로 그 제한된 존재의 모습에 맞게 행동하고 있으며, 신도 신에 어울리게만 행동할 수 있으나 인간만은 식물, 동물, 인간 자신, 신할 것 없이 모든 모습을 그대로 정교하게 연출할 수 있는 존재라는 것이다. 즉,

식물은 식물답게: (식물)^2
동물은 동물답게: (동물)^2
신은 신답게: (신)^2

행동했으나 인간만은 어떤 형이상학적 본질에 제한을 받지 않고 순간 순간마다 그 나름대로 행동할 수 있는 가능성을 지니고 있는 것으로 보았다. 즉, 인간은

(X)는 (X)답게: (X)^2

연출해 낼 수 있는 존재로 보았다. 인간은 존재적 양상의 제한을 받지 않는 점에서 신보다도 그 가능성과 기능이 탁월하다고 여겨졌다. 신은 신밖에 될 수 없으나 인간은 신의 모습을 그대로 닮을 수 있는 동시에 인간 자신의 뜻대로 선하게 혹은 악하게 살아갈 수 있는 존재로 보았다. 비베스는 이것이 바로 이 시대의 인간관의 특징이었다고 하였다.

3. 발라의 사적 비평

이 시대에는 사학에 있어서도 발라(Valla)를 통해 새로운 변화가

일어나게 되었다. 그전까지는 역사를 쓸 때 전해 온 전승에 따라 역사를 썼다. 다시 말해 직접 사료를 검증한 뒤 거기에 해석을 붙여 역사를 쓴 것이 아니라 전해 내려오던 간접 사료를 역사 자체로 오인하고 있었다.

발라는 역사를 기술할 때 각 시대의 사건을 그 시대의 틀과 그 시대의 직접적인 사료에 따라 기술해야 한다고 주장했다.

마치 비베스가 사람이 식물의 역을 할 때는 식물처럼 하고, 동물의 역을 할 때는 동물처럼 하고, 신의 역을 할 때는 신처럼 한다고 말한 것처럼 발라는 역사의 각 시대를 기술할 때 그 시대의 직접 사료에 따라 기술해야 한다고 주장한 것이다.

그는 이런 입장에 따라 로마 교황청이 로마시를 소유하고 있는 근거를 추적하게 되었다. 전설에 의하면 콘스탄틴 대제가 콘스탄티노플로 천도할 때 로마시를 교황청에 기증했다는 문서가 작성되어 전해왔다. 그래서 중세 사람들은 로마시는 당연히 교황의 통치 아래 소속된 것으로 여겨왔다.

그러나 발라는 콘스탄틴 대제가 로마시를 교황에게 기증했다면 그것은 제국의 칙령으로 된 것이므로 이 칙령은 황제의 칙령들을 기록해 둔 문서 대장에 기록되어 있을 것이라 생각하고 콘스탄틴 시대의 문서 대장을 조사해 본 결과 그런 칙령을 내렸다는 기록이 없음을 알아내었다. 그래서 그는 콘스탄틴 대제가 로마시를 교황에 기증했다는 문서는 법적인 근거가 없는 것이며, 그것은 후에 교황청에서 로마의 소유권을 주장하기 위해 위조한 문서임을 증명했다.

비록 어마어마한 교황청의 권세 아래 이런 위조문서가 작성되어 전해왔지만, 발라는 그것이 시대에 맞는 직접 사료에 근거하지 않았음을 입증하고, 내적 분석에 의해 그 문서가 위조된 것임을 입증했다. 이와 같이 이 시대의 새로운 생각의 틀이 사학에 옮겨질 때 거대한 교황의 권위에 도전할 수 있게 되었으며 그 승패는 자명한 것이었다.

4. 맺음말

전술한 바와 같이 이 시대의 특징은 하나의 존재를 그 내재적인 모습에 어울리도록 하자는 것이었는데, 이 운동은 철학과 사학에도 미치게 되었다.

앞에서 우리는 이 새로운 구조를 분석하고 거기에 어울리는 자율적인 평가 기준에 대해 살펴보았다. 이와는 달리 과거의 히브리 전통에서는 하나님이 인간을 만물의 영장으로 만들었다고 믿었다. 전기에서 인간의 위치는 외재적인 신이 부여해 준 것이며, 그것을 믿는 신앙적 터전 위에서 이 주장이 지속되어 왔었다.

그러나 『인간에 대한 우화』에서는 인간이 어느 하나의 형틀에 매여 있는 것이 아니라 다양하게 다원적으로 때에 맞추어 그 나름대로의 모습에 어울려 살 수 있기 때문에 다른 모든 존재보다 우수하다는 가치 판단을 내리고 있다. 그래서 이 시대는 무엇을 평가할 때 그 내재적인 구조에 어울리는 자율적 평가 기준을 형성하게 되었던 것이다.

제 7 장
마르틴 루터(Martin Luther)

1. 머리말

14세기에 시작된 유럽의 문화적 변화는 종교적 영역에도 미치게
되었다. 종교적 영역에서 르네상스 시대의 생각의 틀을 나타내고 있
는 두드러진 사람은 마르틴 루터(Martin Luther, 1483~1546)라고 할 수
있다. 흔히 우리는 루터에 의해 시작된 종교적 변화를 개신교의 시작
으로 생각하며 그전까지 전해 내려오던 기독교의 형태를 구교로 생각
한다. 우리는 신·구교는 동일한 평면 위에 있는 대칭적인 두 상태로서
대립되는 것으로 생각하고 있으며, 역사적으로 이 둘의 투쟁은 유럽
사에서 많은 비극적 현상을 불러일으킨 것이 사실이기도 하다. 하지
만 사실 이 둘은 질적으로 다른 것으로 서로 맞설 이유가 없다고 생각
된다. 마치 아리스토텔레스의 물리학과 갈릴레이의 물리학이 질적으
로 차이가 나고, 데카메론에서 대칭적으로 대립시킨 두 윤리관이 질
적으로 다르며, 중세적 사상과 이 시대의 철학이 질적으로 다르고 비
록 그 둘 사이에 일시적 마찰은 있었으나 그것은 결코 똑같은 차원에

있는 둘 사이의 충돌이 아니었듯이, 루터의 새 사상과 구교의 옛 사상은 동일 평면 위에 대칭적으로 비교할 수 있는 것이 아니었다.

2. 루터의 사상 형성

마르틴 루터는 독일의 한 광부의 아들로 태어났다. 당시 독일의 농촌 사회에서는 위의 아들들은 모두 외지로 내보내고 막내아들에게 논밭을 물려주는 관습이 있었다. 이것은 한정된 토지를 여러 아들들이 세분하여 물려받으면 농사의 영세성을 면할 수 없기 때문에 이를 막기 위해 마련한 제도였다. 그래서 루터의 아버지도 농사를 짓는 부모를 떠나 광산 지역으로 갔으며 거기서 그는 자수성가하게 되었다. 그는 자기의 아들 루터에게 공부를 시켜 법률가로 만들어 그 사회에서 인정받는 사람이 되게 하려고 했다.

루터는 대학을 마치고 법률을 전공하게 되었는데, 그때 그는 친구의 갑작스러운 죽음으로 자극을 받아 수도원에 들어가게 되었다. 처음 한두 해 동안은 속세를 떠나 지고의 존재인 하나님께 가까이 할 수 있다는 생각에서 만족을 얻었다. 그리고 그는 신학적 연구에 있어서도 뛰어난 능력을 보였다. 그래서 그는 후배들을 지도하는 책임자가 되었다.

그런데 한번은 후배들에게 예정론에 관하여 말하게 되었다. 그는 그전까지는 예정론이란 무엇이며 하나님이 언제 어떻게 예정했느냐 하는 문제에 대해 사변적으로만 생각하고 있었다. 그러나 이때에 와서는 질문의 방향이 바뀌어 자기 자신이 예정을 받았느냐 하는 질문을 가지게 되었다. 그는 내 자신이 과연 하나님에게 예정 받은 자인가

하는 질문을 가지게 됨에 따라 하
나님을 향해 이 질문을 던지게 되
었다. 그러나 그는 하나님이 자기
를 예정했는지를 물으려고 했을
때 자기 자신이 거룩하신 하나님
앞에 가까이 갈 수 없는 죄인임을
느끼게 되었다. 그래서 그는 먼저
하나님 앞에서 자기의 죄를 참회
하게 되었다. 그러나 이상하게도

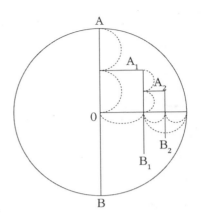

아무리 참회를 해도 죄가 완전히 없어지는 것으로는 느껴지지 않았다.

이때의 루터의 체험은 유명한 수학자인 프왕카레(Poincare)가 생각
해 낸 모형으로 잘 설명될 수 있을 것이다. 프왕카레는 한 원을 그리고
그 원의 중심을 지나는 수직의 직경선을 그었다. 그리고 원의 중심과
반경의 종점 사이의 절반 지점에 직경의 절반이 되는 수직선을 그었
고, 다시 그 절반 지점에 그 절반이 되는 수직선을 그었다. 이렇게 계속
수평선과 수직선이 반씩 줄어가는 하나의 모형을 생각했다.

이 모형의 경우에는 아무리 종점에 가까이 다가서더라도 그 수직
선의 위치에서 종점을 보았을 때는 수직선과 종점과의 거리 관계는
영원히 바뀌지 않게 된다. 예를 들어 한 보행자가 원점에서 종점으로
간다고 할 경우, (1) 그 보행자의 키가 같다면 종점에 다다르는 것은
분명하지만, (2) 그 보행자의 키가 거리에 반비례하여 반으로 줄어들
경우, 아무리 가더라도 종점과의 거리 관계는 바뀌지 않게 된다.

이 관계를 종교적 영역에서 참회의 경험에 비추어 본다면 (1)의 것
은 중세적 참회의 개념이요, (2)의 것은 새 시대의 개념이라 할 수 있

다. 중세에는 십계명에 따라 하나씩 참회하면 죄가 다 사해진 것으로 여겼다. 그러나 루터는 하나님과 자기 사이에 있는 죄를 참회하고 하나님께 더 가까이 가려고 하면 전에는 작게 보이던 죄가 하나님의 거룩한 빛에 더 크게 보여 전과 마찬가지의 죄의식을 갖게 되었다. 그래서 아무리 죄를 고백하더라도 하나님께 가까이 갈 만큼 정결해질 수는 없다고 느끼게 되었다. 여기서 우리는 새 시대의 생각의 틀이 루터의 참회의 경험에 나타나 있음을 볼 수 있다.

루터는 이와 같이 아무리 참회해도 죄가 없어지는 느낌을 가질 수 없었기 때문에 심한 번민에 빠지게 되었다. 그러던 중 그는 시편을 연구하는 가운데 시편 71편 2절 "주의 의로 나를 건지소서"라는 구절을 주목하게 되었다. 그전에 그는 '하나님의 의'란 하나님의 속성을 가리키는 것으로 생각했다. 그러나 이때 루터는 '하나님의 의'란 말은 하나님 자신이 의롭다는 것을 가리키는 말이라기보다 우리를 의롭게 하시는 하나님의 의를 가리키는 것임을 깨닫게 되었다. 이와 마찬가지로 '하나님의 거룩하심'이란 말도 하나님 자신이 거룩하시다는 것을 가리키는 말이라기보다 우리를 거룩하게 하시는 하나님의 거룩함을 가리키는 것임을 깨닫게 되었다. 또한 '믿음'이라는 말도 내가 하나님을 믿는 것을 가리키는 말이라기보다 우리에게 믿음을 주시는 하나님의 돌보심을 믿는 것을 가리키는 것으로 깨닫게 되었다. 루터는 이제 우리를 의롭게 하시는 하나님의 의에 의해, 즉 (의)^{2}에 의해 우리가 사죄를 받고 의롭다고 여김을 받고 구원을 받는다는 사실을 확신하게 되었다.

3. 루터의 개혁 운동

바로 이즈음 교황청에서는 성베드로성당의 건축 기금을 마련하기 위해 면죄부를 팔고 있었다. 중세 교회에서는 사람이 죄를 지으면 참회하는 마음을 가지고 신부에게 가서 죄를 고백하기로 되어 있었다. 신부는 죄의 고백을 듣고 사죄를 선언했다. 이 사죄의 선언으로 죄는 용서되었으나 그 죄에 대한 현세적인 징벌은 받아야 하는 것으로 생각했다. 그런데 이 현세적 징벌을 면하도록 하기 위해 금식이나 고행이나 선행을 덧붙였다. 뒤에 이 면벌을 위한 선행 가운데는 교회당을 짓는 일 등도 있었다. 이것이 발전하여 교회당을 짓는 데 몸소 일하지 않더라도 헌금을 내면 현세적인 징벌이 면제되는 것으로 생각했다. 그리고 교회에서는 이렇게 헌금을 한 사람들에게 면벌증을 써 주었다.

그런데 1517년 루터가 살고 있던 비텐베르크 근방에 도미니크 수도사인 테첼(J. Tetzel)이 와서 성베드로 성당을 위해 헌금을 바치라고 설교하고, 헌금을 바치는 자들에게 면벌증을 써주고 있었다. 그러나 이것은 단순히 면벌증이 아니었다. 테첼은 그 증서를 사는 사람들은 모든 죄가 완전히 용서되며, 뿐만 아니라 지금 연옥에 있는 사람들을 위해 그 증서를 사면 동전이 동전함에 떨어지자마자 그 영혼이 연옥에서부터 풀려난다고 외쳤다.

1517년 10월 31일 루터는 이 문제를 토론하자고 95개 조문을 비텐베르크성당 문에 붙였다. 여기서 그는 사죄와 의인은 우리를 의롭게 하시는 하나님의 의에 달려 있는 것이지 교황의 면죄부를 사들임으로써 얻을 수 있는 것이 아니라고 주장했다. 사죄나 의인이나 구원은 천상의 하나님의 일로서 지상의 교황이 참견할 수 있는 일이 아니다. 루터는 하나님이 하나님 되게 하라고 외쳤다.

　루터는 이 조문을 통해 단순히 학문적인 논쟁을 하고 그래서 로마 교회의 오류를 고치려고 했을 뿐이었다. 그러나 이 95개 조문은 곧 인쇄되어 곳곳에 퍼지게 되었으며 큰 파문을 일으키게 되었다. 루터는 작센의 선제후이며 비텐베르크대학의 창설자인 프레데릭의 보호 아래 교황청에 소환되는 것을 면할 수 있었으며, 그 대신 하이델베르크와 라이프치히에서 교황청의 대변자들에게 자기의 입장을 변론하게 되었다. 특히 라이프치히 논쟁에서는 교황과 교회 총회도 오류를 범할 수 있으며 성경만이 유일한 권위를 가지고 있다고 주장했다. 이로써 구교와의 분리는 불가피하게 되었다.

　1521년 루터는 프레데릭 선제후의 배려로 안전 통행증을 받아 보름스 제국 의회에 소환되었다. 그는 자기의 입장을 거둬들이라는 명령을 받고 황제 앞에서 "성서의 증거에 의해서나 아니면 분명한 이성에 의해서 나를 설복시키지 않는다면… 나는 내가 인용한 성서에 매여 있으며 내 양심은 하나님의 말씀에 사로잡혀 있습니다. 나는 아무것도 철회할 수 없으며 또한 철회하지 않겠습니다. 왜냐하면 양심에 역행하는 것은 안전하지도 않고 올바르지도 않기 때문입니다"하고 대답했다.

4. 맺음말

　우리는 이 시대의 사상의 특징을 살펴보았다. 중세인들이 자기의 원수는 자기가 아닌 하나님이 갚아 주는 것으로 믿었다면 이 시대인들은 자기의 원수는 자기가 갚아야 한다고 생각했다. 중세까지의 사람들이 단순한 시간과 공간 사이의 속도에 대해 말해왔다면 이 시대인들은 시간의 제곱에 근거한 가속의 원리를 발견했다. 중세인들이 인간의 위치를 하나님이 정한 질서 속에 놓인 것으로 보았다면 이 시대인들은 인간은 자기가 지향하는 존재가 되는 것으로 생각했다. 중세인들이 전승을 곧 역사로 믿었다면 이 시대인들은 전승을 비판 분석하여 전승 배후에 있는 역사 자체를 찾아보려고 했다. 중세인들이 하나님의 구원 역사에 하나님이 아닌 인간이 관여한다고 생각했다면 이 시대인들은 하나님의 구원 역사는 하나님께만 달려 있는 것으로 생각했다. 중세까지는 마차를 마차가 아닌 말의 힘으로 움직였다면 이 시대는 차를 차 자체의 엔진으로 움직이게 되었다. 그 주제는 다르지만, 그 구조는 공통적이다. 그것은 1차원적 구조에서 2차원적 구조로 변한 것이다.

제 8 장

칸트(Kant)와 헤겔(Hegel)

1. 머리말

르네상스기에 변화를 겪었던 서양 문화는 18세기 후반에 와서 다시 한번 변화를 겪게 되었다. 이 시대의 문화적 변화를 주도한 선구자는 루소(J. Rousseau, 1712~1778)였다. 루소는 저작 가운데는 『에밀*Emile*』이라는 작품이 있는데, 특히 이 책 가운데 "사보이 신부의 신앙 고백"이라는 장은 그의 사상을 간명하게 잘 표현해주고 있다.

이 이야기는 사보이 신부가 에밀이라는 소년에게 자기의 삶의 경험을 쉽게 풀이해 준 것으로 되어 있다. 이 신부의 아버지는 농부로서 아들에게는 공부를 시켜 사제가 되게 하여 사회적으로 안정된 직업을 갖게 해주려고 했다. 그는 자기 아버지의 소망에 따라 신학교에 가서 전통적인 신학을 가르쳐 주는 대로 비판 없이 받아들였으며, 그 후 사제가 되어 역시 배운 것을 그대로 교구민들에게 가르쳐 주었다. 그러나 사제가 되었다고 해서 타고난 육체의 욕망까지 없어진 것은 아니었다.

그는 육체의 욕망을 이기지 못해 파계하게 되고 마침내 면직되었다. 그러고 나서 그는 자기의 신앙을 다시 한번 생각해 보게 되었다. 전에는 전통적인 신관을 비판 없이 배우고 비판 없이 가르쳤지만, 이제는 자기 스스로 신이 무엇인지를 생각해 보고 자기 자신이 무엇인지를 깊이 생각해 보게 되었다.

루소는 여기서 전래해 온 관념을 그대로 받아들이는 것이 아니라 자기의 타고난 본성을 깊이 성찰함으로써 진리를 발견할 수 있다고 생각했다. 그래서 그는 우리의 감각적 성격은 무엇이며, 오성의 작용으로 감각된 것을 개념화하는 과정은 어떠하며 그리고 어떻게 이 개념을 묶어 지상의 명제로 삼는지에 대해 설명했다.

2. 칸트의 비판철학

칸트(J. Kant, 1724~1804)는 루소의 이 관념을 발전시켜 그의 비판철학을 완성했다고 할 수 있다. 칸트는 『순수이성 비판』을 필두로 해서 『실천이성 비판』, 『판단력 비판』 등의 저작을 내놓았다. 첫 작품에서는 우리의 인식 과정을, 둘째 작품에서는 윤리적 행위의 과정을 그리고 셋째 작품에서는 인식과 행동 사이의 관계를 판단하는 것에 대해 설명했다. 이 세 작품은 세 가지 다른 분야를 다루긴 했지만 같은 기본적 구상을 가지고 세 면을 투시해 본 것으로 하나의 연관된 작품이라 할 수 있다. 우리는 여기서 순수이성 비판을 중심으로 그의 사상을 살펴보기로 한다.

순수이성 비판은 루소의 "사보이 신부의 신앙 고백"에서 제시된 틀에 따라 세 부분으로 구상되어 있다. 칸트는 첫째 부분에서 감성

(Perception)에 대해 다루고 있다. 여기서 그는 우리가 감각하는 대상에 대해 다룬 것이 아니라 대상을 감각할 수 있는 기초를 다루었다. 그 기초는 시간과 공간이다. 모든 감각의 대상이 감성의 형식인 시간과 공간에 의해 배열되고 인식된다고 했다.

칸트 이전까지는 공간에 대해 부정적 정의를 내렸다. 예컨대 방안이라는 공간은 그 안에 있는 모든 것을 들어내어 놓은 빈 틀을 가리키는 것으로 생각했다.

유클리드 기하학에서처럼 공간은 이미 객체적으로 존재해 있는 것으로 생각했다. 그 속에 들어 있는 것을 다 치워도 그것만은 남아 있는 것으로 생각했다. 즉, 공간이란 물체 밖에 존재하는 이질적인 틀이라고 보았다. 그러나 칸트는 여기서 새로운 공간 개념을 구상했다. 여기서 칸트는 공간을 내 밖에 객체적으로 존재해 있는 것으로 보지 않고 무엇을 감각할 때 그 감각된 것을 배열하는 내 안에 있는 기능으로 보았다.

이 공간 개념은 르네상스기에도 나타나지 않은 새로운 개념이다. 르네상스기에 보티첼리는 회화에 있어서 투시도법을 사용하여 평면 위에 한 차원을 더 높여 입체적인 그림을 그렸다. 그때부터 서양 회화에 있어서 혁명적인 변화가 나타났다. 그러나 이것은 어디까지나 외재적인 공간 구성의 변화였다. 칸트에 와서야 비로소 공간 개념이 내재적인 능동적 개념으로 변화하게 되었다. 칸트는 공간을 외적 감각을 배열해주는 주관적인 틀로 보았다.

칸트는 시간에 대해서도 새로운 개념을 피력했다. 그전에는 시간이라 하면 해가 떠서 졌다가 다시 뜨는 사이를 하루라 하고, 하루를 24시간으로 나눈 것을 말했다. 이것은 외재적인 시간 개념이다. 그러나 칸트는 시간이 외재적인 참조 체제가 아니라, 내 안에서 감각의 서열을 배열해주는 감성의 형식이라고 보았다.

요컨대 칸트에게 있어서 시공간은 내 밖에 존재하는 것도 아니며 감각에 포함되어 있는 것도 아니라, 내 안에서 감각의 대상을 배열하는 감각적 능력이며 그 감성의 형식이라 하겠다. 그래서 그는 시공간의 범주를 초월적(transzendent)이라 하지 않고 초월론적(trenszendental)이라는 새 용어를 만들어 표현했다. 칸트는 그의 감성론에서 감각을 다룬 것이 아니라 감각의 바탕이 되는 시공간의 개념을 다루었으며 그래서 새로운 시공간의 개념을 피력했다.

칸트는 감성론에 대해 다루고 난 다음에 오성(Conception)에 대해 다루었다. 들어온 감각을 오성이 개념화하는 과정을 자세히 분석했다. 여기서 그는 오성의 열두 범주와 오성의 추론에 대해 설명하고 있다. 그런데 오성의 열두 범주에 대해 그 하나하나를 다루어도 되겠지만, 12는 4×3으로 된 것이므로 그 기본이 되는 4와 3, 즉 4+3=7개의 범주로 줄여서 다루면 더욱 조직적이고 간편하다고 하겠다. 네 범주란 양과 질 및 양상과 관계이며, 셋은 전체, 개체, 구체적인 것이다.

이 열두 범주는 널리 알려진 것이므로 여기서는 부연할 필요가 없을 것이다. 여기서 우리가 한가지 유의할 것은 어떤 범주의 수가 소수(Prime Number)로 나누어질 수 있는 경우라면, 그 기본 구조는 그 소수(Prime Number)로 구성된 집합으로 된 것임을 간파하는 일이다. 이것은 일찍이 실로(Sylow)라는 학자가 집합에 대해 연구하다가 발견한 것으로서 인문 과학에서도 많은 범주가 나올 경우, 이 방법을 사용하면 기본 범주의 숫자를 줄일 수 있을 것이다.

그다음에는 추론(Inference)에 대해 다루고 있다. 어떤 전제에 대해 긍정적 가치를 주면 긍정적 결론이 나오고 부정적 가치를 주면 부정적 결론이 나온다면 그 전제는 논리적으로 올바른 것이다. 그러나 그 전제에 긍정적 가치를 주든지, 부정적 가치를 주든지 동일한 결론이 나온다면 그 전제는 이율배반적인 것(Antinomy)으로 필연적 전제가 아니라고 했다.

예컨대 세계는 시간적으로 시초가 있으며 공간적으로 제한되었다는 전제에 대해서도 긍정적인 결론이 나오고, 세계는 시간적으로 시초가 없으며 공간적으로 한계가 없다는 전제에 대해서도 긍정적 결론이 나온다면 이것은 이율배반적인 것이다. 이 추론 방법은 후에 파두아(Padua)라는 논리학자가 더욱 발전시켰는데, 그는 전제 가운데 필요 없는 전제가 섞일 때 위와 같은 방식으로 그것을 제거하는 방법을 고안했다. 이것이 바로 파두아의 제거추론방법(Elmination)이다.

끝으로 칸트는 우리의 지상 명제(Categorical Imperative)에 대해 다루었다. 공간이라는 감성의 형식을 통해 들어온 감각의 전체는 세계, 즉 자연이라고 했다. 그는 이 자연 혹은 자연법칙을 초월하는 것이 필요한데, 그것이 자유라고 했다. 다음으로 시간이라는 감성의 형식을 통해 들어온 감각의 전체는 역사이다. 그는 이 역사를 초월하는 것을 영혼의 불사로 보았다. 끝으로 시공간의 전체를 합친 것을 신이라고 보았다. 칸트는 자연법칙에 대한 자유와 역사에 대한 영혼의 불사와 시공간의 전체의 합인 신을 세 지상 명제로 보았다. 이 지상 명제의 작용으로 시공간과 오성의 범주의 틀에 의해 감각과 개념이 형성되는 것으로 보았다.

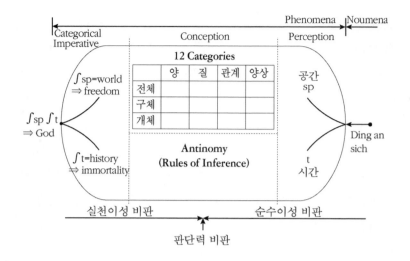

칸트는 감각에서부터 지상 명제인 신에 이르기까지 모두 외부에 있는 것으로 생각하지 않았다. 그래서 그는 밖에서 우리에게 자극을 주는 물자체는 알 수 없다고 보았다.

과거의 철학의 주제가 본질에 관한 지식을 추구한 것이라면 칸트는 물 자체(Ding an sich)를 인식 범위 밖에 두고 감성과 오성의 작용으로 감각되어진 것이 어떻게 인식되느냐 하는 문제를 다루었다. 그래서 칸트에 와서 철학의 주제는 존재론(Ontology)에서 인식론(Epistemology)으로 변하게 되었다고 하겠다.

과거에는 신의 계시를 통해 나 밖에 있는 신을 인식할 수 있다고 생각했다. 그러나 칸트는 나 밖의 물체에 대한 인식을 부인함으로써 전통적인 신학을 수정했다. 그는 신이란 우리의 인식 세계에 있어서 기본적 범주이며, 이 기본적 범주가 없이는 우리의 인식이 불가능하다고 보았다.

3. 헤겔의 역사철학

칸트를 이어 헤겔(G. W. F. Hegel, 1770~1831)이 나타났는데, 그 두 사람은 성격상 아주 대조적이었다. 칸트는 냉철하고 분석적인 머리를 가진 반면 헤겔은 호탕한 기질을 가졌다. 그래서 전자는 철학의 비판적인 면을 강조하여 비판철학을 확립한 반면 후자는 절대정신의 큰 흐름을 강조한 역사철학을 수립했다.

헤겔은 어거스틴의 역사철학을 보완함으로써 근대의 역사철학을 수립했다고 하겠다. 어거스틴은 영원과 시간의 만남으로 창조가 이루어지고 창조된 세상에 아벨과 카인의 전통을 이은 두 흐름이 계속되어 왔는데 그리스도의 강림으로 하나로 접근되기 시작하였으며, 마침내 그의 재림 때에 가서 하나로 합일되어 하늘의 뜻이 땅에 이루어질 것이라고 보았다.

그러나 헤겔은 어거스틴과는 달리 역사가 복구된다고 보지 않고 승화될 것이라고 주장했다. 2곡선으로 된 어거스틴의 역사철학을 헤겔은 4곡선으로 바꾸었다. 헤겔은 자연과 역사를 두 기본 범주로 두었다.

이 두 범주는 잠복기(Reservare)에서는 아직 의식화되지 않고 있었으나, 대립기(Dollere)에 이르러서는 자연관은 성립되었으나 역사관이 성립되어 있지 않은 것을 '정'(These)으로 하고, 자연관이 약화되어 역사관이 대두된 것을 '반'(Antithese)으로 하여 갈등을 이루고 있다가, 승화기(Elevare)에 이르러서는 그 부정 면은 배제되고 자연의 전체와 역사의 전부로 완성된 세계사에 이르게 된다고(합, synthese) 하였다. 헤겔은 역사가 다시 원점으로 복구된다는 것보다 새로운 차원으로 승

화될 것으로 보았다. 헤겔은 외재적인 신의 섭리보다는 내재적인 절
대정신의 자기완성으로 역사가 발전된다고 보았다.

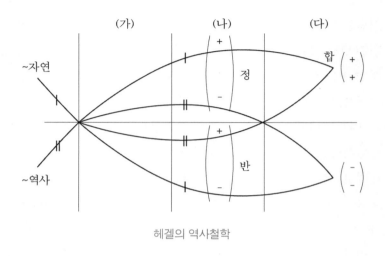

헤겔의 역사철학

4. 맺음말

헤겔은 자연의 전체와 역사의 전체가 합쳐진 세계사를 최종 목표
로 보고 있는데, 이것은 칸트의 지상 명제 중 하나인 신과 유사한 관념
이라 하겠다. 한 사람은 분석적 과정을 통해 이를 규명했으나 한 사람
은 역사적 과정을 통해 이루어질 것이라고 말했다. 즉, 헤겔의 역사의
종점이라는 관념과 칸트의 지상 명제인 신이라는 관념은 그 도달 과
정은 다르지만, 그 결론은 구조적으로 유사하다.

헤겔은 역사의 움직임이 외재적인 신의 섭리로 되는 것이 아니라,
역사에 내재한 절대정신에 의해 지배받는 것보다 보았다. 헤겔의 사
상은 우파에서는 진화론을 통해, 좌파에서는 마르크스를 통해 계승되

어 많은 사람들의 사상에 영향을 끼쳤다.

그러나 그 흐름을 거슬러 올라간다면 이탈리아의 르네상스기에 형성된 새 생각의 틀이 독일에 들어가 종교개혁을 낳았으며, 종교개혁 후 종교 전쟁으로 황폐화된 독일 땅에 프리드리히 대왕의 노력으로 새로운 문화적 운동이 일어날 때 그 새 생각의 틀이 독일적 정신에 토착화되어 칸트와 헤겔의 위대한 철학을 산출하게 되었다고 하겠다.

요컨대 새 생각의 틀인 $(X)^2$의 구조가 인식론에 반영되어 인식 주체의 내적 작용이라는 새 인식론이 나타나게 되었고, 역사철학에 반영되어 역사 내의 절대정신의 자기실현이라는 새 역사철학이 나타나게 되었다.

제 9 장

만하임(Mannheim)과 마르크스(Marx)

1. 머리말

　문화의 이원이중구조(二元二重構造) (X)²는 마르크스(K. Marx, 1818~ 1883)와 만하임(K. Mannheim, 1893~1947)을 통하여 사회과학 분야에 도입되게 되었다. 만하임은 헝가리 태생으로 독일에서 유학한 다음 고국으로 돌아가서 1919년까지 활동했다. 그러나 반혁명에 의해 추방되어 독일로 망명하여 1933년까지 하이델베르크와 프랑크푸르트 대학에서 가르치다가 나치당의 집권으로 영국으로 망명하여 런던대학에서 사회학과 철학을 1947년 작고할 때까지 가르쳤다. 그의 생애는 영국 망명을 기점으로 구분될 수 있다. 독일에 있을 때 공산주의 팽창해 가는 것을 지켜보면 『이데올로기와 유토피아』란 책을 저술했고, 영국에 체류하던 시기에는 전체주의하에서 민주주의의 무력성을 통감하면서 새로운 민주사회 건설을 위해 고심하였다.

2. 이데올로기와 유토피아

만하임이 이데올로기 연구에 있어서 공헌한 점이 많으나 그의 독창적인 공헌이라기보다 자기 이전의 여러 학자들의 연구를 종합한 것이다. 만하임은 역사적인 시대 차와 사회적인 계층 차에 따라 인간의 인식 구조가 다르다는 이론을 받아들였다. 그런데 역사적인 시대 차에 따라 인간의 인식 구조가 변화한다고 처음으로 주장한 학자들은 문화사가들이었다. '텐느'(H. Taine), '쿨랑주'(F. de Coulange) 등이 그 대표자들이다.

쿨랑주의 논문 가운데 "폴리브"라는 논문이 있다. 폴리비우스는 그리스인으로서 『로마의 그리스 정복사』를 저술하면서 자기 조국을 정복한 로마인들에 대해 조금도 비난하지 않았다. 쿨랑주 당대인들이 보기에 폴리비우스는 민족의 자유에 대한 배신자이거나 아니면 자기 진심을 위장한 부정직한 역사가로 보았다. 자유와 정의를 외치던 쿨랑주 당대인들은 폴리비우스의 태도를 이해할 수 없었다. 그러나 그는 이 문제를 연구하는 중에 새로운 사실을 발견했다. 폴리비우스 시대 지중해 연안 지방에는 민족의 자유라는 문제는 대두되지 않았고, 다만 도시 국가를 누가 통치할 것인가, 즉 귀족이 통치할 것인가 아니면 백성 중에서 선출된 유능한 대표자가 통치할 것인가 하는 것이 문제였다. 그리스는 귀족들이 통치하고 있었고 로마는 대의원들이 통치하고 있었는데, 폴리비우스는 무능한 귀족들이 통치하는 것보다 유능한 대의원들이 통치하는 것이 더 낫겠다고 생각하여 로마가 그리스를 점령한 데 대하여 비난하지 않았다는 것이다.

폴리비우스는 세습적인 지도자냐, 선출된 지도자냐 하는 문제에 관심이 있었던 반면에 쿨랑주 당대인들은 자유니, 정의니 하는 문제로 폴리비우스를 보기 때문에 이해가 되지 않는다는 것이다. 쿨랑주는 역사를 저술한 사람 당시의 문제와 후에 그 역사를 읽는 사람이 지닌 문제에는 차이가 있음을 해명해 주었다. 쿨랑주는 시대적 차이에 따라 인간의 인식 구조도 변한다는 것을 해명해 준 것이다.

그다음으로 만하임에게 영향을 준 것은 칼 마르크스의 사상이었다. 그는 마르크스를 연구하고 난 뒤 마르크스를 비판했다. 마르크스는 생산 구조에 의해 사회 계층이 형성되고 사회 계층에 따라 의식 구조가 달라진다고 주장했다. 그리고 마르크스는 인간의 이성은 계몽주의자들이 주장한 것처럼 진리를 다루는 도구가 아니라 각자의 이해관계에 따라 형성된 계층적인 사고의 왜곡된 표현이라고 했다. 이때부터 이데올로기는 왜곡된 계층적인 의식에 의해 표현되는 의사라고 규정되게 되었다.

이와 함께 마르크스는 상대적 관계를 주장했다. 즉, 시대에 따라 관점이 다르고 계층에 따라 관점이 다르므로 옳은 것도 없고 절대적인 것도 없으나 무산 계급만은 가진 것이 없어서 그 주장만은 상대적이기는 하나 절대적인 가치를 지니고 있다고 주장했다.

그러나 만하임은 이 이론을 받아들인 다음, 상대적 관계를 상호적 또는 상관적 관계로 바꾸어 놓았다. 즉, 사회 계층에 따라 의식 구조가 다르다는 주장은 받아들인다. 그러나 단순히 의식 구조의 상대성을 인정하는 데 그치지 않고, 그 의식 구조가 그 사회 계층과 조화하는지를 관찰하여 조화도에 따라 가치를 부여하고자 했다. 이와 함께 그는 사회 계층 자체가 유동하고 있으므로 의식 구조도 따라서 유동해야 하는데, 그것이 부동할 때 여러 가지 고루한 사상이 나타난다고 경고

했다.

여기서 세 가지 위험이 발생하는데, 그 첫째가 어떤 의식을 절대적인 것으로 간주하는 신격화이고, 둘째는 어떤 의식을 초시간적이며 영적인 것으로 간주하는 낭만적인 경향이며, 셋째는 어떤 의식을 이상적인 의식으로 간주하는 이상화 경향이다. 만하임은 역사적, 사회적 상황에 따라 의식 구조가 변화되고 있는 이상, 이상과 같은 잘못된 경향은 어떠한 의식 구조에든지 적용되어서는 안 된다고 했다.

한편 이데올로기는 지배 계층의 의식이요 왜곡된 의식인 반면 유토피아는 기존의 사회 체제를 파괴하려는 피지배 계층의 의식이다. 만하임이 말하는 유토피아는 토마스 모어가 말한 앉아서 꿈을 꾸는 이상향이 아니라 새 역사를 개척하려고 하는 의식 구조를 가리킨다. 유토피아 의식은 피압박 계층에서 분출된 것으로 전체 사회에서 중심적 위치를 차지하지 못한 계층의 의식이므로 항거적인 태세를 취하게 된다고 한다.

만하임은 역사에 나타난 유토피아의 여러 형태를 설명한다. 첫째형의 유토피아는 하나님의 심판이 임박했으며, 이제 곧 새 세계가 도래할 것이니 기존 세계에는 관심을 두지 않아도 좋다고 생각하는 동시에 기존 사회 질서를 완전히 파괴하여 새 세계를 건설하려고 하는 의식 유형이다.

둘째형은 자유주의적, 인본주의적 유토피아다. 이것은 과거를 비판하고 미래에 희망을 두고 미래를 지향하는 것이다. 그런데 여기서는 어떤 미래를 지향할는지는 생각하지 않는다. 뚜렷한 미래상 없이 무엇이든 과거의 것은 틀렸으니 고쳐야 한다는 사고 유형이다.

셋째형은 보수적인 유토피아다. 보수적 유토피아 의식에서는 과거와 현재가 높은 가치를 지닌다. 현재는 의미로 가득 차 있는 세계다. 유토피아는 존재 가운데 이미 뿌리를 내리고 있는 것으로 해석된다. 보수적 입장에 서 있는 사람은 자기와 자기 계층의 사상만이 옳고 다른 사람과 다른 계층의 사상은 모두 공허하다고 비난한다. 그래서 상대방의 사상을 자기 사상으로 뜯어고치려고 하는 보수적 혁명 세력이 되기도 한다.

만하임은 이 세 가지 유형을 설명하고 나서 마르크시즘을 논한다. 그는 마르크시즘은 이 세 가지 유형의 유토피아의 강점을 받아들이고 약점을 제거하려고 했다고 보았다.

첫째로 신국적인 유토피아에서는 모든 것을 광적으로 부정하고 무정부 상태로 몰아가려고 하지만, 마르크시즘은 과학적으로 계획된 과정을 밟아 전진하려고 한다는 것이다.

둘째로 자유주의적 유토피아에 대해서는 수정주의 또는 점진주의라 비판하고 점진주의로는 궁극적 목표를 달성할 수 없으므로 때를 맞추어 적시에 혁명을 통해 그 목표를 달성하려고 한다는 것이다.

셋째로 보수주의자들의 반동을 없애기 위해서는 근본적인 혁명이 필요하므로 단순한 개혁이 아니라 근본적 혁명을 이루려고 한다는 것이다. 만하임은 이와 같이 마르크시즘을 일종의 유토피아로 규정해 놓고 우리가 대결해 나가야 할 만만치 않은 상대로 보았다.

3. 사회 철학의 새 전망

만하임은 나치당에 의해 추방되어 영국에 체재하고 있는 동안 민주체제의 무력함을 통감하고 민주주의의 재건 문제로 고심하는 중에 사회학의 새 전망을 제시했다. 민주주의에서 가장 어려운 문제는 민의를 찾아내는 것이다. 진정한 민의가 무엇인가 하는 것은 민주주의의 근본적 문제 가운데 하나이다.

공산주의 사회에서는 무산 계급이 공산 사회를 대표해야 한다고 주장한다. 공산주의자들은 무산 계급은 물질의 소유도 없고, 소유욕도 없고, 물질을 보존하려는 욕망도 없어 사욕이 없는 계층으로서 그들의 관점은 순수하고 탁월하므로 무산 계급이야말로 그 사회의 방향을 제시할 자격이 있는 사람들이라고 주장한다. 그래서 무산 계급의 사상에 따라 사회를 이끌어가야 한다고 주장한다. 이에 대해 만하임은 무산 계급은 사회적 지위로 보아 근대의 정치 투쟁에 필요한 교양을 지니기 위해서 전제가 되는 여러 조건을 구비하고 있지 않다고 비판한다.

한편 공산주의의 주장에 대해 엘리트 지배를 주장하는 자들이 있었다. 그러나 만하임은 엘리트 지배에 대한 주장을 비판한다. 그는 엘리트 지배에 대해 이미 지배하고 있는 자들을 대치해서 집권하겠다는 것에 불과하므로 그것은 단순한 정권 교체이지 진정한 혁명은 될 수 없다고 했다.

만하임은 그다음으로 인텔리겐차에 대해 논했다. 재래적인 민주 사상에서는 중간 계층은 모든 계층을 다 대표할 수 있다고 간주하고 중간 계층의 의사를 실천하고자 했다. 그러나 만하임은 재산상 혹은 계층상 중간 계층이 그 사회를 참으로 대표할 수 있다고 생각하지 않았다.

그는 인텔리야말로 공통적인 교양교육을 받은 자들로서 타 계층을 고루 이해할 수 있다고 생각했다. 그래서 그는 인텔리의 의식을 그 사회의 대표의식으로 간주하고자 했다. 그러나 그는 나치 운동에 반대한 인텔리 운동이 나치당에 무참하게 유린되어 무력하게 밀려난 것을 보고는 인텔리에 대한 기대도 포기하게 되었다.

만하임은 기독교에 대해서도 언급하고 논평했다. 기독교 신학은 불변의 대상을 전제한다. 그러나 그것이 지적으로 표현된 이상, 역사적으로 그 교리가 형성될 때인 어떤 특정한 시대의 특정한 문제에 대한 특정한 계층의 답변이지 보편적인 영원한 답변은 아니라고 한다. 그것을 하나님의 뜻을 설명하는 신학이라 하고 불변의 이상으로 간주하여 사회의 문제를 해결하려고 하는 것은 시대착오라 보고, 기독교를 이 시대의 대변자로 보는 자들에 대해서 이의를 제기했다.

만하임은 이 후기에 와서 상호관계에 의한 새 종합이란 새 이론을 전개했다. 한 사회에는 여러 계층의 사람들이 함께 살고 있다. 이 여러 계층은 동일한 대상을 보는 데 있어서 각각 의식 구조가 다르므로 여러 방향으로 인식하게 된다. 그러나 대상이 동일하다고 전제할 때 이 관점의 차이는 결국에 가서는 하나로 완전히 종합될 수 있을 것이라는 것이다. 즉, 내적 상호 관계에 의해 새 종합이 될 수 있다고 본 것이다. 내적 상호 관계에 의한 새 종합에 의해 진정한 새 의식을 가질 수 있다고 보았다.

전술한 바와 같이 만하임은 가치의 절대화를 비판했다. 즉, 탈가치관화하자고 했다. 그런데 후기에 와서는 탈계급한 새 종합적인 가치관을 추구하는 것을 과제로 남겨 주었다. 이에 따라 그는 새 형이상학의 기능성을 모색하기도 했고, 민주사회의 새 가능성을 제시해주기도 했다.

4. 맺음말

만하임 당시에 좌익과 나치주의자들은 민주주의에 대해 구체적 목표가 없이 공론만 하는 체제라고 비판했다. 이런 비판에 대해 만하임은 민주주의는 공론만 하는 체제가 아니라 탈계급한 새 종합적인 가치관을 추구하는 체제로서 여기에서만 진정한 민의가 찾아질 것이라고 했다.

그래서 만하임은 민주주의의 형이상학적 기반을 새롭게 제시해 주었다고 할 수 있다. 이것은 그의 공헌이긴 하지만, 탈계급한 새 종합적 가치관을 찾는 것은 여전히 어려운 문제로 남아 있게 된다. 요컨대 만하임은 민의의 여론화를 단순한 토론 절차에 의해 찾으려 하지 않고 형이상학적 존재성에서 찾으려고 시도했다고 볼 수 있다.

부르크하르트(Burckhardt)의 사학과 위기의식

1. 머리말

부르크하르트(J. Burckhardt, 1818~1897)는 스위스의 바젤에서 목사의 아들로 태어나 칼빈주의적 정통주의의 영향을 받고 자라났다. 그는 자주 이탈리아를 여행하면서 이탈리아의 문화적 자유주의와 접하며 일찍부터 사회적 보수주의와 문화적 자유주의의 영향을 받게 되었다. 당시 그가 다니던 베를린대학에는 랑케(L. von Ranke, 1795~1886)와 드로이젠(J. Droysen, 1808~1884)이 교수로 있었으므로 그는 이 두 교수에게서 상호 상이한 역사 방법을 배우게 되었다.

랑케는 역사 기술의 객관성을 주장하여 역사가는 역사를 쓸 때 자기의 주관을 개입시켜서는 안 된다고 주장한 반면 드로이젠은 민족사관을 주장하여 민족주의적 관점에서 역사를 기술해야 한다고 보았다.

당시 유럽은 불란서 시민 혁명 이후 사회적 변화를 겪고 있었다. 부르크하르트는 혁명에 의해 평등은 어느 정도 이루어진 것 같으나 군사적 독재와 대중문화에 의해 자유가 상실되고 있음을 느꼈다. 그는 바젤대학에서 교수로 있으면서 동료 교수인 니체와 함께 인간의 대중적 평준화에 항거했다. 부르크하르트는 유럽 문화에 위기가 오고 있음을 느끼고 이를 경고했다.

그러나 부르크하르트의 이 경고는 일차 대전을 경험하기까지는 별로 주목을 받지 못했다. 일차 대전 이후 사람들은 비로소 부르크하르트의 예언자적 통찰력을 높이 평가하게 되었다.

2. 역사에 대한 새 해석

부르크하르트는 역사의 구성 요소를 정치, 종교, 문화의 세 가지로 보았다. 부르크하르트의 이 삼분법은 서양의 전통적인 이분법적 양극화 현상을 극복할 수 있는 방법이었다. 정치, 종교, 문화는 삼각관계에 있으며, 이 중 하나가 지배적이 되면 다른 둘은 그 하나에 종속된다는 것이었다.

로마제국 시대에는 정치가 지배적이었고 종교와 문화는 정치에 종속되었다. 이때의 종교는 로마의 고대 영웅들이나 유명한 황제들을 숭배하는 것이 그 중심이었으며 예술품 역시 황제들의 조상이 주축을 이루고 있었다. 중세기에는 종교가 지배적이었고 정치와 문화는 종교에 종속되었다. 교황청이 유럽의 통일을 위한 구심체가 되었으며, 예술품은 거의 모두 종교적 성자들의 화상이나 조각품이었다. 이때의 교황 그레고리 7세는 교황은 모두를 판단하나 아무에게도 판단받지 않는다고 말했다. 르네상스 시대에는 문화가 지배적이었으므로 이 시대의 영웅은 단테, 레온 바티스타, 다빈치 등과 같은 인문주의적 문예인들이었다.

부르크하르트는 문화사적 방법에 따라 콘스탄틴 시대를 연구했다. 그는 그 시대의 상황을 정치, 종교, 문화의 상관관계를 연구함으로써 파악하려고 했다. 기독교 역사가들이 콘스탄틴과 콘스탄틴 이전의 황제들을 철저하게 대립시키고, 콘스탄틴은 하나님의 섭리에 의해 이전의 황제들의 정치 노선을 완전히 버리고 새 세계를 이룩한 것처럼 본 것은 잘못된 것이라고 보았다.

로마 역사에 있어서 지배적 요소는 정치였다. 콘스탄틴 시대에 제국의 힘이 강화된 것은 기독교 신앙을 받아들인 데서 온 것이 아니라 마르쿠스 아우렐리우스 황제에게서 온 것이다. 그는 그 자신이 유능한 황제였을 뿐만 아니라 입양 제도를 채택함으로써 유능한 사람을 황제로 계승시킬 수 있었다. 디오클레티안은 마르쿠스 아우렐리우스 황제를 자기의 모범으로 삼음으로써 로마 제국의 힘을 강화시켰다. "디오클레티안이 없었더라면 콘스탄틴도 없었을 것이다"라고 부르크하르트는 말한다. 즉, 콘스탄틴이 로마 제국을 강화시킨 것은 그가 이어받은 정치적 수완 때문이었지 기독교 때문이 아니었다는 것이다. 콘스탄틴이 기독교를 공인한 것은 그 당시에 있던 여러 공인된 종교들 가운데 하나로 기독교를 공인한 것에 지나지 않는다. 이것은 종교적 관용 정책을 쓰던 로마 제국에서는 특이한 일이 아니었다고 한다.

부르크하르트는 로마 시대의 정치, 종교, 문화의 관계를 분석한다. 로마 제국에서는 정치가 지배적이었기 때문에 정치가의 임무는 과중했다. 그래서 황제들은 종종 신탁의 도움을 요청했다. 그러나 정치에 종속된 종교가 황제들에게 올바른 조언을 해 줄 능력이 없었다. 예컨대 디오클레티안이 종교인에게 조언을 구했을 때 넓은 로마 제국을

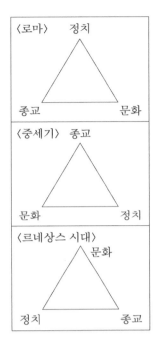

〈로마〉 정치
종교 문화

〈중세기〉 종교
문화 정치

〈르네상스 시대〉 문화
정치 종교

잘 다스리기 위해 한 사람의 황제를 더 뽑으라고 말했다.

그래서 그는 자기와 생년월일이 같은 사람의 황제를 더 뽑게 했고 자기의 임기도 20년으로 제한했으며, 이들의 계승자 두 명을 더 뽑았다. 황제의 의도는 좋았지만 신탁으로 인한 그 결과는 분열과 혼란을 가져오게 하였다. 여기서 부르크하르트는 역사적 판단은 복합적인 상황 판단이어야 한다고 말한다. 한 사람의 업적이나 장점은 다른 면에서는 실책이나 단점이 될 수 있는 것이라고 하였다.

부르크하르트는 1855년과 1860년에 발표한 『이탈리아의 문예 부흥에 관한 연구』에서 르네상스, 즉 재생이라는 말이 이 시기의 운동을 묘사하는 데 적절하지 못하며, 르네상스는 단순히 고대 문화의 재생이 아니라 고대 문화와 이탈리아인들의 천재성이 결합된 운동이라고 하였다. 14세기에 이탈리아에서 르네상스 운동이 일어난 것은 우연한 일이 아니었다.

정치와 종교의 힘이 약화된 이탈리아 지역에서 개인주의와 문화적 관심이 일어나기 시작한 것이다. 여기서 정치인들은 봉건제도에서 벗어났으며 신분에 대한 자부심은 사라지고 모든 정치적 운동은 실천적 이성에 의해 지배되었다. 따라서 정치적 설득력과 협상술이 발전하였고 강한 개인주의적 경향은 종교를 주관적이 되게 했다. 교회가 교리적으로 타락하고 실천적인 면에서 독재적이 되었을 때 많은 사람들은 종교적 지도에서 벗어났다. 지성인들은 개인적이고 인격적인 종교를 주장했다.

구원에 대한 갈망은 약화되고 현세의 야망과 지적 활동이 내세에 대한 사상을 대치하게 되었다. 그래서 정치와 종교는 문화적 개인주의에 의해 채색되고, 전통적인 정치적 힘과 종교적 힘은 약화되고 문화가 지배적이 되었다는 것이다.

3. 위기의식

역사의 변화는 역사의 세 요소 중 어느 하나가 지배하고 다른 둘이 종속된 상태에서 그 균형이 깨어지고 다른 요소가 먼저 요소를 대치하여 지배하게 될 때 생기게 된다. 이렇게 기존하던 균형이 깨어질 때 위기의식이 생기게 된다고 부르크하르트는 말한다.

이런 위기에 책임 있게 응답하는 것이 참된 위대성이라고 한다. 한 사람의 업적에 따라 그의 위대성을 평가하는 것이 아니라, 위기에 책임 있게 대처했느냐 하는 데 따라 그의 위대성을 평가해야 한다는 것이다.

부르크하르트 이전의 역사철학자들은 역사의 진보를 믿고 있었다. 어거스틴은 지상에서 교회의 확장과 함께 하나님의 도성이 이루어질 것을 믿었다. 헤겔은 정치적 자유의 진보를 믿었으며 마르크스는 무산대중의 승리를 믿었다. 그러나 부르크하르트는 역사의 변화는 역사의 세 가지 힘의 상관관계에 의해 이루어지는 것으로 진보란 없는 것이라고 보았다. 이 세 요소 중 어느 하나가 다른 둘을 지배하는 구조에서 그 복합성은 변함이 없고, 다만 지배적인 요소가 바뀌어 나갈 뿐이다. 그래서 긴 안목에서 보았을 때 복합된 역사에 대해 비관도, 낙관도 할 필요가 없다고 보았다.

4. 맺음말

부르크하르트는 역사 기술에 있어서 전통적인 이원적 변증 관계 대신 삼각관계를 도입했다. 그래서 이분법의 양극화를 극복했다. 그의 영향은 그 후 많은 학자들에게 미치었다. 예컨대 트뢸취(E. Troeltsch, 1865~1923)는 『기독교회의 사회적 교훈』에서 이 삼각관계를 도입하여 교회형, 소종파형, 신비주의형으로 나누고 이 셋의 관계를 중심으로 교회의 역사를 기술했으며, 리차드 니버 역시 이 삼각관계를 도입하여 미국 교회의 분열 과정을 기술했다.

우리는 이런 관점을 가지고 한국 사회와 교회의 역사를 재조명할 수 있을 것이다. 한국 교회는 소교파적인 조직이 많고, 이 소교파 운동으로 인해 양적으로 성장해 왔다. 소교파는 대형화된 교회에서 개인적 관심과 열정이 식어질 때 이어 반하여 일어나는 운동이다. 이렇게 신생한 소교파도 2, 3대를 지나면 다시 기성 교회화되고, 이에 반대하여 새 소교파가 형성된다.

지금까지 한국 교회는 세계의 에큐메니칼 운동의 영향을 받아 한국 교회도 반드시 하나가 되어야 한다고 생각해왔다. 이런 일치 운동은 세계 대전 이후 분열된 세계를 일치시키려는 요청이 있을 때 나온 시대적 산물로 생각된다. 즉, 교회 일치 운동은 국제 연맹이나 국제 연합 운동과 맥을 같이하고 있는 운동이라 할 수 있다. 그러나 지금에 와서 국제 연합이 무력해진 것을 볼 때 교회 일치 운동도 한계에 온 것 같다.

한국 교회의 에큐메니칼 운동은 한국 교회 내부에서 일어난 운동이 아니라 외부에서 도입된 것으로, 이에 따라 우리 교회의 방향으로 설정할 때 무리가 생길 것은 분명하다.

한국 교회는 교파의 분열을 통해 급속한 성장을 해왔으므로 하나의 '교회형' 교회를 만든다는 것은 한국 교회의 방향에 역행하는 것이 될 수 있다. 물론 교회의 일치 운동이 불필요하다는 것은 아니나 지금의 한국 교회는 우리의 민족성과 우리의 역사적 상황 아래서 우리 나름대로 발전하고 있으므로 외재적 규범에 따라 지나치게 자책감을 가질 필요가 있겠는가 하고 묻게 된다. 우리 교회나 사회가 쉽게 부흥하고 성장하는 반면 과한 분열로 복합되어 있음을 상기케 해주는 듯하다.

제 11 장

베이컨(Bacon)과 불(Boole)

1. 머리말

현대에 와서 철학의 주제가 본질론에서 인식론으로 변화했다고 진술한 바 있다. 이 인식론에 있어서 학자들은 자기 나름으로 인식의 특성을 논해왔다. 예컨대 칸트는 인간의 인식의 단계를 감성과 오성과 지상 명제로 나누어 설명했다. 그러나 이런 인식론은 칸트의 독특한 인식론이었으며, 일반화된 인식론적 연구는 조지 불(George Boole, 1815~1864)이 『사고의 법칙*The Laws of Thought*』을 내놓은 이후 비로소 시작되었다.

2. 불의 사고의 법칙

조지 불은 고전 및 수학에 조예가 깊은 학자였다. 그는 위에 말한 저서에서 고전 논리와 대수학(Algebra)으로 인식의 공통성을 추출하고자 하였다.

고대 그리스 사상은 이분법적이었다고 진술한 바 있다. 모든 사물을 두 개의 범주로 나누어 보았으며, 이 두 범주는 외적인 대립보다는 내적인 관련이 있는 상호 보완적인 것으로 보았다.

언어에 있어서 명사(Noun)와 동사(Verb)로 나누고, 명사는 다시 주격(Subject)과 목적격(Object)으로, 동사는 자동사(Intransitive)와 타동사(Transitive Verb)로 나누었으며, 수식어는 형용사(Adjective)와 부사(Adcveb)로 나누었다. 이런 대칭적인 범주를 언어의 기본 틀로 삼아 그들의 생각을 폈던 것이다. 또한 이런 범주 사이의 관계도 대칭적으로 구사하여 많은 데서 하나로 귀납하든가 하나에서 많은 것을 연역하는 방법을 썼다. 그리고 연역과 귀납을 다시 묶어 변증적으로 종합될 수 있느냐, 역설적으로 대립되어 있느냐 하는 문제를 첨가했다. 그들은 이런 기본적인 범주와 관계로 어휘를 구성하게 되었다. 이러한 어휘를 통하여 명제를 작성했으며, 다시 저술한 논리적 전개 방식 가운데 하나를 택하여 그 명제에서 여러 가지 정리들을 유도했다.

이상에 말한 범주와 관계 명제와 논리의 구성 과정을 대수적으로 규명한 것이 불의 공헌이다. 이것은 주관적으로 인식의 특성을 규명한 것이라기보다는 인식의 기본 조건을 객관적으로 설명한 것이다.

불은 어떤 면에서 논리와 대수는 기본적으로 별 차이가 없다고 증명한 것으로 볼 수 있다. 그는 하나의 논리적 우주는 단자적인 속성으로 구성된다고 전제했다. 예컨대 두 개의 동전을 동시에 던질 때 나타날 가능성은 동전이 양면이 있기 때문에 2×2=4가 된다. 이 네 경우는 전체 집합의 요소들에 해당되며, 이 네 경우 전체는 논리적 우주가 된다.

불은 논리적 우주를 '1'로 설정했다. 전체에서 전체를 빼면 아무것도 남지 않게 되므로 논리적 우주에서 모든 요소들을 제거하면 아무 것도 남지 않게 되는데, 이것은 '0'으로 표시했다. 여기서 논리적 우주와 공집합은 대칭적인 관계에 있다.

이 대칭적인 두 요소가 두 종류의 대수 과정을 거칠 때 각기 구성 요소가 된다. 즉, 어떤 요소를 1로 곱하면 그 요소 자체가 보존된다.

a×1=a

그리고 곱하기에 대칭되는 더하기에 있어서 어떤 요소에 0을 더하면 그 요소 자체가 보존된다.

a+0=a

그러므로 1과 0은 두 종류의 대수에 있어서 항원(Identity)의 역할을 한다. 즉, 1과 0은 그 자체가 집합의 요소도 되지만 대수에 있어서 특이한 중성적 성격도 가지고 있다.

또한 불은 논리에는 어떤 요소에 대칭이 되는 요소가 있다고 했다. a라는 요소가 있다면 논리적 우주에서 a를 뺀 나머지 a'는 a의 대칭적 요소가 된다.

1-a=a'

그리고 이 대칭의 대칭은 바로 그 요소 자체가 된다.

$(a')'=a$

끝으로 붙은 어떤 것을 반복하여 곱하면 그 자체가 보존된다고 했다.

$a^2=a$

대수에서는 a와 a를 곱하는 것은 a를 a 위에 겹쳐 놓는다는 것이므로 두 개의 a가 되지 않고 하나의 a가 된다는 것이다. 아울러 불은 이 체계에 가치 판단을 포함하여 1은 옳고(True), 0은 그른 것(False)을 표시하는 것으로도 사용했다.

불은 이러한 추론의 체계로서 고전 논리와 대수를 하나로 묶었다. 그는 서양의 논리의 기초와 대수의 기초가 같은 구조를 가지고 있음을 보고 이것을 인식의 기본 구조로 생각했던 것이다. 그래서 그는 인식론을 대수논리적으로 정립할 수 있었다.

불은 서양의 논리가 언어로 표현되어 왔지만, 그 말을 기호로 바꾸어 내적 구조를 보면 현대의 대수로 표현할 수 있다고 보았다. 그래서 그는 변호인의 복잡한 표현을 대수화하여 그 정확한 의미를 파악하기도 했으며, 특히 기하학에 관심이 깊었던 스피노자의 철학과 논리학을 집대성한 아리스토텔레스의 『오르가논*Organon*』을 이런 대수적인 방법으로 간화하여 그 논리적 과정을 명확하게 설명해 주었다. 불은 이처럼 과거의 논리학을 간단하게 대수화하는 데 공헌을 했으며, 그의 체계는 그 후 발전된 대수의 여러 가지 기능을 통해 복잡한 논리적 과정도 이진체계(Binary System) 위에서 간단명료하게 표시하고 계산할 수 있게 하는 초석을 마련해 주었다.

3. 베이컨의 새 논리학

조지 불 이전에 프랜시스 베이컨(Francis Bacon, 1561~1626)도 인간의 인식 과정을 대수화하여 정리한 바 있다. 베이컨 역시 인식의 과정을 논리적으로 규명해보려고 한 사람이었다. 그의 명저로는 『노붐 오르가눔*Novum Organum*』이 있는데 이것은 아리스토텔레스의 『오르가논』을 새롭게 전개하겠다는 뜻으로 붙인 이름으로 생각을 표현하기 위한 '새로운 도구'를 의미한다.

베이컨은 재능이 뛰어난 사람으로 영국의 대법관의 지위에까지 올라 만인 위에서 존경을 받고 있었으나 불행히 그 시대에 만연된 뇌물수수죄로 갑자기 그 지위에서 떨어지고 죄인 취급을 받게 되었다. 그는 여기서 사람에 대한 존경과 경외심이 다 개인의 주관적 욕구와 관련된 것임을 깨닫고 아집에서 벗어나 객관적으로 사물을 보는 눈을 가질 수 없겠는가 고심하는 중에 이 책을 저술했다. 이 책의 주제는 열에 관한 연구이다. 열이 무엇이냐 할 때 흔히 더운 것이 열이라고 생각한다. 그런데 덥다는 것은 몸의 온도보다 더 높을 때 덥다고 하고, 낮을 때 차다고 한다는 것이다. 이러한 방법으로 열에 대해 말하는 것은 자기 체온에 기준하여 다른 것을 재는 것이므로 열 자체에 대한 인식에는 도달하지 못한다는 것이다.

과거 그리스-로마의 논리에서 "덥다, 차다"하는 것은 자기의 생각에 기준하여 대상을 재는 이분법적인 것에 불과한 것이어서 여기에서부터 해탈을 해보려고 했다.

여기서 베이컨은 열을 열 자체대로 연구할 수 없을까 하고 생각하게 되었다. 그래서 그는 다음 네 가지 과정을 거쳐 열 자체에 관한 이해에 이르게 되었다.

1) 그는 어디에 열이 있는가를 물었다(+). 예컨대 태양에 쬐인 돌이나 데운 물이나 불에 달군 쇠에 열이 있다고 하였다.

2) 어디에 열이 없는가를 물었다(-). 그늘에 있는 돌이나 언 물이나 얼음물에 담근 쇠에는 열이 없다.

3) 그렇다면 물에는 열이 있을 수도 있고 없을 수도 있으며, 돌에도 열이 있을 수도 있고 없을 수도 있으며, 쇠에도 열이 있을 수도 있고 없을 수도 있다. 돌이나 물이나 쇠는 열을 수용하는 물체이지 열은 아니라는 것을 알게 되어 이를 열 연구 대상에서 제거하였다(÷).

4) 열이 있을 때를 보면 돌과 물과 쇠가 부피가 늘어난다. 그렇다면 열의 작용이란 많은 물체의 부피를 팽창시키는 것이라 할 수 있다. 다시 말해 위의 돌과 물과 쇠에 나타난 공통적인 현상을 찾아보면 열과 부피의 객관적인 관계를 찾아내게 된다는 것이다(×).

이상에서 말한 네 단계는 바로 우리가 사용해 온 네 가지 셈법이다. 어디에 있다는 것은 '+'를 의미하고 어디에 없다는 것은 '-'를 의미하고 열과 관계가 없는 것을 제거하자는 것은 '÷'를 의미하고 공통적인 것을 추출하는 것은 '×'를 의미한다.

이 대수의 기호를 기하의 모형으로 바꾸면 다음과 같은 '오일러'(Euler)의 모형이 된다.

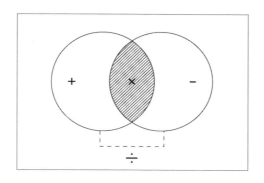

이런 베이컨의 관념은 후에 밀(J.S. Mill)의 민주정치에 대한 인식에 적용되었다. 흔히 민의라 하면 다수 백성의 의견을 가리키는 것으로 생각한다. 이것이 잘못되면 다수의 횡포가 된다.

그리고 여론을 조종하여 대중을 우롱할 수도 있다. 예컨대 히틀러는 1차대전 후 공황기에 독일 백성들에게 자기 정당의 노선을 따른다면 모든 국민들에게 자가용을 가지고 살 수 있게 해주겠다고 호언장담했다. 그래서 유명한 '폴크스바겐'(Volkswagen) 회사도 건립했다. 가난한 대중들에게 부를 준다고 할 때 그들은 그를 추종했으며, 어떤 점에서 그 체제를 통해 독일의 영예를 찾았다고도 하겠으나 이것은 대중의 사욕을 발동시켜 자기를 따르게 한 것이다.

그러나 밀은 진정한 민의를 찾아 실천하는 방법은 다수의 의견을 따라 실천하는 것이 아니라 객관적으로 그 민족의 요청이 무엇인지를 찾아 실천하는 것이라고 했다.

밀은 구체적으로 민의를 찾아 실천하는 방법을 제시했다. 먼저 여의 입장은 무엇이고(+), 야의 입장은 무엇인지(−)를 찾아내고 그 입장들에 차이가 나는 것은 보류하고(÷) 여야의 공통적인 입장(×)만을 실천하고자 했다. 이것이 민주적 해결방식의 기본적 절차라고 그는 주장했다.

그런데 이상하게도 민주주의를 대표하는 국가로 여겨지는 나라들이 우리에게 전해 준 민주적이라는 방식은 다수의 의견대로 밀고 나가는 것으로 오해하도록 가르쳤다. 그러나 본래의 민주적 방법의 최고의 이상은 다수가 소수를 지배하는 것이 아니라 객관적으로 도달할 수 있는 민의를 실행에 옮기려는 것이었다고 하겠다.

4. 맺음말

베이컨과 밀이 대수의 네 과정을 통해 어떤 개념을 객관화하는 데 공헌한 것은 사실이다. 그러나 이 네 과정은 논리적인 결합 과정일 뿐이며, 그들은 그 구성 요소에 대해서는 별로 의식하지 못하고 발전시키지도 못했다. 불에 와서 비로소 이들의 노작을 참조하여 완전한 대수의 형태로 고전적인 사고의 과정을 완벽하게 정리했다고 할 수 있다.

불의 사고는 이원적이었으나 다원적으로 발전할 기초를 제공해주었다. 그 후 많은 논리학자가 나타나 수학의 기본을 탐구할 뿐 아니라 인간의 사고의 한계를 확장시켜 다양하고 다원화하게 발전시켰는데, 조지 불은 바로 이 길을 제시해 준 선구자의 한 사람이었다.

제 1 2 장
인접구조론

1. 머리말

우리는 지금까지 문화의 발전을 사고의 차원적 상승과 폭의 확대를 중심으로 하여 살펴보았으며 이 터전 위에서 여러 문화의 구조도 분석해 보았다. 이런 논법은 어느 한 분야에 종속되는 것이 아니어서 비록 많은 분야를 다룬다 하더라도 그 나름대로 구조를 분석하고 문화가 어떻게 발전되었음을 살펴볼 수 있게 하였다.

이제 남은 과제로는 하나의 문화 체계와 그와 다른 한 문화 체계가 있을 때 그 사이의 관계를 어떻게 구축할 수 있느냐 하는 것이다. 지금까지 이 관계를 주로 유추 방법과 비교 연구 방법을 사용하여 풀이해 왔다. 우리는 먼저 이 방법들의 특징 및 문제점들을 다루고 나서 인접 구조론이라는 방법을 서술해 보려고 한다.

2. 유추 방법(Analogy)

유추 방법은 어느 하나의 사건에 의해 다른 하나의 사건을 풀이하는 것이다. 하나의 비근한 예로 예수 부활에 대한 제설명을 들 수 있다. 죽은 사람이 살아났다는 것은 지금 납득하기 어려운 것이어서 합리적인 영역을 벗어난 설명을 요청하게 한다. 전능하신 하나님이 예수를 죽은 자 가운데서 살리셨다고 하면 문제를 초월자에게 전이시킨 것에 불과하다. 그러나 전능하시다는 하나님께로 문제를 전이시켰다고 해서 문제가 사라지지는 않는다.

하나님이 전능하시다면 하나님은 자신이 들 수 없을 만큼 큰 것도 만들 수 있을 것이다. 그러면 하나님은 그것을 들 수 없어 전능하신 분이 되지 못하여 다시 자가당착을 일으키게 된다. 이런 자가당착을 피하기 위하여 유추 논법을 도입시킨 것이다. 예수의 부활을 물의 '사이펀' 작용을 토대로 하는 유추 논법을 사용하기도 했다. 물은 어떤 수위에서 그보다 낮은 데로 내려갔다가도 다시 그 수위까지 올라올 수 있는 힘이 있다고 한다. 물의 이런 움직임에 유추하여 예수는 지극히 높으신 하나님의 아들이시나 육체를 입고 이 세상으로 내려와 죽음을 당하셨지만, 지존한 신의 본체여서 당연히 영광의 부활을 하시게 되었다고 한다. 유추 논법이란 자명한 것으로, 여기는 하나의 일에 근거하여 다른 일을 설명하는 방법이다. 여기서 문제가 되는 것은 물의 성격의 중심적인 것이 되어야 한다면, 신의 부활은 부수적인 것이 되어 논조의 주객이 전도되는 폐단을 일으키게 된다.

3. 비교 연구 방법

　　비교 방법은 원칙적으로는 비교할 대상의 구성 요소와 관계를 분석하여 그 기본틀을 찾아내어 이 기본틀을 상호 비교해 보는 것이어야 할 것이다. 그러나 지금까지 흔히 해 온 비교 방법은 한 체계의 어떤 개념과 다른 체계의 유사한 개념을 들어 어떤 면에서 비슷하고, 어떤 면에서 다른지 비교 대조해보는 방법이었다. 즉, 기본 구조에 대한 비교가 아니라 특정 개념에 대한 비교였다.

　　신학자 폴 틸리히(Paul Tilich)는 상관의 방법(Correlation Method)을 제시한 바 있다. 그에 의하면 모든 것이 다 대칭적으로 되어 있는데, 이 대칭적인 것이 갈등상태에 있으면 문제로 제기하고, 조화된 상태에 있을 때 해답으로 보기로 하였다. 그는 갈등상태에서의 인간 문제와 조화된 상태에서의 해답이 상관적인 관계로 연결되어 있다고 했다. 그는 말년에 일본에 가서 불교를 좀 연구하고 난 뒤 '기독교와 불교'에 대한 공개강좌를 한 바 있다. 그는 여기서 주로 네 가지 개념을 중심으로 하여 두 종교를 비교했다.

　　기독교는 낙원이라는 개념을 가지고 있는데, 그곳은 현세의 고통은 사라지고 정의와 평화가 실현되는 세계라고 믿는다고 한다. 한편 불교도 열반이라는 개념을 가지고 있는데, 이것은 기독교의 낙원과 유사하게 세상의 모든 고통과 번뇌가 사라진 타계라는 것이다.

　　다음에 기독교에는 사랑이라는 개념이 있는데, 이 사랑을 하나님의 본성이라고 하며 인간은 그 원수까지 사랑해야 한다고 말한다. 한편 불교에서도 자비라는 개념이 있어 모든 중생을 자비로 대해 자신과 상대의 자아를 완성시켜 나가라고 가르친다.

그다음으로 기독교에는 인격이라는 개념이 있다고 한다. 기독교는 예수 그리스도의 인격을 바탕으로 하여 사람은 모두 상대를 인격적으로 대해야 한다고 말한다고 한다. 그러나 틸리히에 의하면 불교에는 인격이라는 개념이 결여되어서 관념적으로는 종교적 의미를 갖고 있으나 구체적으로는 사람을 하나하나의 인격으로 대하지 못한다고 한다.

끝으로 기독교는 존재에 대해 긍정적인 자세를 취하여 무에서 유를 창조한다고 하는 반면 불교는 무를 주장하고 있다고 한다. 그는 이렇게 네 개의 개념을 설정하고 그 하나하나를 두 종교에서 점검하고 난 뒤 낙원과 사랑이라는 개념은 두 종교가 비슷하게 가지고 있으나 인격과 존재의 본질에 대해서는 다른 관점을 가지고 있다고 결론을 내렸다.

위의 사례에서는 비교될 개념을 선택하는 과정에서 주관적인 편견이 개입되었다. 위의 네 범주, 즉 낙원, 사랑, 인격, 존재의 본질 등은 기독교의 것이지 불교의 것이 아니다. 다시 말해 기독교의 기본 개념으로 불교에 비슷한 개념을 비교한 것이다. 그러므로 기본틀은 어디까지나 기독교적인 것으로, 기독교적인 관점으로 불교를 연구했기 때문에 불교를 불교 나름대로 이해할 수 없었다. 즉, 이런 단순한 비교 방법으로는 아집을 떠나 상대방을 그 나름대로 이해하기가 어렵게 된다.

4. 인접구조론

인접구조 연구는 최근 수학 분야에서 시작되었다. 특히 위상학

(Topology)의 발전으로 감각적으로 다르게 보이는 예를 들어 둥근 것과 네모난 것을 하나의 속성으로 취급할 수 있게 되어 많은 번잡한 것을 간추려 다룰 수 있게 되었다. 아울러 추상대수(Abstract Algebra)로 다르게 보이는 여러 수학 체계도 함수의 분석을 통하여 같은 틀을 소유하고 있다는 것을 알게 되었다. 이러한 발견을 전제하면 그 주어진 조건 외에서는 두 다른 체제 사이의 교류는 불가능하며 무의미하다는 것을 터득할 수 있다.

인접(Adjoinedness) 연구 방법을 서술하는 데 있어 문화적인 배경이 아주 다른 기독교와 불교를 사례로 하고 그 사이에 있어 어떤 조건 하에서만 비교·연구할 수 있으며, 그 사이에 굴곡 없는 대화가 성립될 수 있느냐를 추출해 보려고 한다.

신성과 인성이라는 대칭되는 두 범주를 지니지만, 하나의 인격을 가진 존재라고 한다. 여기서는 신성과 인성은 논리적 우주 안에 있는 두 개의 상호 보완적인 범주로 볼 수 있다. 창조주이신 하나님이 그와 대칭되는 피조물인 사람이 되었다는 관계는 역설적이라고 할 수 있다. 이런 구조에 따라 기독교는 모든 대칭적인 관계를 역설적으로 풀이하게 되었다.

그래서 미워해야 할 원수를 사랑해야 한다고 하고, 가난한 자가 있는 자보다 복되다고 하며, 그리스도를 위하여 죽으면 영원히 산다고 한다. 요컨대 기독교는 하나의 논리적 우주 안에 존재하는 두 대칭적인 요소를 역설적으로 전개시켰다.

이와 반대로 불교는 대칭적인 범주가 또 하나의 대칭적인 가치로 대립되어 있을 때 그 사이에는 한없는 긴장과 갈등과 번뇌가 생긴다고 보고, 여기에서 벗어나려고 한다. 예컨대 나와 너라는 대칭적인 범주에 선과 악이라는 대칭적인 가치의 범주가 있을 때, 이 두 범주를 결합하여 나는 선하고 너는 악하다고 할 때 그 두 사이에는 한없는 긴장이 생기게 마련이다.

이런 두 범주는 그 대상에 객관적으로 존재하는 것이 아니라 그 대상을 보는 사람이 이분화하는 데서 생긴 것이라고 한다. 이원적인 대립과 갈등은 결국 인간의 머리에서 그렇게 만들어 사물을 그렇게 보는 데서 생겨난 환상이라고 한다. 그래서 불교에서는 이렇게 대립시킨 가치를 수평으로 평준화하고 사고의 허구적인 대립에서 벗어나 사물 자체를 직시할 수 있게 되어 마음의 평화를 갖게 하자는 것이다.

즉, 불교에서는 대칭적으로 범주를 나누거나 가치를 이분화하는 것을 거부한다. 이런 인위적인 조작에서 벗어나 사물 자체를 그 모습대로 보는 여래관(如來觀)을 가져야 한다고 하였다. 여기에 두 체계는 기독교든 불교든 둘 다 두 대상적 범주를 골자(Skeleton)로 갖고 있다. 이 집합에 기독교나 불교적 구조를 투입한 것이다. 같은 모(母) 집단, 즉 집합의 골자(Skeleton)는 같은 기수(Cardinality)의 범주를 소유하고 있음을 말한다. 이것이 문화를 교류할 수 있게 하는 첫째 조건이다.

서로 다른 생각의 틀을 가진 두 체계가 있을 때 그 체계에서 생긴 개념을 상호 비교하려면 각각의 기본적 틀 위에서 그 개념을 비교해야 하는 것이다. 이를테면 기독교의 사랑과 불교의 자비를 연구할 때 기독교의 기본 구조 위에서 사랑의 의미가 무엇이며, 불교의 기본 구조 위에서 자비의 의미가 무엇인지를 연구해야 하는 것이다.

기독교의 사랑은 두 요소 사이의 대칭을 전제로 한 것인 데 반해 불교의 자비는 윤회 세계에 있는 중생으로 하여금 이런 대칭을 극복하여 해탈하게 하는 자비이다. 기독교의 사랑은 원수까지 사랑해야 하는 숭고한 사랑이지만, 불교적 체계 안에서 볼 때는 대칭적인 요소를 역설적 관계로 맺는 것은 번뇌를 일으키는 작용으로 해석되게 된다. 틸리히는 기독교의 사랑과 불교의 자비가 비슷하다고 보았지만, 이 견해는 기독교와 불교의 구조 위에서 볼 때 피상적인 비교에서 나온 결론에 지나지 않게 된다.

이 새 연구 방법에서는 하나의 뜻이 또 하나의 의미로 정확하게 바꾸어 전이시켜줄 수 있는 함수가 존재해야 한다. 이 조건이 성립되지 않는 한 그 사이의 대화는 성립될 수 없다. 이와 기타 조건들이 먼저 설정되어야 다른 체계를 지닌 두 종교나 문화를 비판 연구할 수 있을 것이다.

5. 맺음말

우리는 앞에서 문화의 틀과 그 발전에 대해 고찰해 보았으며, 본 장에서는 한 문화와 다른 문화 사이의 교류를 다루는 방법에 대해 간단히 살펴보았다. 오늘날 흔히 유추 방법과 비교 연구 방법을 사용하고 있으나 거기에서 한 걸음 더 나아가 그 체계의 틀을 분석한 다음, 그 사이가 인접될 수 있는가를 찾고 그 틀 위에서 만들어낸 개념들을 대응시켜 비교 연구해야 할 것이다.

제4부

사유의 세계

제 1 장

토인비(Toynbee)의 사학방법론

사학방법론(史學方法論)이란 것은 역사철학이나 사관(史觀)과는 다른 것이다. 역사철학이란 것은 역사의 본질에 관해서 연구하는 것이요, 방법론이란 것은 사실(史實)을 서술하는 과정을 탐구하는 것인 만큼 사학방법과 역사철학(歷史哲學) 사이에는 직접적 관계가 아니라 간접적 관계가 있는 것이다. 그런데 토인비(A. Toynbee)의 연구에 있어서 그의 사관에 관한 소개는 여럿 있었으나 그 사관을 조성하게 한 그 방법론에 관해선 주목을 끌고 있지 못할 뿐 아니라 아직 이렇다 할 소개가 되어 있지 않은 실정이다. 그래서 필자는 여기에 대해 그 한 모습을 소개하고자 한다.

토인비의 방법론 규명에 소요(所要)되는 자료는 그의 『역사의 연구 A Study of History』의 서론과 그 책 안에 있는 "역사의 법칙과 자유" 편, 『역사가들의 인스피레이션』(1954) 그리고 1980년에 쓴 『시련에 선 문명 Civilization on Trials』 및 피터 가일(Pieter Geyl)과의 토론(討論)의 기록으로서 된 『역사의 패턴 The Pattern of the Past』(1949) 등을 들 수 있겠다. 물론 시간상으로 따지면 『역사의 연구』에 있는 서론이 먼저 저술되었지만 『시련에 선 문명』이란 책에서 자립 방법의 발전 과정을 상세히 기술하였으므로 우리는 이것을 중심해서 그의 사학방법의 발전 과정을 살펴보려고 한다.

　1914년 제1차 세계대전시 토인비는 그리스의 사가 투키디데스(Thuky-dides)의 필로폰네스 대전(大戰)에 관한 사기(史記)를 강의하고 있었는데, 그때 마침 그에게 돌연 그의 역사 연구 태도에 획기적인 변동을 가져오게 한 영감을 얻게 되었다. 여기에 대해 토인비는 말하기를 "우리가 지금 살고 있는 우리 세상에서 경험하고 있는 것이 곧 투키디데스가 당시 살고 있었던 그 세상에서 체험한 그것과 똑같이 감촉되는 것을 나는 알았다"라고 말하였다.

　"나는 새로운 지각을 가지고 그의 저서를 다시 읽었다. 이때까지 나는 그의 쓴 말과 그 배후에 있는 감촉(感觸)에 대해서 별다른 깨달음이 없었으나, 오늘날 그가 당면했던 역사의 위기에 나도 봉착할 때 다시 그 의미를 체득케 되었다. … 그러고 보니 그의 과거가 나의 미래같이 보이고 있고, 시간이란 간격이 가로놓여 있어서, 우리의 세계를 현대라고 부르고 투키디데스의 세계를 고대라고 하던 그 말도 나에겐 이제 의미를 상실하게 되었다. 그의 세계와 우리의 세계는 이제 모든 시간의 차이를 건너뛰어 이 둘의 동시성(同時性)을 철학적으로 증명하고 있다. 그렇게 보면 그리스-로마와 서양 문화의 관계뿐만 아니라, 이러한 모든 과거의 문화와 우리 사이의 관계가 그 역시 똑같지 않을 것인가"라고 말하였던 것이다. 이렇게 해서 토인비는 투키디데스의 저서를 탐독하는 가운데 그가 말하고 있는 철학적 동시성(哲學的 同時性, Philosophical Contemporaneity)을 체득하게 되었으며 그 동시성의 토대 위에서 역사를 비교하여 연구할 수 있다고 하는 지론(持論)을 주장했던 것이다.

우선 전에 토인비가 말하고 있는 동시성(同時性)과 비교역사학과의 관계를 다루고자 한다. 먼저 과거를 우리의 현세와 같이 동등시한다고 하면, 우리는 반드시 이러한 동시성의 근거가 어디 있는가를 밝혀 놓지 않으면 안 된다. 예를 들자면 독일의 대사학가 드로이센(Droysen)은 과거가 우리에게 연속성 있게 보이는 것은 우리의 마음속에 역사적 지상 명제가 존재하고 있기 때문이라고 설명한 바 있다. 다시 말하자면 우리의 주관적 활동을 통해서 혹은 윤리적 명제를 통해서 과거가 현재 속에 살아 있는 것처럼 보인다고 말했다. 그러나 토인비는 이러한 문제에 관해서는 소홀하게 여기고 단지 그 실용성의 범위만 인정하였다. 그런고로 그가 말하고 있는 동시성이란 것은 영감을 통해 직관적으로 얻은 것이지 비판의 과정을 거쳐 형성된 것이라고는 할 수 없다.

이 철학적 동시성에 대해서 토인비는 이것을 근대 서양 물리학적인 새로운 발견을 통해서 다시 증명해 보려고 시도했다. 그는 말하기를 "인간이 거쳐 지나온 문화사의 기간을 계산해보면 오육십 년에 불과한데, 지질학이나 혹은 우주학의 광대무변한 연수와 비교하면 지극히 미소한 기간이라고 보지 않을 수 없다. 이러한 시간차를 전제하고 사천 년 전에 있었던 그리스와 로마의 문화나 육천 년 전에 있었던 애굽의 문화 혹은 이천 년 전에 있었던 기독교의 문화를 동시(同時)라고 보는 것은 별 차이가 없으며, 또 타당한 것이라고 본다"고 했다. 그러나 우리는 토인비의 이와 같은 말을 재검토해야 한다. 우리가 역사와 자연 곧 지질학과 우주계를 상대로 하여 비교한 이론은 타당치 않다는 의견을 가지게 된다. 자기가 말한 자연과학의 사실을 자기의 사학

방법의 보조로서 청구한다는 사실은 확실한 이론적 근거가 없다고 하겠다.

　여기에 대해서 토인비는 비슷한 이론을 그의 『역사의 연구』 서론에서도 언급하고 있다. 그는 말하기를 "우리가 만일 인류의 역사가 삼십만 년이라 추산한다면, 인류의 문화사는 육천 년의 과정이라고 볼 수 있다. 그렇다면 그 비례가 2%밖에 해당되지 않는다"고 했다. 우리는 이러한 이론에 긍정하기 전에 먼저 토인비는 인류의 시작과 문화의 발단(發端)을 무엇에 기준하여 설정하고 있는지 검토해 봐야 한다. 그는 말하기를 원시 사회엔 문명이 없었다고 지적했다. "우리는 이미 인류 문화가 기껏해서 육천 년밖에 못 된다고 할 수밖에 없다. … 그러나 원시 사회는 인류의 존재와 동시기에 있었다고 할 수 있다. 다시 말하자면 이 원시 사회는 그 사회적 조직에 있어서 후일 문명사회의 기초가 되었다." 그러나 나는 또 역사에 관해 말하기를 하나님의 창조물이 움직이고 있는 환상, 그것이 곧 역사라고 했다. 다시 말하자면 역사란 것은 장광고(長廣高)와 시간과 인간과 하나님의 세계 곧 육차원의 세계라 했다. 이렇게 보면 사람이란 하나님의 창조물이란 의미에서 정의할 수 있다고 보았으며, 신의 의식이 존재하는 것을 가리켜 인간이라고 할 수 있다고 말했다. 또 이러한 신 의식을 가진 피조물이 움직이고 있는 것을 문화사라고 봐야 한다고 했다. 그런데 근대 인류학의 연구에 의하면 원시 시대의 사람들도 우리와 다름없이 철저한 종교심을 가지고 있었다고 증명하고 있다. 그렇다고 하면 문화사의 간격이 토인비가 생각하고 있는 것보다는 훨씬 많이 연장될 것이고 또 소위 인류의 시작과 문화를 가진 시간과의 비례 지수(比例指數)는 훨씬 더 증가된다고 볼 수 있겠다. 이 증가된 지수(指數)는 그의 동재성 이론을 용인치 않으며, 결과적으로 역사를 비교학적으로 연구할 수 있다는 경향을 지지할 수 없게 한다.

토인비는 또 문화 발전에 있어서 여러 가지 불균형한 단계가 있는 것을 보고, 그것이 우리에게 비교 방법으로 연구할 자료가 된다고 하였다. 그는 말하기를 "지난 오육천 년간 사회의 문화 수준은 이상하게도 불균형하게 발전되었다. 이것으로 말미암아 우리는 우주의 신비성을 그 종류대로 분석하여 연구할 수 있다"고 말했다. 그러나 우리가 여기서 또 한 번 생각해야 할 것은 불균형한 수준에 있는 문화를 비교적으로 연구하기 전에 우리는 먼저 그 문화란 것의 단위 혹은 문화권(文化圈)을 규정해야 할 필요가 있다. 그러나 이 문제에 대해서 토인비는 아직 언급하지 않고 있었다.

1920년 여름에 이르러 토인비는 비로소 슈펭글러(O. Spengler)의 『서구의 몰락』을 읽었다. 그는 말하기를 "나는 그분의 책을 읽을 적에 역사에 대한 무한한 감명을 받게 되었다. 그는 내가 사색하고 있는 문제에 관해서 해석을 주었을뿐더러 나의 마음속에 미처 형성되지 못한 문제까지도 해답을 주고 있다"고 했다. 토인비는 슈펭글러를 통하여 이때까지 혼란을 주고 있던 문제들의 새로운 중심을 발견했던 것이다.

토인비는 "지금으로부터 나의 역사 연구에 있어서의 중요한 문제의 하나는 역사의 사실들을 개개적으로 아무 관련 없이 연구할 것이 아니라, 어떤 한 단위를 세워서 연구해야겠다는 점이다. 물론 이전까지만 해도 서구의 사가들이 한 도시나 국가를 역사의 단위로 취급한 바 있으나, 진정한 의미에 있어서 지금부터는 그 전사회(全社會)를 단위로 해서 연구하도록 해야 한다. 이러한 단위에 입각해서만이 우리는 그 전사회들의 문화를 비교하여 연구할 수 있다." 이것이 곧 슈펭글러의 체계 가운데 있는 두 중심점이라고 인식하고 있었다. 토인비는 무형중(無刑中)에 자기가 인식하고 있는 역사 단위(歷史單位)란 개념이 슈펭글러의 개념과 같다는 것을 알았다. 다시 말하자면 그 역시 한 나라나 혹은 한 도시를 역사적 단위로 보지 않았던 것이다. 이러한 면에 있어서는 서로 같다고 볼 수 있으나 두 사람의 체계가 확연히 다르다는 것을 명백히 해 둘 필요가 있다. 슈펭글러의 역사 단위는 '그룹'(Group) 논리에 의해서 설정한 불변성(不變性, Invariant)을 지적하여 말하고 있다. 그러나 토인비는 확실한 토대와 정의를 우리에게 주지 못했다. 솔직히 말하자면 그는 수리(數理)에 큰 관심을 가지지 않고 있는 이상, '그룹' 논리와 이에 관한 소용(所用)을 충분히 이해치 못한 것이 사실이요 또한 이 논리에 의해서 역사적 단위를 설정하는 데 있어서 슈펭글러에 대한 이해가 완벽하게 되지 못하였다고 생각할 수도 있겠다. 그룹의 이론에 대한 근거가 없이 그가 슈펭글러의 역사 단위의 분류법과 동시성을 인식했다는 것은 표면적인 것에 불과했다고 볼 수밖에 없다.

슈펭글러가 토인비에게 많은 영향을 미쳤음은 사실이다. 그러나 슈펭글러는 이하의 견해에 대해서 토인비와 의견(意見)을 다르게 가지고 있다. 토인비는 다음과 같이 언급하였다. "나는 슈펭글러의 책을 읽을 때에 그가 문화의 기원(起源)에 관해서 어떠한 태도를 취했는지 많은 관심을 갖게 되었다. 이 점에 대해서 슈펭글러는 아직 독단적이요 숙명론적인 까닭에 이러한 점에 있어서 교정해야 할 일이 아직 남아 있다고 생각한다. 그의 말에 의하면 문명은 고정적 주기를 따라 시원(始原)되어 반전되고 또 쇠퇴한다고 했으나 여기에 대해선 아무 설명도 없었다. 이것은 슈펭글러가 발견한 한 자연법칙에 불과한 것이요, 따라서 그의 권위를 승인함으로써 납득한다면 모르겠으되, 이 이상은 더 할 수 없는 일이다. 여기에서 나는 민족성의 차이를 발견했다. 그래서 나는 독일 민족이 생래 선험적(生來 先驗的)으로 내린 결론을 우리 영국인의 경험주의(經驗主義)로 성립시켜 보려고 한다."

문화의 시원에 관해서 토인비는 슈펭글러의 미비한 점을 보충해 보려고 애썼다. 그는 독단적인 경향에서 경험주의로 전화시켜 보려고 하며, 숙명론적인 결론을 다른 가능한 해석으로 대체시켜 보려 했다. 이러한 변경은 결국 슈펭글러의 체계를 보충해 보려는 데 있는 것이지 완전히 새로 창시(創始)하여 보려고 한 것은 아니라고 보는 것이 옳다. 이러한 견지에서 우리는 토인비를 계속해서 재고해 보려고 한다.

토인비는 다른 문화사가들의 저작을 읽어 문화가 어떻게 발원했는가를 규명하려 했다. 그는 다음과 같이 말하였다. "종족(種族)이나 환경을 19세기의 서양 문화사가(西洋文化史家)들은 역사의 불균형한 발전의 근본 원인으로 단정하고 있었다. 그러나 나는 이러한 사정을 부정하고 싶다. 첫째로 종족 논리에 관해서 인종의 생리적 발전과 정신적(精神的) 발전이 곧 역사 발전에 있어서 차지할 중요한 관계를 부정하고 싶다. 왜냐하면 예컨대 우리는 흑인종을 늘 인류 문화사(人類文化史)에 있어서 공헌이 적은 혹은 없었던 종족이라 생각해 왔기 때문이다. 그러나 이 짧은 문화사의 기간을 통해서 알 수 있는 것은 단지 그들이 적당한 자극하에서 발전될 기회가 없었다는 것뿐이었지 공헌이 없었다고 단언할 수는 없다는 점이다." 여기 종족과 환경설에 대해서 누구라고 지적하고 있진 않지만 필시 볼테르, 몽테스키외 및 텐느 등의 프랑스 문화사가들을 가리켜서 말하고 있는 것 같다.

그런데 그가 그들의 문화사 발원(文化史發源)에 관한 학설을 배격한 동시에 그는 기회(Opportunity)와 자극(Stimulus)이란 두 범주를 찾게 되었다.

그 반면에 토인비는 19세기 프랑스 문화사가들의 비인간적 순수한 과학적 방법만 가지고는 역사를 충분히 해석치 못한다는 것을 발견하자 새로이 신화(神話)와 역사와의 관계를 연구하기 시작했다. 그는 말하기를 "내가 이러한 전환을 할 적에 마음속에 후퇴감(後退感)과 수치감을 갖게 되었다. 그때 내가 만약 '융'(C. G. Jung)의 책을 읽었더면 거기서 새로운 것을 발견했었을 것이다. 실로 나는 괴테의『파우스트』에서 이것을 발견했고, 이 책은 내가 대학에 있을 때, 에스퀼러스의『아그멤논*Agmemnon*』보다 적게 읽진 않았다"(이 책은 그리스의 고전 문학의 하나인데, 다시 말하자면 토인비가 괴테를 숙독했다는 말이다). 토인비는 슈펭글러와 같이 괴테의『파우스트』로 돌아가서 그의 근본 문제를 해석케 되었다. 슈펭글러가 파우스트 자신의 다차원(多次元)적인 생의 진상(眞相)을 발견하여 그의 사관(史觀)의 체계로 삼은 것같이 토인비는 파우스트의 '천상의 서언'(天上의 序言)에서 자기의 문제를 해결하게 되었다.

이제 말한 괴테의『천상의 서언天上序言』에는 하늘에서 천사장(天使長)들이 하나님께서 만물을 완전히 창조하심에 관해서 찬양하는 장면이 있다. 만물을 완전히 창조하신 다음 천주의 창조력을 더 발휘하실 여지가 없었다. 마침내 사탄의 수뇌(首腦)인 메피스토펠리스가 출현하여 하나님에게 도전하였다. 그는 하나님께로부터 만물 중에 하나님이 제일 사랑하고 있는 인간의 하나인 누구를 시험하기를 청했다. 그때 하나님께서 그 제언을 서슴지 않고 받아들여 그의 참다운 창조의 힘을 재발휘할 수 있는 기회로 삼으셨다. 이 사실에 대해 토인비는 해석하기를 "두 인격이 부딪쳐 도전(挑戰)과 응전(應戰)이 생기게 되었다. 여기에 둘과 둘이 부딪쳐 불이 나는 것같이 창조의 조화가 일어나고 있었다. 하나님은 진실로 그의 피조물을 위험한 지경에 처하게 하였다. 사탄이 반드시 패배하리라고 단언할 수 없는 이상 인간은 이로 말미암아 어쩔 수 없이 위험에 빠지게 되었다. 이로써 도전과 응전이 생겼으며, 이 신화를 통하여 우리가 해석하지 못하고 있는 문화의 기원도 우리에게 알려주고 있다"고 했다. 토인비는 그때부터 인류의 문화는 생리(生理)의 우수성에 있지도 않고 또 지리적 환경에 있지도 않으며, 단지 비상 환경(非常環境)에 놓여 있는 인간에게 도전으로 따라오는 반응적인 노력 가운데서 문화가 발전되고 있다고 해석했다. 물론 그는 괴테를 통해서 이러한 환경의 철학을 체득했다고 했다. 그 자신이 세계대전 시기에 느끼고 있었던 소감(所感)을 괴테를 통하여 재현한 것으로 생각할 수 있겠다.

토인비는 도전과 응전을 통해서 문화의 흥망을 해석하고 있었다. 그는 정치나 혹 군사적 발전으로써 문화의 발전을 측량할 수 없다고 했으며 또 기술적 발전을 가지고도 역시 헤아릴 수 없다고 했다. 그래서 다시 말하기를 군국주의(軍國主義)는 실상 쇠퇴하는 문화를 지적하는 상징이요 기술적 발달은 문화의 발육성장과 밀접한 관계를 가지고 있다고는 할 수 없다고 역설했다. 진정한 발전은 물질의 장애를 극복하는 가운데서 외래로부터 오는 도전에 응할 만한 내재적 곧 정신적인 역량에 달려 있다. 이러한 과정을 곧 '정신화'(Etherealization)라고 한다. 그리고 이러한 작용은 실사회에 있어서 창조적 소수자(創造的 小數者)에게 국한되어 일어난다고 한다. 그들은 항상 퇴수(退修)를 하는 것은 개인의 정신적 달관(達觀)을 구하려는 것이며 다시 돌아오는 것은 대중들을 계몽시키려 함에 있다고 했다. 그 대중들은 지도자들이 체험한 그 체험을 추체험(追體驗)한다든가 모방하는 가운데서 계몽을 받게 된다. 이렇게 보면 창작적 역량이 있는 지도자들이 사회에 머물러 있는 한, 어떠한 도전에 부딪친다 해도 계속적으로 타당한 반응과 그 성취가 있다고 보기 때문에 문화가 반드시 운명적으로 쇠퇴하리라고는 보지 않는다. 이러한 점에 있어서 토인비는 그가 말하는 소수의 창조적 반응(反應)이란 이론을 통해서 이러한 슈펭글러의 숙명론을 타파하게 되었던 것이다.

그 반면에 한 문명이 쇠퇴하는 단계에 있을 적에 그 쇠퇴되는 과정에 대해 말하기를 그것은 슈펭글러가 지적하고 있는 과정을 밟게 된다고 하였다. 다시 말하면 문화란 통제력(統制力)이 없어질 때에 붕괴한다고 보았다. 곧 이것은 자유에서 자동적인 데로 옮겨가는 것을 말하는 것인데 자유로울 때에는 무한한 변화와 예지할 수 없는 변동이 있으나, 자동적으로 이루어질 때에는 규율적 과정을 밟기 때문에 그 과정을 가히 예측할 수 있다고 하였다. 토인비가 슈펭글러와 같이 문화란 자유에서 자동적인 데로 향해 쇠퇴의 발걸음을 옮기고 있다고 본다. 그러나 그 쇠퇴의 과정이 슈펭글러가 말한 것과 같이 직선적(直線的)인 발전은 아니라고 했다. 그는 말하기를 "문화붕괴의 과정은 균형 있게 진행하는 것이 아니요, 후퇴하는 패잔군과 같이 흩어졌다가 모이고 또 흩어지는 그러한 리듬을 가지고 있다"는 것이다. 다시 말하자면 토인비는 쇠퇴하는 계단에서도 똑같이 수동적으로 '도전과 응전'이 적용된다고 본다.

그런데 붕괴되는 가장 마지막에 이르러서는 그 소수의 집권자(執

權者)들과 무산자(無産者)들 사이가 완전히 분립되게 되는데, 그들은 최후의 대립으로 전권적(全權的)인 정체를 만들어 잠정적 평화를 유지하게 된다. 이 소수가 통제하고 있는 전권 정치하에서 그 무산계급들은 '세계교회'(世界敎會)를 설립케 되는데 이것을 가리켜 토인비는 말하기를 문화가 한 단위에서 타 단위로 전환하는 계기적 작용을 갖고 있다고 했다. 그의 말대로 하면 문화가 해체되는 최후 순간에 세계적 교회가 국화(菊花)와 같이 추운 겨울을 넘겨 앞으로 오는 새로운 문명을 준비하는 것이라고 한다. 옛 문화의 몰락을 따라 새 문화가 태동하고 이때 종교가 그 산모(産母) 노릇을 한다고 보았다.

토인비는 문화의 발전이 숙명적이 아닌 것을 발견한 후 슈펭글러의 독단적 결론에서 벗어나게 되었다. 그는 이렇게 직선적으로 역사를 보는 견해는 한 자연적 법칙이라고 할 수 있으나 역사가 걷고 있는 걸음은 아니라고 하였으며, 슈펭글러의 그 찬란한 천재(天才)에 적절(適切)치 않은 판단이라고 비평했다. 그는 묻기를 계속적으로 일어나는 도전으로 인해서 승리 역시 계속적일 수 없겠느냐, 그러므로 그는 문화의 성쇠는 한 자연의 법칙에 의존한 것이 아니요 그 도전에 대한 순응 여하에 달려 있다고 본다.

숙명론적인 학설에 관해서 토인비도 피터 가일과 공개토론을 한 적이 있었다. 가일은 평하기를 "최근 당신의 체계에 의하면 현재 금세기의 문화 발전을 역시 그 불가피한 노화(老化)하는 과정에 있다고 보는데 위로부터 내려올 기적 이외엔 이 운명을 구할 길이 없다고 하지 않았느냐?"라고 하였다. 다시 말하자면 토인비 역시 숙명론적이라는 점을 강경하게 지적했던 것이다. 여기에 대해 토인비는 대답하기를 "사가들은 다 각자의 사관이 있는데 사관이 없이 사실을 생각하는 것은 무모한 짓이다. 역사가들은 하나나 혹은 여러 가지의 가능성을 추상할 수 있어도 확실성은 영원히 가질 수 없는 것이다. 나는 슈펭글러의 독단적인 숙명론을 전제한다고 해서 우리 문화의 장래가 항상 아무것에 구속되어 있지 않음을 확신한다"고 말했다. 곧 이 말은 토인비역시 어떤 명제를 가지고 있다는 것을 승인하는 말인데 그는 고정적체계(固定的 體系)를 버리고 하나의 살아 움직이는 체계를 가졌다는 점만이 다를 것이다.

이 살아 움직이는 체계를 재음미(再吟味)해 보자면 그것은 독단적숙명론이 아니고 다른 가능성도 있을 수 있다는 것을 지적한다고 볼수 있는데, 경험론적으로 가능한 다른 해석과 역사적 사실을 가지고이 고정적 문명설을 교체해 보려는 것이다. 환언하면 토인비는 슈펭글러가 인과의 관계를 통해서 불가피한 성과가 있으리라고 생각한 것을 원인과 결과의 위치를 바꾸어 전에 지적한 고정적 관계의 해당 여부를 실험적으로 논증해 보려 했다. 예를 들자면 실증주의사가(實證主義史家)들은 기술적 쇠퇴가 원인이 되어 문화의 탈락과 쇠퇴를 가져오는 것이라고 생각하고 있었다. 토인비는 이 인과의 관계를 바꿔 놓고말하기를 그 기술적 쇠퇴는 문화의 쇠퇴의 원인이 아니고 결과라고보았다. 그는 옛 로마의 도로 제도와 메소포타미아의 수리공사(水利工事)를 지적해서 그것이 하나의 기술적 발전이라고 볼 수 있으나, 이러한 기술적(技術的) 발전에도 불구하고 로마나 메소포타미아 문화의 쇠퇴를 볼 때에 이것은 하나의 결과이지 절대로 그 문화를 쇠퇴케 한 원인은 되지 못한다. 이러한 실증으로써 그는 실증주의자(實證主義者)들의 운명론을 붕괴시켰다.

여기에서 우리는 슈펭글러가 '그룹' 논리 곧 인과의 관계를 초월한, 그러한 논리를 사용했음을 알게 되었다. 토인비가 인과의 위치나 바꿔 다른 가능성이 있다는 해설을 실험적(實驗的)으로 증명했다고 해서 슈펭글러의 학설을 타개한 것으로 생각하는 것은 올바른 판단이 아니다. 만약 그가 진정으로 슈펭글러의 결점을 수정하려면 '그룹' 원리에 변환의 정의역(Domain)과 치역(Range)을 변경시켜야 했다. 여기서 토인비가 인과 논리를 가지고 '그룹' 논리를 교정한다는 것은 사실 발전이 아니고 후퇴라고 말하지 않을 수 없다.

지금까지 우리는 토인비의 문화의 시원(始原)과 그 쇠퇴에 관해 설명했다. 이제는 그의 문화의 단위에 대해 고찰하려고 한다. 문화의 단위를 토인비는 문명권(文明圈)이라고 했는데, 그 문명권의 한도는 도전을 받을 적에 공동으로 반응하고 있는 인간의 특정(特定)한 집단을 가리킨다. 그런데 각각의 문명권(文明圈)은 다 각자의 개성을 지니고 있다. 이것을 알아내는 것은 심미감(審美感)으로 연출하는 것이 제일 타당한 방법이라고 말했다. 그런데 그 개성은 문화의 각 분야에 다 삼투(滲透)해 있다는 것이다. 이에 대해서도 토인비는 심미감보다 더 깊은 것을 연구하진 않았다. 그는 이것을 지적하여 독특한 개성 혹은 경향성(Penchant)이라고 칭했다. 그는 말하기를 서구의 문화는 기계적인 개성을 가졌고, 그리스 문화는 예술적, 인도 문화(印度文化)는 종교적 개성을 품고 있다고 했다. 그러나 어떤 기준 위에 서서 이러한 개성을 설정했는지는 설명하지 않고 있다. 다만 이러한 분석에 의해서 21개의 문명권을 산정했던 것이다. 이미 약술한 바와 같이 슈펭글러는 '그룹' 논리의 불변환(Invariance)이란 것을 지적해서 거기에 준한 것이라고 설명한 바 있다. 이것만 보아도 토인비는 문명권의 단위 획정에 있어서도 소홀한 태도를 취하고 있었다고 볼 수밖에 없다.

지금까지 우리는 토인비와 슈펭글러를 관련시켜서 논급했는데, 이제부터는 그의 독특한 공헌에 대해서 진술하려 한다. 그는 문명권의 기초를 잠재의식 심리하게 두고 있다. 그가 말하고 있는 신화란 것은 한 상상적인 이야기를 지적해서 한 말이 아니다. 신화란 그 어원으로 말하더라도 신에게 접근코자 하는 한 방법이라 할 수 있다. 그러므로 이것은 종교적이요 동적(動的)인 용어라고 할 수 있겠다. 그래서 우리 마음속에 살아 움직이는 신화는 역사를 움직이는 힘이었다고 토인비는 말하고 있는 것이다. 우리가 오늘날 부르짖고 있는 이데올로기란 것도 역시 일종의 특별한 신화라고 볼 수 있는 것이다. 따라서 우리가 바른 신화를 포착하고 있을 때 능히 대중을 우리의 뜻대로 움직일 수 있는 것이다. 종교란 것도 역시 살아 움직이는 하나의 신화라고 할 수 있는데, 그것은 더 나아가 우리의 정신을 변화시킬 수 있는 힘을 지니고 있다. 이러한 것이 20세기의 새로운 발전이 아님은 주지의 사실이다. 원시 사회에 있어서도 신화적인 신앙이 그들의 생에 크게 영향을 주고 있었던 것이다. 오늘날에 와서 우리도 이러한 신화로써 살아 움직이는 힘과 역사의 움직임에 관한 문제를 소홀히 여기고 지나갔음을 고백하게 된다. 그러므로 토인비가 신화에 대해 서술했다는 사실을 그가 미신의 경지에 빠져 있기 때문이라고 경시해서는 안 될 것이다.

　　지난 50년간 심리학계(心理學界)에서는 잠재의식의 세계를 연구하기 시작했다. 1891년부터 프로이트(S. Freud)와 부르버(Brueber)는 정신분석(精神分析)의 방법을 발견했는데, 예를 들면 꿈을 분석해서 잠재의식의 동향을 찾아내는 방법으로 적용한 것 같은 것을 들 수 있겠다. 그들의 연구를 통하여 우리는 우리의 생에 있어서 우리의 잠재의식이란 것이 우리의 제일 큰 원동력의 하나인 것을 알 수 있었다. 프로이트는 성욕(性慾)이 곧 이러한 원동력이라 했으며, 아들러(Adler)는 권력욕이 곧 그것이라고 했다. 이러한 원시적 원동력이 우리의 의식적 곧 논리적 세계와 상충될 때에 미묘한 관계를 이루게 된다는 것을 그들은 지적했던 것이다.

'융'(C. G. Jung)은 더 한 걸음 들어가서 이러한 원심적 충돌이 있을 때에 이것을 단순하게 심리분석하여 해소함으로써 한때 치료할 수 있으나 그 사람의 생의 원동력을 도리어 분해해버리고 만다고 갈파했던 것이다. '융'은 동시에 일개인 혹은 일단체는 독특한 상징을 품고 있는데, 이것이 곧 그들이 달성하려고 하는 목적이라고 볼 수 있다고 주장했다. 그러므로 이러한 상징을 발견했을 때 그것을 분석하는 것보다 도리어 환자로 하여금 그것을 더 확대시켜 널리 실현하도록 권유할 때 그 환자는 새로운 힘을 얻게 된다고 하였다. 그런데 그가 이러한 상징을 모아 분석해 본 결과, 이것은 새로 산출돼 나온 것이 아니요 아주 옛날부터 있었다는 사실을 알게 되었다. 다시 말하자면 그는 우리 마음속에 있는 잠재의식의 세계와 과거의 역사와의 관계를 수립했다고 볼 수 있다. 과거의 잠재의식은 곧 나의 현실이란 점을 발견했던 것이다.

토인비가 바로 이러한 잠재의식의 문제를 역사 방법에 관련시켰던 것이다. 그는 말하기를 상상(想像)된 역사는 잠재의식 위에 건립되었다고 했다. "나는 나의 신화로 전환할 때 마음속엔 한 낙오자적 감정(感情)이 도사리고 있었다. 그러나 내가 제1차 대전 때에 만약에 이런 잠재의식에 관한 문서를 읽었다면, 나의 학설에 대해서 좀 더 자신이 있었을 것이다. 특히 '융'의 책은 나에게 큰 도움이 되었을 것이다." 이렇게 보면 그가 말하고 있는 21개 문명권의 기초는 신화적인 잠재의식에 두었다고 할 수 있겠다.

　토인비는 나의 『역사의 관점』이란 글에서 역사를 달리는 마차에 비교한 바 있다. 그는 말하기를 유대교와 조로아스터교의 역사관은 직선적(直線的) 발전인데, 그리스와 인도인의 사관은 원형적(圓形的) 순환이라고 볼 수 있다. 따라서 이들은 서로 상합(相合)하지 못한다고 했다. 그래서 그는 말하기를 "그러나 만약 수레가 앞으로 전진하고 있다면, 그 바퀴는 반드시 무미건조하게 그 축심(軸心)을 중심으로 회전하고 있어야 한다. 그와 같이 인류와 문화가 생겨나고 사라질 때에 그 문명 이상의 더 큰 목적이 있어 모든 고난과 실패를 통과해서 더 높은 발전에 이른다고 할 수 있다"는 해석을 덧붙였다. 토인비는 이러한 종합적 해설이 기독교의 신앙 안에 내포되었다고 설명했다. 그는 그리스도의 화육(化肉)의 진리를 가리켜 6차원 현실 곧 역사의 제일 구체적인 표현이라고 말했다. 이 상징 곧 '신화'(神話) 중에서 그는 영감을 받아 깊이와 넓이를 조화시키며 도전과 응전, 인퇴(引退)와 복귀(復歸), 역사의 움직임과 구성을 조화시켰던 것이다. 이렇게 해서 토인비는 기독교의 신앙 내에서 사학방법론의 통합을 찾았던 것이다.

제 2 장

유대 철학

유대 철학이란 유일신 야웨(Yahweh)를 믿는 유대민족의 종교인 유대교(Judaism)를 중심으로 역사 과정을 따라 변천하여 온 철학을 말한다. 유대교의 기본 사상은 경전인 구약성서, 특히 모세(Moses)의 오경(Pentateuch)이라는 법전에 잘 표현되어 있으며, 이 법전은 십계명(Decalogue, 출애굽기 20:1-17, 신명기 5:6-21)에 집약되어 있다.

십계명의 처음 세 계명은 하나님과 사람 사이의 관계에 관한 것이다. (1) 하나님 외에 다른 신을 두지 말라. (2) 우상을 만들지 말라. (3) 하나님의 이름을 함부로 부르지 말라. 처음 두 계명은 통일성과 인격적인 영성(靈性) 때문에 다른 신에 대한 숭배와 우상 제조를 금지하는 것이다. 제3계명은 하나님의 이름을 존중하며 사람의 마음대로 신을 이용해서는 안 된다는 것이다. 여기에서 하나님과 사람 사이의 올바른 관계는 언급되어 있으나 하나님이 어떤 분인가 하는 데에 관해서는 자세한 설명이 없다. 단지 하나님은 "스스로 있는 자, 또는 나는 나다"(출애굽기 3:14)라고만 표현되어 있다.

제5계명부터 제7계명까지는 사람과 사람 사이의 관계를 말하는 것이다. (5) 부모를 공경하라. (6) 살인하지 말라. (7) 간음하지 말라. 제5계명은 생명을 물려준 부모를 공경하고 효도하라고 하는 것이다. 6과 7계명은 사람의 생명의 권리와 결혼과 정조의 순결을 강조한 것으로 생명을 끊지도 말고 더럽히지도 말라고 하는 것이다.

제8계명부터 제10계명까지는 사람과 물질에 관한 관계를 해명하고 있다. (8) 도적질하지 말라. (9) 남의 것을 탐내지 말라. (10) 거짓 증거를 하지 말라. 8과 9계명은 다른 사람의 소유를 탐하는 마음이나 도적질하는 행동을 금한 것이고, 제10계명은 다른 사람의 소유를 탐냄으로써 이웃과의 관계를 흐리지 말라고 하였다.

십계명 중에서 제4계명은 안식일(Sabbath)에 관한 것이다. 안식일에는 모든 것을 쉬고 사람들이 모여서 하나님을 공경하는 거룩한 날로 지켜야 한다고 하였다. 이렇게 십계명에는 하나님과 사람과 자연의 관계에 있어서의 기본적인 조화가 강조되어 있어 이를 중심으로 유대 철학은 변천을 거듭하였다.

유대민족이 국가의 형태를 갖추어 왕국을 형성함에 따라 그들은 복잡한 제사 제도를 제정하여 의식적인 면에만 치중하게 되었다. 이에 반발하여 주전 8세기경에 활동한 예언자들(Prophets)은 인간의 내적인 면인 윤리를 중시하였다. 예언자들은 직관적인 계시를 통하여 아모스(Amos)는 하나님의 공의를, 호세아(Hosea)는 하나님의 사랑을, 이사야(Isaiah)는 하나님의 거룩함을 강조하여 선포하였다. 이러한 과정을 거치면서 유대인들의 민족적인 종교가 보편적인 종교로 전개되며 세계 무대에 진출하게 되었다. 주전 4, 5세기부터 '지혜문학' 운동이 일어나자 유대 사상은 두 갈래로 나누어졌다. 그래서 '욥기'에서는 하나님은 인간의 지혜로는 미치지 못한다고 말하였다. 이와는 달리

'잠언'에서는 유대 사상의 합리적이고 일반적인 면이 강조되어 생의 교훈에 집중되어 있다. 그러나 어느 경우에든지 하나님의 초월성은 부정되지 않았다.

그 후 주전 1세기경에 이르러 알렉산드리아(Alexandria)의 필로(Philo)는 지혜문학의 신학 사상을 계승하여 이를 그리이스 사상과 연결시켰다. 그는 전통적인 신의 절대성과 신비적인 면을 강조하여 그리이스의 로고스(logos)를 통해서 신비에 대한 신의 지혜가 인간에게 매개되었다고 하였다. 그리하여 플라톤(Platon), 스토아 사상(Stoicism), 피타고라스(Pythagoras) 등이 주장한 지혜에 관한 사상은 유대교의 율법서(Torah)에 나타난 계시에서 배워온 것으로, 같은 근원에서 이어받은 것이라고 하였다. 필로에 이르러서 유대 사상은 체계적으로 그리이스 사상과 결합되기에 이르렀다.

중세가 시작될 무렵인 3세기경에 이르러 카발라(Kabbala) 학파가 대두되었다. 그들은 플라톤적인, 즉 피안적(彼岸的)인 것을 극복하기 위하여 유출설(流出說)을 주장하였다. 신(神) 자신은 무한 자족하신 분으로 인간으로서는 불가사의한 경지에 있다. 그러나 신으로부터 발원하여 처음에 지혜·사랑·은혜가 유출되었고, 다음에 하늘과 물질 세계가 점차적으로 나왔다고 하였다. 말하자면 피안의 불가사의한 점을 계단적으로 연결시켜 현실의 세계에까지 이르게 하였다. 그리하여 이원적인 것을 시간, 즉 발전의 개념으로 연결시키려 하였다. 중세의 결정에 이르러 유대 철학은 이슬람교의 사상과 함께 그 시대를 지배하게 되었다. 이 시대의 유대 철학의 대표자라면 스페인의 게비롤(Gebirol)이다. 그의 저서 『생명의 샘Fons Vitae』에서 신 플라톤적인 경향을 이어받아 신의 본질은 신비로운 직관에 의하여 어느 정도 파악할 수 있으나 완전히 알 수는 없다고 하였다. 이는 인간이 신의 형상대로 만들어지고 약간은 신과 같은 본질을 가지고 있으므로 신을 직관할 수 있는 가능성을 가지고 있다는 것이다. 이러한 경향에 반대하여 마이모니데스(M. Maimonides)는 아리스토텔레스(Aristoteles)의 체계를 중심으로 유대 철학을 발전시켰다. 그는 저서 『번민자의 안내*Guide to the Perplexed*』에서 아리스토텔레스의 형상과 질료를 기초로 하여 신은 순수한 형체이므로 인간으로서는 알 수 없다고 하였다. 또한 모세의 오경은 신의 계시로서 인간의 모든 행위의 기본이라고 하여 이 지고선(至高善)을 탐구하는 것이 인간의 본분이라고 하였다. 그리하여 그때까지 유대 철학은 기독교의 사상을 힘입어 서유럽 세계에 들어왔으나 마이모니데스에 이르러서는 서구에 직접적으로 소개가 되는 계기가 되었다.

근대에는 스피노자(B. Spinoza), 멘델스존(M. Mendelsshon), 코헨(H. Cohen) 같은 철학자들을 통해 유대 철학이 다시 현대에 소개되었다. 스피노자는 십계명에서 절대자의 개념과 우상을 섬기지 말라는 교훈을 따라 철학에서의 모든 의인화(擬人化)를 배제하였다. 그는 그리이스의 분석적인 영향을 받아 기하학적으로 그의 논리를 전개하였다. 또한 신은 자족하신 신으로 이 세상을 창조하였다는 것을 그는 신 자신이 이 세계라는 말로 이해하여 신을 모든 본질의 근원으로 보아 범신론(Pantheism)의 경향을 나타내었다. 그러나 신칸트학파에 속한 철학자 코헨은 본질이라는 개념도 우리 머릿속에서 형성된 것이라고 보아 스피노자 시대의 본질론(Ontology)을 극복하였다. 이로써 그는 본질이라는 개념을 인식론의 문제로 전환시켜 인식 주체의 절대성을 강조하였다. 그는 인간과 신, 즉 인격을 띤 존재만이 절대적인 존재라고 보았다. 이어서 부버(M. Buber)는 그의 저서 『나와 너*I and Thou*』에서 과거로부터 내려온 유대 철학의 신과 인간과 자연의 관계에 관하여 정적이고 분석적인 그리이스적 사고방식에서 그 본질을 논하지 않고, 동적인 관계에서 추구하여 이를 재정리하고자 하였다. 이런 점에서 부버는 그리이스 철학의 영향을 벗어나 본래의 유대 사상을 정화하여 이를 우리 세대에 올바르게 소개하여 주고 있다고 평가된다. 그의 사상은 오늘날 많은 철학자들과 유대교 학자와 기독교 신학자들, 그리고 사상가들에게 깊은 영향을 주고 있다.

제 3 장

콰인(Quine)의 수리논리학

1. 머리말

빌라드 반 올만 콰인(Willard van Orman Quine)은 미국 오하이오주 에크론시에서 1908년에 출생하였다. 그는 하버드대학에서 쉐퍼(H. M. Sheffer)의 지도 아래 수리논리를 전공하였다. 졸업 후 그는 모교에 남아서 같은 과목을 강의하면서 단조로운 학자의 생활을 시작하였다. 당시 하버드에서 상급생들이 신입생을 위해 교수와 그 강의 소개하여 주는 잡지인 「크림즌*Crimson*」에서 콰인 교수를 다음과 같이 평하고 있다. "'철학 104'는 수리논리를 중심으로 한 강의이다. 강의의 내용과 가르치는 교수의 태도는 아주 단조로우며 지루하다. 강의 태도는 흔히 멸시적이고, 숙제는 거의 기계적인 것이며, 분과 토의는 아주 시시하고, 참고 서적은 대단히 유치하다"고 하였다.

이렇게 단조로운 생활에서 그는 연구에 정진하여 1937년 "수리논리의 새로운 기초"(New Foundation of Mathematical Logic)에서 층화이론(層化理論)을 처음으로 수립하였고, 이듬해에 "유형이론"(The Theory of Type)에서 이를 발전시켰다.[1]

1940년에 그는 처음 널리 알려진 저서인 『수리논리*Mathematical Logic*』를 출판하였다. 이 책은 수리논리의 기초를 배우는 데에 아주 좋은 교과서로서 널리 사용되고 있다.

1950년에 『논리의 방법*Method of Logic*』을 다음 저서로 출판하였는데, 이 책은 수리논리보다 수리논리를 구성하고 있는 기본 방법을 다룬 것이다. 따라서 수리논리를 이미 배운 사람에게는 그 기본 방법을 포착하는 데에 많은 도움을 주고 있다.

2. 수리논리의 구조

2.1. 일반 언어와 수리논리

수리논리는 사상 구조를 표현하는 하나의 형식이다. 물론 사상 구조는 일반 언어를 사용해서도 표현할 수 있으며 또 지금까지 그렇게 표현하여 왔다. 그러나 일반 언어는 오랜 시간을 거치는 동안에 세련되어서 일종의 예술적인 성격을 띠게 되었다. 따라서 일반 언어가 이렇게 고도로 민감한 언어가 되었으므로 그 표현 방법에서 제한을 받게 되었다. 일반 언어의 이러한 과정을 소급해서 언어의 근본적인 표현 형식을 다시 찾고, 언어의 기본 구조를 넓혀서 사상을 민활히 표현하려는 데에 수리논리의 의도가 있는 것이다. 이 글에서는 이러한 일

---

1 "New Foundation of Mathematical Logic," *American Mathematical Monthly*, Vol. 44 (1937): 70-80.

반 언어의 몇 가지 국한된 표현 형식을 지적하고, 나아가 일반 언어의 기초적 원리를 다시 검토하기로 하겠다.

첫째로 일반 언어에서는 여러 말을 단축하여 사용하고 있다. "이것은 벽돌집이다"란 말은 "이것은 벽돌이다"와 "이것은 집이다"의 두 말이 하나로 단축된 것이다. 그리하여 '벽돌집'이라는 말에서 '벽돌'이 '집'을 꾸며주고 있다고 보았다. 그러나 이 '벽돌'이라는 말 자체를 언어의 기본 구조로서 분석해 본다면, '집'과 똑같은 품격을 가지고 완전한 하나의 말을 이루고 있다.

둘째의 일반 언어에서의 표현 형식은 유사한 점이 많으나 사실상 의미가 다른 경우가 있다. "나는 여러 친구들과 탁구를 하였다"와 "나는 여러 친구들과 농구를 하였다"의 두 말에서는 동사의 성격이 같아 보인다. 그러나 깊이 분석하면 전자는 내가 친구 하나하나와 잇달아 여러 번 탁구를 한 사실을 나타내고, 후자는 친구들과 함께 어울려 다 같이 농구를 하였음을 나타낸다. 이러한 경우 시간적인 연속성이나 공간적인 동재성(同在性)이 일반 언어에서는 명확히 표현하기가 어렵게 되어 있다.

다음으로 일반 언어에서는 한 단어가 여러 가지 의미를 나타내는 경우가 많다.

a. 이 책은 파랗다.
b. 나는 너보다 크다.
c. 도산(島山)은 안창호(安昌浩)이다.
d. 안중근(安重根)은 애국자(愛國者)이다.
e. 자는 것은 꿈꾸는 것이다.

이러한 "···은 ···이다"(is)의 표현에서는 모두 같은 의미로 이해되기 쉬우나 a는 속성(屬性), b는 관계(關係), c는 동위(同位), d는 소속(所屬), e는 결과(結果)를 각각 나타내고 있다.

이상의 난점들을 일반 언어가 극복하지 못함은 아니다. 그러나 여러 가지로 표현되는 동일한 언어에서 똑바른 의미를 나타내기 위해서는 말에 말을 덧붙여야 하므로 경우에 따라서는 혼돈을 일으킬 수도 있다. 결과적으로 일반 언어에서는 여간 세련되지 않으면 정확한 표현을 하기가 어렵게 되었다.

이러한 난점들을 극복하기 위해서 수리논리를 사용하기에 이르렀다. 수리논리는 언어의 기초되는 범주에서 시작하여 과거의 모든 언어를 명확하게 분석하는 동시에 언어의 사용 범위를 확장시키는 데에 그 의도를 두고 있다.

2.2. 명사와 관계

수리논리에서는 언어의 제일 기초적 범주를 명사(名辭)와 관계(關係)로 편성하여, 여기서 시작하여 논리적인 추리를 하고 있다. 이 명사는 일반 언어의 명사나 대명사에, 관계는 동사에 해당된다고 볼 수 있다.

2.21. 명사(Term)

① 요소(Element)와 집합(Class)

명사(名辭)를 다시 나누어 요소(要素)와 집합(集合)으로 구분한다. 요소란 집합의 성원(成員, Member)이다. 예를 들어 설명하면, 한 학급에 오십 명의 학생이 있다면 각 학생은 그 학급의 요소라 할 수 있고, 이러한 오십 명의 요소가 그 학급이라는 집합을 형성하고 있다. 이렇게 요소의 집단을 집합이라고 한다.

② 변수(Variable)

집합(集合)의 요소를 대명사격(Nonspecified)으로 사용하여 변수로 표현할 수도 있다. 변수는 마치 대수(代數)에서 어떠한 개념(Concept)에 해당되는 것을 변수로 사용하여서 그 개념에 속한 성원(成員)들을 가리키는 것과 같이 수리논리에서도 특정 요소를 지적하지 않고 집합의 일원으로 나타내려고 할 때에 변수를 대용(代用)한다.

변수에 있어서도 무제한 변수(Free Variable)와 제한 변수(Bound Variable)로 나누고 있다. 무제한 변수라면 변수의 범위가 제한되지 않은 것을 말한다. 예를 들면 "나는 누구든지 좋아한다"는 말에서 '나'는 나 자신으로 지적이 되나 '누구든지'라는 대명사는 그 범위가 지적되지 않은 상태에 놓여 있어 무제한 변수로 표시할 수 있다.

제한 변수란 변수를 양적으로 제한하는 것이다. 즉, 변수가 그 집합의 전원을 지적하든가 일부이든가 하나 혹은 하나도 아닌가를 지적함을 말한다.

③ 양화(Quantification)

이렇게 변수가 집합의 요소를 구체적으로 지적해 줄 때를 양화(量化)라 한다.

집합의 변수가 집합의 요소를 구체적으로 지적해 줄 때를 양화(Universal Quantification)라 한다. 이는 다음과 같이 표현할 수 있다.

$$(x)(\cdots x \cdots)$$

이것이 곧 재래의 아리스토텔레스 논리에서의 A·I·E·O 중 'A'에 해당되며, 이 일반 양화를 부정하는 경우에는 'E'에 해당된다. 또 변수의 범위가 요소를 하나 이상 전부 이하를 가리키는 경우를 존재 양화(Existential Quantification)라고 하며 다음과 같이 표현한다.

$$(\exists x)(\cdots x \cdots)$$

이것이 아리스토텔레스 논리에서는 'I'로 되어 있고, 이를 부정하면 'O'라 하였다. 그러나 변수의 범위가 요소를 하나도 포함하지 않는 경우가 있다. 이를 무원집합(無員集合, Null Class)이라 한다.

$$\sim \exists x(\cdots x \cdots)$$

④ 요소의 철학(Qualification of Elements)
집합의 단위는 이미 설명한 대로 요소(要素)이다. 그러나 늘 이렇게 간단하게 되어 있지는 않다. 종종 집합의 집합(Class of Classes)의 경우 그 기본 단위는 집합이므로 요소가 기본 단위가 될 때는 이를 요원(要員, Individual)이라고 한다.

요원과 집합 사이에는 질적인 차가 있다. 즉, 이 차가 요원과 집합과의 사이를 말해 준다. 쉽게 말하자면, "삼학년 학생 오십 명이 있다"면 그 '학생' 하나하나가 요원으로서 질적으로 같다. 그러나 오십 명을 합하여서 이를 '삼학년'이라면 그 말은 어느 한 학생에게만 소속되는 것이 아니고 오십 명 학생 전부에 해당된다. 이리하여 이 '학생'이란 말은 질적으로 요원인 '각 학생'과는 다르다.

이러한 질적인 차이를 분간하기 위해서 명사를 단계화(Differentiation of Types)하여

a. 요소가 요원일 때를 기초단계(First type).
b. 집합이 요원일 때를 제이단계(Second type).
c. 집합의 집합이 요원이 될 경우를 제삼단계(Third type)라 하여,
d. 이렇게 순차적으로 하여 다단계(Higher type)의 관계를 가지게 된다.

2.22. 관계(Relation)

일반 언어의 명사나 대명사가 명사에 해당되는 것과 같이 관계란 동사에 해당된다. 동사와 관계의 다른 점은 동사는 두 가지 작용을 한다는 점이다. 즉, 동사는 관련을 맺어 주는 동사에 어떠한 주장을 나타낸다. "나는 너를 좋아한다"는 말에서는 '나'와 '너'를 관련시키고 또한 좋아한다는 주장도 나타낸다. 그러나 수리논리에서의 관계란 전자의 관련만을 의미하지 주장을 취급하지 않는다.

이러한 관계를 수리논리에서는 추상화하는 과정을 밟아 구분하여 일원관계(一員關係, Unary Relation: R^1), 이원관계(二員關係, Binary Relation: R^2), 삼원관계(三員關係, Ternary Relation: R^3), …다원관계(多員關係, Nary Relation: R^n)라고 한다. 이원관계(二員關係)란 두 명사로 관계가 맺어질 때를 말한다. "나는 너를 좋아한다"와 같이 '나'와 '너'의 두 명사가 관계로 맺어질 때를 의미한다. 삼원관계(三員關係)란 "한국은 일본과 중

국 사이에 있다"에서와 같이 세 명사가 관계될 때를 말한다.

　일원관계는 흔히 말하는 속성(Property)을 표현한다. "나는 인간이다"는 말은 인간이란 개념이 곧 나에 해당되어 단순하게 보자면 요소와 집합의 관계로 설명될 수 있으나, 관계에서 보면 '나' 하나만을 이야기하므로 일원관계라 한다. 끝으로 다원 관계란 처음에 예를 들었던 농구에서와 같이 여러 명사가 관계를 가질 때를 말하는 것이다.

2.23. 개념 형성(Concept Formation)

　이렇게 명사가 질화(質化)와 양화(量化)의 단계를 거쳐 일반화(generalize)되고, 관계가 추상화될 때에 개념(Concept)이 형성된다. 예를 들어 설명한다면 어떠한 그룹(Group)을 일반화하여 19~24세의 나이를 가진 집합이 형성되었는데, 이 집합이 "공부를 하고", "대학교에 다니며", "교수의 강의를 듣는다"는 등의 관계를 가질 때 이 관계를 추상화하면 비로소 '대학생'이라는 개념이 생기게 된다. 이렇게 명사가 일반화되고 관계가 추상화되어서 생기는 것을 우리는 개념이라고 말한다.

2.24. 집합 형성(Formation of Class)

　위에서 말한 이미 형성된 개념으로서 집합을 작성할 수 있다. 말하자면 '학생'이라는 개념으로 젊은이들의 일부를 집합에 예속시킬 수가 있다. 학생의 수는 몰라도 그 집합의 한계는 이렇게 개념으로써 선정할 수가 있다. 이렇게 집합을 작성하는 것을 집합의 내포적 정의(Intensional Definition of Class)라 한다.

그러나 요원의 범위를 앎으로써 집합을 작성할 수도 있다. 예를 들면 오십 명이 있는데, 이들이 각기 학생이라는 개념에 해당된다면 이 오십 명이 '학생'이라는 집합을 형성하게 된다. 이렇게 집합이 형성되는 경우를 집합의 외연적 정의(Extensional Definition of Class)라 한다. 이렇게 집합을 내포적 방법과 외연적인 방법으로 정의할 수 있다. 전자는 이미 명사가 일반화되고 관계가 추상화된 개념으로서 요원의 집합에 예속시키는 것이고, 후자는 요원 하나하나를 모두 개념에 적용시켜서 집합을 형성하는 것이다. 그러므로 내포적 정의와 외연적 정의는 논리적으로 서로 대칭적 관계를 이룬다.

그러나 실제는 이 대칭적 관계가 적용되지 않는 경우가 있다. 예를 들면 수(數)라는 개념에서는 무한의 요원이 포함되어 있으므로 외연적 정의는 할 수가 없고 내포적 정의만 할 수 있다.[2]

경우에 따라서 내포적 정의가 불가능할 때에는 외연적 정의를 사용하고, 외연적 정의가 불가능할 때에는 내포적 정의를 사용해서 부류를 형성하게 된다.

2.25. 명제 형성(Proposition Formation)

이상에서 설명한 개념이 어떠한 요원과 특정한 관계를 가질 때에 이를 명제(Proposition)라고 한다. 이 명제는 일반 언어의 글에 해당된

---

[2] 집합에 관한 외연적 정의의 사용 범위를 넓히기 위하여 수리적 귀납법(Matheonatical Induction)을 설치하였다. 이는 한 명제형의 요원 'n'을 '0'이나 'n+1' 요원으로 교체해도 그 주장이 변치 않을 때, 그 집합에 소속된 전요원을 그 해당 명제형에 일일이 적용시켜 보지 않아도 그 명제가 일반적으로 타당하다고 함이다. $(F)[F(0) \cdot (x)(F(x) \supset F(x')) \supset (x)F(x)]$.

다. 글에는 그 속에 포함된 뜻이 주장을 나타내어 그 글이 옳고 그름을 판단한다. 따라서 명제가 가지는 주장에 대한 판단 기준은 사실과 부합되고 안 되는 데서도 할 수 있고 또 다음에 논할 전제(Postulate)에 의해서도 된다.

이렇게 명제는 개념이 어느 한 요원과 구체적 관계를 가질 때에 형성되는데, 요원이 지적되지 않거나 관계가 구체화되지 않으면 이를 명제형(Propositional form 또는 Propositional function)이라고 한다. 이 명제형에서 요원이 지적되고 관계가 구체적으로 이루어지면 명제가 되므로 이를 명제의 기본형(Matrix)이라고도 한다. 따라서 명제형에서는 옳고 그름이 판정될 수 없다. 이를 설명해 보겠다.

   a. "x는 공부를 잘한다"는 하나의 명제형으로, 여기 x에 어떤 요원이 지적되어야만 명제가 되어 진위를 판정할 수가 있다.

   b. "나는 잘한다"란 명제형에서는 '한다'라는 관계가 구체화되어 "나는 공부를 잘한다"로 교체되어 명제가 된다.

   c. "x는 y를 …한다"란 명제형에서는 요원과 관계가 모두 지적되어 "나는 너를 싫어한다"는 명제가 형성되어야 그 타당성을 판정할 수가 있다.

2.26. 전제 형성(Formation of Postulate)

앞에서 명제(命題)의 타당성은 전제에 의해서 판정된다고 하였는데, 이제 전제에 대해서 논하여 보겠다.

전제(Postulate)는 명제를 구성하는 조건이다. 부류 형성에 내포적 방법과 외연적 방법이 있는 것과 같이 명제의 형성에도 내포적 방법과 외연적 방법이 있다. 그런데 외연적 방법은 명사를 일반화하고 관계를 추상화하여 만든 개념으로 명제를 형성하는 것인데 여기서는 전제가 명제 형성의 조건이라기보다는 오히려 결과로 보는 것이 좋겠다. 그러나 내포적 방법은 명제를 형성하기 위하여서 조건이 필요하다. 이를 전제라고 하는 것이다. 이 명제 구성의 조건인 전제도 몇 가지로 구분된다.

> a. 명사의 집합과 요원의 범위를 작정하여 주는 것, 즉 어떠한 요원이 그 집합에 소속되나를 설정하여 주는 것이다.
> b. 명제는 집합이 어떠한 지정된 관계 안에서만 맺어질 수 있다고 설정하는 것이다.
> c. 이러한 명사와 관계로 형성된 명제 가운데 어떠한 명제가 타당성이 있고 어떠한 명제가 타당성이 없나를 설정하는 것이다.
> d. 타당성을 가진 명제들은 어떠한 규칙으로 다른 명제로 변형될 수 있나를 설정하는 것이다(추리 규칙(推理規則)).

전제의 이 네 종류는 앞으로 더 설명하겠다. 또 이러한 전제가 전제로 형성되는 조건이 역시 필요하다. 여기서는 수리논리학자들이 일반적으로 설정한 몇 가지 조건을 들겠다.

> a. 일관성(Consistency): 전제에서 이끌어 낸 결론이 전제를 긍정하는 동시에 부정하여서는 안 됨을 말한다.
> b. 독립성(Independence): 한 체계 내에 둘 이상의 전제를 설정하는 경우, 어느 한 전제에서 다른 전제를 이끌어 낼 수 있어서는 안 된다. 이

를 독립성이라 한다.

c. 완전성(Completeness): 이는 한 체계 내에 주어진 전제에 의해 많은 명제를 이끌어 낼 수 있는데, 이 모든 명제가 다 주어진 전제를 긍정하든가 부정하든가의 관계를 가져야 됨을 의미한다.

2.27. 기본적 연결사(Fundamental Connectives)

명제를 내포적 방법이든가 외연적 방법이든가로 형성한 후에 명제와 명제를 결합시켜서 새로운 명제를 형성하거나 명사와 명사를 결합시켜 명제를 형성하는데, 이 결합(結合)의 일을 하는 것을 연결사(Connectives 혹은 결합기호)라 한다.

a. 부정(Negative; ~)은 주어진 명제를 뒤집어 말하는 것이다. "나는 너를 좋아한다"(p)를 부정하면 "나는 너를 좋아하지 않는다"($\sim p$)가 된다. 이 부정된 명제는 "좋아하지 않는다"와 "싫어한다"의 두 의미가 다 포함될 수도 있다.

b. 연접(Conjunction; ·)의 의미는 연결되는 두 개념의 공통성을 표현한다. 공통성을 수학에서는 곱하기로 표현하나, 이 연전의 의미는 곱하기의 의미보다는 기하에서의 중첩되는 부분을 나타낸다고 할 수 있다. '흰 벽돌집'이라면 '희다'는 개념과 '벽돌'이라는 개념에 해당되는 요원인 '집'을 가리키는 것이다. 그러므로 연전은 각기 개념에 포함된 요원들이 서로 중첩되는 경우에서의 공통 요원을 지적하여 말하는 것이다.

c. 이접(Disjunction; v) 일반 언어에서의 선택은 「A」, 「B」 중에서 「A」

나 혹은 「B」를 택하는 것을 뜻한다. 그러나 이러한 경우는 「A」와 「B」가 연결되지 않았을 때는 옳다. 그러나 「A」와 「B」가 연결되었을 경우에는 「A」또는 「B」나 「AB」(A와 B의 공통성을 의미한다)를 택함을 표시한다. 예를 들면, '흰 집'(A)이든가 '벽돌집'(B)이라면, 선택의 경우 '흰 집'(A)이나 '벽돌집'(B), 또는 '흰 벽돌집'(AB)이 다 이 선택의 범위 내에 해당되는 것이다.

d. 함축(Implication; ⊃) 일반 언어로서는 "···이면 ···이다"로 표시된다. 함축에세 전건(前件)과 후건(後件)[3]의 양화의 범위가 같을 경우를 형식적 함축(Formal implication)이라고 한다. "그가 공부를 잘한다면 그의 성적이 좋을 것이다"에서 전건과 후건의 명사 '그'의 범위는 동일하므로 이를 형식적 함축이라 하는 것이다. 그런데 "내일 날씨가 좋으면 나는 소풍을 가겠다"에서, 전건이 옳으면 후건은 반드시 옳아야 한다. 그러나 전건이 틀려도 후건이 사실로 입증된다면 결합된 명제가 긍정된다. 이러한 함축(含蓄)을 실질적 함축(實質的 含蓄, Material implication)이라고 한다. 다시 말하자면, 실질적 함축은 명제의 뜻을 말하는 것이 아니고 그 명제의 타당성에 한해서 말하는 것이다. 그러므로 이러한 함축은 선택과 부정의 관계로도 표현할 수가 있다.[4]

2.28. 항진성(Tautology)

연결사로 결합된 명제도 그 타당성(妥當性)이 판정되어야 한다. 이

---

3 두 명제가 함축에 의하여 결합될 때 앞의 명제를 전건, 뒤의 명제를 후건이라 한다.
4 이는 드 모르간의 법칙(De Morgan's Law)에서 자세히 설명하겠다.

것 역시 내포적 방법과 외연적 방법으로 할 수 있는데 내포적 방법은 전제에 의해서 판단되고, 외연적 방법은 항진성이 있어야 한다. 항진성이란 명제들이 결합되었을 경우 명제를 교체하여도 그 결과의 타당성은 변함이 없을 때를 말한다. 예를 들면 "내일 비가 오든지(p) 안 오든지($\sim p$) 한다"는 이 종합 명제는 어떻든 타당성을 가진다. 그런데 이 "비가 온다"(p)는 명제를 어떠한 다른 명제로 바꾸어도 그 명제의 타당성은 변함이 없다. 이러한 것 이외에도 항진성을 가진 명제가 많다.

이렇게 외연적으로 선정한 전원 타당성의 방법이나 내포적으로 규정한 전제가 결과적으로는 같다.[5]

2.29. 추리 규칙(推理規則, Rules of Inference)

전제에 의해 명제에 주어진 타당성이 명제의 형식은 변하여도 그 타당성은 변하지 않도록 할 수 있게 하는 규칙을 추리 규칙이라 한다. 그러므로 추리 규칙도 전제의 일부라 할 수 있다. 추리 규칙의 종류는 다음과 같다.

① 교체 규칙(Rule of Subsitution)

이는 명사·양화 및 관계를 교체하는 규칙이다. 명사의 교체 규칙은 같은 집합에 소속된 요원을 교체할 때 명제의 타당성에는 변함이 없음을 의미한다. 예를 든다면 "고양이는 동물이다"를 "쥐는 동물이다"란 명제로 바꾸어도 고양이나 쥐가 다 같은 집합(동물)에 드는 요원

---

5 이 문제는 불(Boole)에서 구체적으로 밝혀졌다.

이므로 그 타당성이 변함없게 된다. 양화의 교체 규칙은 일반 양화(x)를 실질 양화($\exists$x)x로 교체할 수 있음을 말한다.

$$\sim(x)\sim(\cdots x\cdots)\equiv(\exists x)(\cdots x\cdots)$$

앞서 든 학급의 예에서 "전체 아닌 학생이 공부를 잘하지 않는다면" 이는 곧 "최소한도 한 명은 공부를 잘한다"는 말과 같다.

관계에서의 교체 규칙이라면 네 결합어를 서로 교체할 수 있음을 말한다. 예를 들면 함축을 일종의 이접이라고 하였는데 이 함축을 이접과 부정으로 교체할 수 있으며, 따라서 부정과 이접도 함축으로 대체할 수 있다. 특히 연접은 부정과 이접으로 교체할 수 있고,

$$(p \cdot q)\equiv\sim p \vee \sim q$$

이접도 부정과 연접으로 교체할 수 있다.

$$p \vee q\equiv\sim(\sim p \cdot \sim q)$$

이것을 드 모르간의 법칙(De Morgan's Law)이라 한다. 이 법칙에 의하면 함축도 자연히 부정과 이접으로 표시할 수 있고,

$$p \supset q\equiv\sim p \vee q$$

따라서 부정과 연접으로도 표현할 수 있게 되었다.

p⊃q≡(p · ~q)

그러므로 관계는 이렇게 서로 교체될 수 있다.

② 적용 규칙(Rule of Application)

명제가 전체 요원에 일반적으로 해당되는 경우 그 명제의 명사를 어느 특정 요원으로 교체하여도 그 명제의 타당성은 변치 않음을 말한다. 그러므로 "사람마다(x) 다 죽는다(∅)"는 명제에서는 "나는(∃x) 죽는다(∅)"는 명제로 교체해도 그 타당성은 변치 않는다.

(x)(∅x)⊃(∃x)(∅x)

③ 연역 정리(Deduction Theorem)

함축된 명제에 한해서는 그 종합된 명제가 올바르고, 그 명제의 전건이 올바른 경우 후건을 독립시켜도 그 주장은 단독으로 올바르게 된다. 예를 들면 "여름에 때 맞추어 비가 오면(p) 농사가 잘 된다(q)"가 올바르고(⊢p⊃q) "여름에 때 맞추어 비가 오면"의 명제가 올바르면(⊢p) "농사는 잘 된다"는 명제는 단독으로 사용해도 논리적 타당성을 갖는다(⊢q).[6]

이상의 예는 긍정적으로 표현한 연역 규칙인데 이를 전건 긍정 규칙(Modus Ponens)이라 하고, 부정적으로 사용할 때에는 후건 부정 규칙(Modus Tollens)라고 한다.

---

6 '⊢'는 논리적 타당성, 즉 정리(Theorem)를 표시한다.

3. 콰인의 공헌

이상에서 수리논리의 구조를 개괄적으로 더듬어 보았다. 이제부터는 이러한 기초 위에서 콰인에 이르기까지의 과정을 살펴봄으로써 콰인에게 주어진 문제를 이해하고 더 나아가 그가 시도한 해결을 검토하기로 하겠다.

조지 불(George Boole)이 『사고의 법칙*Laws of thought*』(1848)에서 처음으로 수리논리(數理論理)의 체계를 갖추었다고 할 수 있겠다. 그는 아래와 같은 수리논리의 전제를 설정하였다.

Ia. 한 집합의 요원 a와 b의 선택인 c도 역시 같은 집합에 소속하는 요원이다. a+b=c

Ib. 한 집합의 요원 a와 b의 연결인 c도 역시 같은 집합에 소속하는 요원이다. a×b=c

IIa. 한 집합의 요원 a와 「0」을 선택하면 a가 된다. 이 「0」을 무원 집합(Null Class)라 한다. a+0=a

IIb. 한 집합의 요원 a와 「1」을 연결하면 a가 된다. 이 1을 전체 집합(Universal Class)라 한다. a×1=a

IIIa. 한 집합의 요원 a와 a의 선택은 b와 a의 선택과 같다. a+b=b+a

IIIb. 한 집합의 요원 a와 b의 연결은 b와 a의 연결과 같다. a×b=b×a

IV. 한 집합의 요원 a와 b를 선택한 것을 c와 선택하면 b와 c를 선택한 것을 a와 선택하는 것과 같다. (a+b)+c=(b+c)+a

V. 한 집합의 요원 a를 b와 c를 선택한 것과 연결하면 a와 b의 연결과 a와 c의 연결을 선택함과 같다. a×(b+c)=(a×b)+(a×c)

VIa. 한 집합의 요원 a와 a 아닌 요원을 선택하면 전원 집합「1」이 된다.

a+(~a)=1

VIb. 한 집합의 요원 a와 a 아닌 요원을 연결하면 무원 집합「0」이 된다.

a×(~a)=0

VII. 한 집합의 요원 a와 b가 같지 않으면 a와 b는 그 집합의 다른 두 요원
이다.7

위의 전제에서 명사(Ia, Ib)·결합(IIa, IIb)·추리규칙(IIIa, IIIb, IV, V)·
타당성(VIa, VIb) 등에 대해서는 설명이 있고, 집합 내의 요원 사이의
관계(VII)는 해명하고 있으나 집합과 요원과의 관계는 명확한 해결이
없다.

불이 집합과 요원 사이의 관계에 대한 전제를 설정치 않았으므로
명제형을 명제로 교체하는 데 있어서 종종 오류를 일으키게 됨을 러
셀과 화이트헤드는 『수학 원론*Pincipia Mathematica*』(1908~1911)에서 이를
근본적으로 지적하였다.

러셀과 화이트헤드는 이를 함수 관계로 표시하여 'I'는 집합을 요원
으로 하는 모순적 명제라면 한 요원 '∅'와 관계를 다음 함수로 표시한다.

$I(\varnothing)\varnothing=\sim\varnothing(\varnothing)$

이 함수 관계를 '∅'로 일반 양화하면,

---

7 기호 '×'는 연결(·), '+'는 선택(∨)을 표시한다.

$$(\varnothing)\mathrm{I}(\varnothing){=}{\sim}\varnothing(\varnothing)$$

가 된다. 이런 경우 무엇이든지 제한 없이 교체할 수 있으며, 집합과 요원을 분별없이 교체할 수도 있으므로 '∅'를 'I'로 교체한다면 그 결과로

$$\mathrm{I}(\mathrm{I}){=}{\sim}\mathrm{I}(\mathrm{I})$$

가 된다. 이렇게 형성된 명제가 같은 것을 같지 않다고 말하고 있다. 이것이 러셀의 유명한 역설(Russel's Paradox)이다. 이는 결국 요원과 집합의 유형적 차이를 분간치 않고 교체한 결과로 생기는 역설이다.

러셀은 이를 해결키 위하여 유형론(類型論, type theory)을 작성하였다. 이 유형론은 요원을 유형적으로 분류하는 것이다. 이 분류된 요원의 범위는 명제를 이루기 이전의 모든 논리적인 명사(요원)들이다.

요소를 일반화하면 집합이 된다. 이 집합을 요원으로 하여 일반화하면 한 단계 더 높은 집합이 된다. 이렇게 된 집합이 요원이 되어 일반화되면 더 높은 단계의 집합이 된다. 이렇게 차례로 모든 요원을 일반화하여 형성된 집합을 단계적으로 배열하는 것을 유형론 또는 유형이론이라 한다. 예를 들면 학생이라는 집합에는 대학생, 고등학생, 중학생 등의 요원이 있다. 또 대학이라는 집합에도 일학년생, 이학년생 등의 요원이 있고, 일학년생이라는 집합에는 개개의 학생이라는 요소가 요원으로 되어 있다. 이렇게 개개의 학생, 몇 학년 학생, 대(중·고)학생, 학생을 유형으로 구분한 것을 말한다.

명제 구성에 있어서는 집합과 요원의 유형적 차이를 엄격히 구분하여야 한다. 특히 교체 규칙에서는 같은 집합 내의 요원에 한해서만

적용될 수 있는 것이다. 이렇게 하여 위에서 말한 러셀의 역설을 방지할 수 있게 되었다.

이러한 조건 아래서는 유형화된 집합의 요원들은 질적으로 같다. 이 질(質), 즉 개념은 요원을 단계화하는 데 내포적 조건이 된다. 그런데 한 유형에 소속된 요원의 질을 엄격히 일률화하려면 할수록 집합의 수와 유형은 점점 더 늘어서 조절하기에 어렵게 된다.

이를 막아 보려고 러셀은 동화규칙(同化規則, Rule of Assimilation)을 설정하였다. 한 명제 항을 함수적으로 표현할 때 $\varnothing(x)$ 그 함수 관계가 타 함수 관계에 소속된 요원의 하나($\varnothing!x$)로 비록 계단적 차가 있더라도 그 변수를 양화하여 ($\exists x)\varnothing(x)\equiv(\varnothing!x)$ 같은 명사를 변수에 대입하나, 명제의 주장이 같을 때는 그러한 단계를 하나로 동화하여도 논리적 모순은 생기지 않는다. 이를 동화규칙이라고 한다. 예를 들어 설명하면 "그는 성격을 소유하였다"$[\varnothing(x)]$.

"이 성격은 학자가 구비해야 한 모든 성격이다"($\varnothing!x$)라는 두 명제의 주장이 피차 타당하므로 여기서는 '그의 성격'과 '학자가 구비하여야 된 모든 성격'이 비록 집합과 요원의 관계를 가지나 그 단계적 차를 동화하여도 된다. 그러나 이런 면에서 동화규칙은 유형을 약화시키는 것이므로 러셀의 유형론은 그 구조적 불완전성(不完全性)을 내포하고 있다는 평을 받게 된다.[8]

또 유형을 형성하는 데 있어서 러셀은 한 집합에 소속된 요원은 전적으로 동일하여야 한다고 하였다. 그런데 '모든 집합의 집합'(The Class of Classes)에는 모든 집합이 다 포함되어 있어 그 요원들의 질이 일관

---

8 Ramsey, Quine, Cray 등이 이를 지적하였다.

될 수 없다. 예를 들면 수론(數論, Theory of Number)에 있어서 '삼'이라면 '삼'의 요원을 가진 모든 집합인 '세 사람', '세 집', '세 학교' 등이 다 포함되어 있는데 이들이 질적으로는 서로 다르다. 그러므로 러셀의 유형론을 적용시키면 수많은 '삼'을 설정하여야 되므로 수학에 많은 곤란(困難)을 일으키게 된다.

이러한 러셀의 유형론의 두 가지 난점을 극복하기 위하여 콰인은 다음과 같은 해결 방법을 수립하였다.

콰인은 요원을 집합으로 유형화하지 않고 명제 내의 관계에서만 그 전후 요원 사이의 관계를 요원화(Elementhood)한 것을 설정하였다. 이러하여 콰인은 러셀의 단계 이론을 요원화(要員化)의 형식으로 바꾸었다. 러셀의 유형론을 기호로 설명하면,

$$(\exists x)(y)[(y \in x) \equiv \sim(y \in y)]$$

이 말은 한 집합의 어떠한 요원이든지 $\exists(x)(y \in x)$ 그 요원(y)은 집합의 격(格)을 가질 수 없고 자신을 요원으로 예속시킬 수도 없다[$\sim(y \in y)$]고 함이다. 이 말을 콰인이 명제의 형식으로 재편성하여,

$$(x)(y)[(y \in x) \equiv \varnothing]$$

여기서 'x'를 일반 양화하였으므로 질적인 제한이 자연히 불필요하게 된다. 따라서 요원 'y'는 명제에 관계되기 전에 미리 어떠한 집합에 예속될 필요도 없다. 단, 명제를 성립할 때 거기에서 사용되는 요원으로서는 어떠한 관계를 갖든지 그 요원이 동시에 집합의 격(格)을 갖

지는 못한다.

이리하여 콰인은 명사를 유형화하는 방법을 버리고 명제 내의 구조를 층화(層化, Stratified)하였다. 이 방법은 콰인이 시작하였으나 중국인 학자 왕호(王浩)가 완성했다(1948). 콰인도 1951년 『수리논리 *Mathematical Logic*』 3판에서 이를 정정하였다.

이렇게 콰인은 명사를 층화하였을 뿐만 아니라 관계도 층화시켰다. 전에 설명한 바와 같이 결합어는 부정과 이접으로 교체될 수 있다고 하였는데, 콰인은 이 둘을 또 종합하여 이중 부정(↓) 하나로 간화하였다. 이중 부정이란 부정을 부정함(~~p)이 아니고 부정을 연접(~p · ~p)한 것이다.

a. 부정(~p≡p↓p)
"한 명제를 부정함은 그 명제가 틀렸고 또 틀렸다는 것이다."

b. 연접[(p · q)≡~(p↓~q)]
"두 명제를 연접함은 한 명제의 부정도 아니고 다른 한 명제의 부정도 아니다."

c. 이접[(p∨q)≡(~p↓q)]
"두 명제의 이접은 한 명제도 아니고 또한 명제도 아닌 것의 부정이다."

d. 함축[(p⊃q)≡((p↓p)↓q)↓((p↓p)↓q)]
"두 명제의 함축은 전건을 부정한 부정과 후건을 부정한 부정을 또 부정하는 것이다."

이렇게 콰인은 명사와 관계를 층화하여 수리논리의 기본 구조를 일관할 수 있도록 하였다. 그리하여 수리논리는 형식적으로 완성됨을 보게 되었다.

4. 남은 과제

콰인은 수리논리(數理論理)에 있어 명사를 일반화했고, 관계는 추상화하였으나 또 하나의 조건인 주장(Assertion)에 대해서는 아직도 이원적으로만 취급하였고 그 이상 더 발전을 못 하였다. 주장의 이원적 취급이라면 명제를 타당하거나 타당치 않다는 두 가지만으로 취급한 것이다. 그러나 타당성을 논할 때 이원적으로 국한시킬 필요도 없고, 현실도 이 이원적 판단을 용납할 수 없는 경우가 많다.

이를 예를 들어 설명하자면, 첫째로 A와 B의 두 명제를 이원적 관계로 맺으면 이 관계는 AA, AB, BA, BB가 된다.

이원적 타당성의 판단을 여기에 사용하면 AA가 아닌 것을 ~AA라고 할 것이다. AA가 타당한 것이라면 ~AA는 타당치 않은 것이다. 그러나 구체적으로 ~AA가 무엇을 지적하고 있는가 함에는 '무엇 아닌 것'은 존재치 않으므로 ~AA 자체가 지적의 대상이 될 수 없다. 단지 ~AA를 그 체계 내의 다른 요원인 AB, BA, BB로 교체하여 표시할 수밖에 없다. AA, AB, BA, BB는 같은 유형의 집합에 소속된 요원이고, ~AA는 AA와 대칭 관계를 가지므로 역시 같은 유형의 요원이다. 그러나 AA와 대칭되는 ~AA는 집합의 성격을 띠어 같은 유형의 집합의 요원 AB, BA, BB를 요원으로 가지게 된다. 그러므로 이원적 판단은 결국 타당성을 평가하는 데 이러한 모순을 초래케 된다.

둘째로 만약 A를 타당한 것으로 보고 B를 타당치 않은 것으로 본다면 AA와 대칭되는 BB는 관계를 지적하고자 할 때 이원적 판단으로는 그것을 지적할 수가 없다. 즉, ~AA는 AB, BA, BB를 다 포함한 집합이므로 ~AA가 BB만을 그중에서 이끌어 낼 수는 없다.

셋째로 이원적 타당성 판단은 그 주장의 강약을 설명치 못한다. 타당하든지 않든지의 양자택일의 격이지 그 중간에 놓여 있는 차별을 설명하기가 어렵게 된다. 그러나 A가 옳다면 AA와 AB급 BA의 타당성을 분간하여 그 정도의 차이가 있음을 나타내야 할 것을 이원적 판단은 못 하고 있다.

이러한 이원적 판단의 미비점을 극복하기 위해 다원적 주장을 설명하여야 될 것이다. 콰인 자신도 이를 알기는 하였으나 이를 발전시키지는 않았다. 다원적 타당성의 이론은 루카쉐비치(Lukasiewicz) · 타르스키(Tarski)와 슬루페키(Slupecki) 등의 폴란드인 학자들의 공헌으로 이루어졌다. 그들은 같은 전제에서 추리된 명제를 순차적으로 나열하여 여기에 '1'부터 'M'수까지의 번호를 붙여 주었다.

AA AB BA BB

1   2   3   M(4)

여기서 'S'를 '1'과 'M' 사이의 어느 한 수로 설정키로 하고(1≤S<M : 1, 2, 3, …S…M), '1'에서 'S'까지를 타당성이 점차적으로 적어짐을 표시한다. 그러므로 'S'는 타당성을 가지나 안 가지나의 한계가 된다. 만약 앞의 예에서 '3'을 'S'로 하면 '1'이 최대의 타당성을 가진 것이고, '3'이 최소의 타당성을 가지며, '4'는 'M'으로서 그 주장함이 항상 명시되

어 있지 않다고 본다(undesignated).

　이렇게 타당성을 다원적으로 함에 있어, 첫째로 종전의 이원적 판단은 요원격(要員格)의 판단이 될 수 없고 집합격이 있음을 알 수 있다. 이상의 예에서 타당성이 있다는 집합에는 AA, AB, BA가 요원으로 되어 있고, 타당성이 없다는 집합에는 이 특수한 경우에 한해서 단 하나의 요원 BB를 가진 단위 집합(Unit Class)임을 알 수 있다. 따라서 전에 지적한 AA와 ~AA의 관계에 있어서도 요원 대 집합의 관계가 아니고 집합 대 집합의 관계인 이상 그 모순이 해소되고 만다.

　둘째로 다원적 판단에 있어서는 '1'을 부정하면 'M'을 지적한다. 이로써 전에는 어느 하나의 요원을 일대일로 지적할 수 없었던 것을 극복하였다.

　셋째로 다원적 판단에서 '1'…'M'까지 타당성을 배열하였으므로 주장의 강약성을 충분하고도 자유롭게 분간할 수 있게 되었다.

제 4 장
중용소석(中庸疏釋)

1. 머리말

오늘날 한국인의 사고방식과 생활 태도에는 유가(儒家)의 교훈이 여러 면에서 지배적 역할을 하고 있다. 물론 뚜렷하게 밖으로 나타난다기 보다는 일상생활과 생각에 공자의 가르침이 스며 있음이 허다하다. 그의 교훈이 우리의 생각과 생활에 은연중 깊이 침투하여 여러 면으로 나타나고 있으면서도 근래에 이르러서는 많은 비판도 받고 있다. 이는 근래에 서구의 조직적인 사상과 과학적인 분석 방법이 도입됨으로써 재래의 생각과 생활을 비판하게 됨에 따라서 일어난 결과라 볼 수 있다.

여기에 비판을 받고 있는 내용을 대략 든다면 세 가지로 크게 구분할 수 있다. 첫째는 유훈에서 제창하고 있는 중용지도(中庸之道) 자체에 대한 비난이다. 중용지도는 적극성을 상실한 회색분자가 택하는 중간노선이라고 보았다. 그리하여 창조적인 활동보다는 이미 이루어진 사실과 세력에 타협하게 된다는 오해를 받고 있다. 다음으로는 공

자의 가르침은 예의에 너무 치우쳤다고 보았다. 실제적으로 현실을
중시하는 오늘날 우리의 생활에서 볼 때 이는 너무 형식적이고 고답
적인 것으로 생각되었던 것이다. 셋째로는 인간 의식의 깊은 면을 이
해하지 못하고 있다는 것이다. 목불사시(目不邪視)하는 군자지도를 강
조하여 올바르게 행동하려는 인간은 잘 이해하고 있으나 잠재의식의
세계에 대한 이해는 없다는 것이다.

　　이렇게 여러모로 날카로운 비판을 받게 된 유훈이 이 세대에서 그
비판으로 인해 사라져 우리의 사고와 행위에서 아주 소멸된다면 문제
는 간단하다고 하겠다. 그러나 아직도 우리의 생활에 깊이 뿌리박고
있어 우리의 사상과 행위를 여실히 지배하고 있으므로 비판에만 그칠
것이 아니라 그 교훈의 본의를 이해함으로써 우리 생활의 기본적인
태세를 설정하는 일에 기여하여야 되리라고 느끼는 바이다.

2. 양적 해석(量的解析)

　　재래에는 공자의 중용사상을 흔히 양적으로 해석하였다. 위에서
말한 세 가지의 비판도 재래 양적으로 해석하여 온 때문이다. 이러한
양적인 해석은 일찍 유훈을 대성하였다는 정주학(程朱學)에서도 찾아
볼 수 있다. 주희(朱熹)에 의하면 중용은 공자의 손자인 자사(子思)가 기
록하였는데 공자의 가르침이 이단의 형태로 발전하는 예가 많아 이를
막기 위해서 기록하였다고 한다. 그러면 전통적인 해석이 어떠한가에
대하여 정이(程頤)는

不偏謂之中 不易謂庸

이라고 하여 어느 한 편으로 치우치지 않음이 중(中)이요, 변치 않음이 용(庸)이라고 해석을 내리고 있다. 그러나 이러한 해석도 양적인 해석의 테두리를 벗어나지 못하였다. 사실 공자 자신도 이러한 양적인 해석을 한 바 있다.

道之不行也 我知之矣,
知者過之 愚者不及也,
道之不明也 我知之矣,
賢者過之 不肖者不及也(中庸 第四章).

불행, 불명은 과불급(過不及)이라고 하여 지나치든가 부족됨에 있다고 하였다. 중용을 양적으로 보아 지나치거나 부족하지 않게 적중(適中)하는 것으로 해석하였다. 이렇게 본다면 중용은 환경에 알맞게(적당하게) 택하는 것으로만 이해하기 쉬운 것이다. 제6장에 보면,

舜其大知也……
執其兩端 用其中於民.

이라고 하였다. 순에 대한 지혜란 양극단을 잡고 그 중간적 입장을 취하는 것으로 해석하였다. 선과 악의 갈등적 투쟁을 예로 들어 말한다면 다 붙잡고 그 중간을 취하는 것으로 생각하기 쉬운 것이다. 말하자면 양쪽을 다 잡았다가 기회주의나 타협적인 자와 같이 때맞추어 적당히 행동하는 것이 중용지도가 아닌가 하는 오해를 받기 쉬운 것이다.

3. 질적 해석(質的解析)

이렇게 중용을 양적으로 해석하면 그 본의를 곡해하기가 쉽다. 다시 말해 양적인 해석이 많은 오해의 원인이 되고 있다는 것이다. 중용을 올바로 이해하기 위하여서는 질적인 해석을 기반으로 하여 그 기반 위에 양적인 해석을 설정하여야 한다. 공자가 중용에 대하여 한 말을 보면 다음과 같다.

喜怒哀樂之未發 謂之中,
發而皆中節 謂之和,
中也者 天下之大本也,
和也者 天下之達道也
致中和 天之位焉   (제1장)

여기서는 중용을 인간의 본성과 밀접히 연결시키고 있다. 사정(四情), 즉 인간 본성의 표현인 희노애락과 연결시켜서 중용을 해석하려고 하였다. 또한

天命之謂性
率性之謂道
修道之謂敎.
道也者 不可順叟離也
可離非道也   (제1장)

중용은 인생지도인데, 자기의 성격을 능히 다스리는 것이라고(率性) 하였다. 공자는 이렇게 사람의 본성과 연결시켜서 인간 본연이 취할 바를 중용지도라고 하였다. 그리고

    爲政在人
    取人以身
    修身以道
    修道以仁
    仁者人也   (제20장)

정치는 위정자에 달렸는데, 위정자로서 사람을 쓰는 데는 그 신분을 보아야 한다. 수신을 하여 도를 알게 되며, 도를 닦음으로써 사람다운 사람이 된다. 이 사람다운 사람이 참 인간이라고 하였다. 이 말에 의하면 사람이란 사람다운 것(仁)을 떠날 수 없는데, 사람답게 되는 길을 중용지도라고 하여 이를 닦는 데서 올바른 인간이 이루어진다고 하였다. 공자는 여기에서 중용지도란 인간의 본성과 떼어놓고 말할 수 없음을 강조하였다. 더 나아가 공자는 이러한 사람의 성격에 관해서 기술하기를 다음과 같이 말하였다.

    君子… 素其位而行
    不願乎其外.
    素富貴 行乎富貴,
    素貧賤 行乎貧賤
    素夷狄 行乎夷狄,

素患難 行乎患難,

君子無入而不自得焉.

在上位 不陵下

在下位 不援上.

正己而不求於人則無怨,

上不怨天

下不尤人   (제14장)

이 말의 뜻하는 바는 군자(참 인간)는 자기의 놓여진 처지에 맞도록 행동하는 사람이라는 뜻이다. 즉, 자기 위치를 떠나서는 달리 행동하기를 원치 않는 사람이다. 이는 인간이 피상적으로 행동할 것이 아니라 개개의 사람에게 구체적으로 주어진 처지와 형편에 따라서 행동할 것을 말함이다. 부유한 사람은 자기의 부에 맞도록 살며, 빈한한 사람은 자기의 처지가 허락되는 대로 삶을 누리며, 이방인이 되었을 때는 이방인답게, 어려울 때는 그 어려움에 적당하도록 처신해야 한다고 함이다. 이렇게 각자가 자기의 처지와 형편에 맞도록 삶을 영위함으로써 높은 자리에 있어도 자기의 아랫사람을 누르지 않고, 남의 밑에 있으나 윗사람에게 터무니없이 도움을 바라지 않아 자기의 위치를 올바르게 지킴으로써 다른 사람에게 구하지 않게 되고 따라서 남을 원망하는 일도 없게 된다. 이렇게 하여 위로는 하늘을 원망치 않고 아래로는 사람에게 미운 사람을 품지 않게 된다. 여기에서 공자는 추상적이거나 이념적인 것에만 그치지 않고 구체적인 환경 아래서 자기의 생각에 의하여 실제로 겪는 것이 중용지도라고 하였다.

공자가 인간의 본성을 이해함은 어떤 점으로 보아서는 도도한 것

같으나 우리가 흔히 알고 있는 것보다는 다르다. 그가 이해한 인간은
군자인 듯하여 귀공자 격인 것같이 보이기도 쉽겠으나 실제로 그는
인간의 본성의 깊숙한 내면을 파헤치고 있다. 중용이 행하기 어려움
은 인간의 성격적인 결함에서부터 오는 것임을 말하였다.

天下國家可均也
爵祿可辭也
白刃可蹈也
中庸不可能也   (제9장)

국가는 능히 다스릴 수 있으며, 작위나 봉록도 자기 생각대로 물리
칠 수가 있으며, 날쌘 칼도 가히 피할 수 있다. 그러나 중용은 무엇보
다도 하기에 어려운 것이라고 하였다.

人皆曰 '子知'
驅而納諸罟獲陷阱之中
而莫之知辟也
人皆曰 '子知'
擇乎中庸
而不能期月守也   (제7장)

사람마다 다 저만 안다고 자부한다. 하지만 막상 어려운 고비에 몰라
서 해결을 요할 때에는 빠져나올 길을 모르고 있다. 사람마다 저만 안
다고 주장하지만, 중용을 실제로 행동에 옮기는 데 있어서는 능히 한

달을 지속하기 어렵다고 하였다. 또한

　　中庸其至矣乎
　　民鮮能久矣　　　　　　　　(第3장)

중용에 이르러 이를 지킬 수 있는 사람은 극히 드물다고도 하였으며,
얼마나 도(中庸之道)가 행하기 어려운 것인가를 말하고 있다.

　　道其不行矣夫　　　　　　(第5장)

　그러나 이 중용이 행하기 어렵다고 해서 아주 불가능한 것이거나
또는 우리와 동떨어진 것은 아니라고 하였다.

　　道不遠人
　　人之爲道而遠人
　　不可以爲道　　　　　　(第13장)

도가 어렵다고 해서 도가 멀다고 생각하지는 않는다. 만약 도가 우리
인간과 아주 떨어져 비현실적이며 따라서 전혀 불가능한 것이라면 이
는 참된 도가 아니라고 공자는 말하고 있다. 도가 어렵다는 점을 공자
는 더 깊이 들어가 다음과 같이 말하고 있다.

　　君子之道四
　　丘未能一焉,

所求乎子 以事父未能也,

所求乎臣 以事君未能也,

所求乎弟 以事兄未能也,

所求乎朋友 先施之未能也   (제13장)

군자의 할 바가 넷이 있다면 나로서는 하나도 하지 못하고 있다. 즉,
아버지가 아들에게서 바라는 것과 같이 아들이 아버지를 섬기지 못하
는 것과 임금이 신하에게 기대함과 같이 신하로서 임금을 섬기지 못
함과 형이 동생에게 바라는 바대로 동생이 형께 행하지 못하는 것과
친구에게서 원하는 것을 먼저 그에게 베풀어 주지 못함이라고 하였
다. 이 말은 마음에서 행해야 될 바와 현실에서 자기가 움직이고 있는
것에 차이가 있음을 말하고 있는 것이다. 이렇게 볼 때 공자가 중용이
어렵다고 한 것은 인간이 마음속에서 당위로 생각하는 것과 자기의
실제 나타나는 행동 사이에 갈등이 있음을 말함이다. 이러한 갈등은
현대가 느끼는 표현으로는 실존적인 고민이라고 하겠다. 공자는 인
간을 외적으로 도도한 면만을 내세워 인의(仁義)의 도덕만을 교훈하
는 사람이 아니고, 인간의 그 심연에 깃들이고 있는 갈등과 고뇌로 형
성된 본연의 모습도 이해하고 있는 것이다.

　우리는 공자가 이해한 인간성을 기조로 하여 그가 말하는 중용의
성격을 새로이 이해하여야 되겠다.

庸德之行

庸言之謹,

有所不足

不敢不勉,

有餘 不敢盡.

言顧行

行顧言,

君子胡不慥慥爾　　　　　(제13장)

평소의 덕행에 온 힘을 다해 이를 행동에 옮기며, 평범한 말속에 진정
을 기하여 끊임없이 편달하고 있으나 이에 도달하였다고는 못하겠다.
할 말은 많으나 이를 다 끝낼 수는 없다. 간단히 말하여 나의 말은 나의
행위를 보살피고, 나의 행위는 나의 말을 돌보아야 되겠다고 하였다.
군자가 일을 한다면 이렇게 철저히 해야 되지 않겠냐고 하였다. 공자
는 말에서 군자가 행하여야 되는 중용에 대해 새롭게 일깨워 주고 있
다. 중용의 본의는 같은 차원 위의 것을 말함이 아니다. 생각과 행위,
두 다른 차원의 것이 빗나갈 때에 이를 조절하며 바로 맞추어 놓는 것
이 중용의 본의이다. 절대로 두 대칭적인 원칙의 타협이나 기회주의
적인 선택이 아니다. 갈등 속에 있는 것을 조화시키는 것이 중용의 본
의이다.

　이러한 중용적인 태세에서 우리가 해야 할 바를 그는 다섯 가지의
도(道)라고 하였다.

天下之達道五

……

君臣也

父子也

夫婦也

昆弟也

朋友之交也

五者 天下之達道也　　　　　(제20장)

　　유훈에서 말하는 오륜(五倫)이란 중용지도에 의해서 인간의 사회
생활에 필요한 다섯 가지 기초적인 관계를 말한다. 즉, 군신, 부자, 부
부, 형제, 붕우 사이의 관계를 조정하자는 것이다. 예를 들면 임금과
신하 사이에는 뚜렷한 사회적 계급의 차이가 존재하고 있다. 여기에
따라 신하는 임금이 신하에게서 굽어 보살펴(懷諸候… 제20장) 주어야
할 것을 강조하였다. 그 중용의 기반 위에 생의 도를 조화 있게 꾸며갈
것을 말하였던 것이다.
　　이 중용의 원칙은 인간의 세계에만 국한하여 적용할 것이 아니고
피안의 세계에까지도 포함하여야겠다고 하였다.

事死如事生

事亡如事存　　　　　　　(제19장)

이 중용지도가 생의 세계에만 적용될 것이 아니라 사의 세계에까지
미쳐 생사의 조화를 모색하고 있다. 그리고 마지막에는 천지를 포함
하는 대도(大道)로 되어,

致中和

天地位焉

萬物有焉   (제1장)

중용을 실행함에서 하늘과 땅은 올바른 자세를 가지게 되며 그 가운
데서 만물은 생존 영위하게 된다고 하였다. 그리하여

和而不流…
中立而不倚   (제10장)

모든 것이 화합되며, 어느 하나에 치우쳐 흐르지 않고, 올바른 자세
(中)를 각기 가짐으로써 다른 것에 의지하지 않아 각자가 자기의 타고
난 본분을 이루어 천지인의 조화가 이루어지게 될 것을 말했다.
　　이렇게 중용 19장까지는 중용을 방법적으로 '도'(道)라고 해석하여
말하였고, 20장부터 26장까지는 중용의 동기를 찾아서 '성'(誠)이라는
말을 해석하여 부언하고 있다.

誠者天之道也,
誠之者人之道也
誠者不勉而中
不思而得
從容中道聖人也   (제20장)

즉, 성이란 하늘이 일하는 태세요, 성실히 행하는 것은 인간의 기본 도
리이다. 그리하여 성심을 품고 일하는 데에서 중용은 자연스럽게 이
루어진다고 하였다.

誠之者 擇善而固執之者也 (제20장)

성은 선한 마음을 가지고 끝까지 지키는 것이다. 즉, 선한 동기로 모든 것을 행하려고 지적하고 있는 것이다. 선을 선택하여 이를 역행(役行)하는 것이 성(誠)이라고 하였다.

誠者

...

合外內之道也 (제25장)

내적 자아와 외적인 행위를 조화(일치)시키는 것, 즉 동기와 행위가 합해서 이루어지도록 하는 것을 성이라고 하였다.

誠者自成也,

而道自道也.

誠者生之終始,

不誠無物 (제25장)

그러므로 성은 마음의 생각과 실제의 행동이 같아지도록 하는 것이므로 중용의 기본 태세이다. 무엇을 이루어 보려는 것이 아니고 스스로 이루어지는 것이라고 하였다. 일이 이루어지는 데에는 반드시 성실한 마음의 태세가 있어야 된다고 하였다.

誠則形

形則著

著則明

明則動

動則變

變則化

唯天下至誠爲能化　　　　　（제23장）

성이란 결국은 어떠한 형태를 조성하게 되고 형태는 밖으로 나타나게
되며, 따라서 분명해진다. 분명해질 때는 움직임이 보이고, 움직임이
있을 때는 변함이 생기고, 따라서 변화가 일어나게 된다고 하였다. 이
는 고대의 연쇄 논법으로 표현하고 있는 말이다. 본의는 성이 마음과
행위의 일치된 상태를 지적하는 것이므로 성실한 사람에게서는 단순
히 허구에서 그치지 않고 구체적인 행동까지 그 생각이 나타나므로
천하를 변화시킬 수 있을 것을 말하고 있다.

唯天下至誠

爲能經論天下之大經

立天下之大本

知天地之化育

夫焉有所倚　　　　　（제32장）

사람이 지극한 정성으로서만 천하의 모든 것을 다스리는 기본을 삼
아야 되고, 따라서 천지의 모든 일을 육성할 수 있다고 하였다. 그러
므로 이러한 성실한 동기 가운데에서 비로소 될 일이 구상되어진다

고 하였다.

至誠之道
可以前知
…
故知誠如神   (제24장)

성자(誠者)에게는 생각과 이루어질 현실이 같으므로 따라올 현실을 먼저 알 수 있어 그에게는 신(神)과 같은 영통함이 있다는 말도 듣게 된다고 하였다. 그리하여

唯天下至誠
…
可以贊天地之化育
可以贊天地之化育
則可以與天地參矣   (제22장)

지성(至誠)의 덕을 가진 사람은 올바른 사람으로서 천과 지와 어울려 천, 지, 인, 세 기본적인 요원의 하나로서 군림하게 된다고 하였다.

唯天下之聖
…
故曰配天   (제31장)

그래서 성심을 가진 사람은 하늘과 짝이 된다는 것이다. "하늘을 우러러 보고 땅을 감싸(載天覆地)… 그중에 있는 모든 만물을 병육병행(並育並行) 한다"(제30장)고 하였다.

이상의 모든 의미를 추려본다면 중용지도(中庸之道)이나 지성지덕(至誠之德)은 결국 같은 차원에 있어서 타협을 함으로써 두드러지고 모가 나지 않도록 하라는 것이 아니고 말과 행동, 생각과 실제를 조화시키는 데 있어서 그 길(道)과 동기(誠)를 설명하여 주는 것이다.

4. 맺음말

이러한 유교 사상과 그리스도교를 비교하여 그 사상적인 연관의 가능성을 검토하여 본다면, 인간의 갈등을 이해하는 점에 있어서는 같다고 볼 수 있다. 공자도 인간의 내적인 갈등을 깊이 이해하고 있으며 그리스도교에서도 인간의 내적인 고뇌에 대한 깊은 통찰을 보여주고 있다. 그러나 이를 이해하는 데에는 많은 차이가 있다. 유교는 이러한 갈등의 이해가 유한하다. 그래서 그들은 이를 자력으로 극복할 수 있다고 하고 있으나, 그리스도교에서는 인간의 여하한 노력으로서도 해결하지 못하는 것이라고 본다. 이는 그리스도교가 인간이 가지는 모순의 성격을 좀 더 심각하게 이해하는 데에서 오는 차이라고 하겠다. 사도 바울의 고백과 같이 그리스도교인들은 원하는 것은 행하지 못하고 원하지 않는 바를 행하여 자기로서는 헤어나올 수 없는 곤고한 인간임을 깨닫고 있다. 따라서 이 깊은 고뇌에서 우리를 구원하실 분은 인간 자신이 아니라고 한다. 그리스도교에서는 인간이 아닌 하나님의 힘을 요청하게 되며, 하나님이 사람이 되었다는 화육(化肉)의 사건 위에 이 해결을 의탁하고 있다. 그리스도교 신앙에 의하면 그리스도는 하늘과 인간을 조화시키는 중보자이시다. 그는 인간의 모습을 입으시고 십자가에서 대속함으로써 우리에게 구원의 기초를 마련하여 주셨다. 그리고 오늘날 우리도 성령의 감화로 이를 믿어 이 고뇌에서 헤어나올 수 있다고 하였다.

이렇게 볼 때 그리스도교의 인간 이해와 유교에서 제시하는 인간에 대한 인식은 기본적으로 같다. 그러나 이를 이해하는 깊이에서는 많은 차이가 있어 거기에 따르는 해결 방법도 크게 다르게 됨을 고려하여야 한다.

제 5 장
미래학의 가치관

1. 머리말

삶을 궁극적으로 살펴본다면 갈등으로 이루어져 있다. 오늘의 가치관(價値觀)도 모순으로 되어 있다. 갈등의 구조를 캐어내며 모순을 넘는 것이 미래학(未來學)의 과제이다.

옛날 어느 임금님이 혼란한 국사로 근심에 쌓여 병드셨다고 한다. 날로 더 심해져 가나 고칠 방법조차 찾지 못하였다. 한 심산 도사(深山道士)가 이 말을 듣고 걱정이 되어 임금께 와서 아뢰기를 근심이 없는 사람의 속옷을 입으면 나을 수 있다고 아뢰었다. 이 말을 들은 신하들이 그러한 옷을 두루 찾기 시작하였다. 먼저 그 나라의 일류 인사들을 찾아보았다. 제일 부한 사람은 말하기를 천석꾼 때는 천 가지 근심이 있었는데, 만석꾼이 되니 만 가지 근심이 생겼다고 했다. 권세 있는 사람도 세도가 있는 만큼 근심이 더 있다고 했다. 대학자도 학문이 많은 만큼 걱정이 늘어만 간다고 했다. 그러다 소박한 목동 하나를 어느 벽촌에서 찾았다. 걱정이 없이 사는 모습을 보고 사연을 말하고 속옷을 빌리자고 하였다. 그는 생전 속옷을 입어 보지 못한 초동(草童)이었다. 이 일로 이 초동까지 근심을 갖게 되었다는 일화가 있다. 가치관의 갈등을 잘 보여주는 풍자이다.

2. 서양의 가치관

동·서 문화의 경로를 따라 그 핵심되는 문제를 분석하여 보면 갈등으로 점철되어 있었던 것을 알 수 있다. 그리스 철학을 집대성한 아리스토텔레스는 최고 원칙(最高原則)을 '움직이지 않는 움직이는 자'(Unmoved Mover)라고 하였다. 역리적(逆理的) 표현이다. 그는 논리학에서 역리는 불합리한 것이어서 버려야 한다고 생각하였다. 그래서 그의 역리적인 가치관은 인식론과 충돌하여 고차적인 갈등을 자아내고 있다.

현대 수리논리학파 내에서도 같은 갈등에 놓여 있다. 수리 분야에서는 가치관을 공리(Axiom)로 간주한다. 한 체계를 설정하는 데 있어 가능한한 공리를 많이 포함시키면, 그만큼 그 체계의 범위가 커진다. 그러나 1930년대에 괴델(Gödel)이 이미 입증한 것처럼 공리를 많이 포함한 체계는 조화를 잃게 되고 적게 설정하면 체계의 폭이 위축된다고 하였다. 수리계(數理界)의 가치관에 있어서도 완전성(Completeness)과 일관성(Consistency)이 서로 얽혀 갈등에서 허덕이고 있음을 보여준다. 이 외에도 러셀(Russell)의 집합론적 패러독스, 부랄리-포티(Burali-Forti)의 패러독스, 칸토르(Cantor)의 패러독스를 열거할 수 있다.

갈등의 존재적 필연성을 인식한 것이 현대의 특징이다. 그리고 이

갈등을 어떻게 처리하느냐가 현대의 과제이다. 현대는 과거와 같이
갈등을 제거의 대상으로 보지는 않는다. 갈등을 한 체계의 극한(極限)
으로 보고 울타리같이 타당성의 범위를 제한해 준다고 본다. 이렇게
갈등에게 긍정적인 가치를 부여해 주고 있다. 그러나 아직 갈등을 넘
는 가치관은 설정되지 못하였다.

3. 동양의 가치관

서구의 가치관만이 이러한 어려움을 겪고 있는 것은 아니다. 유서
깊은 동양의 문화도 비슷한 어려움에 시달리고 있다. 그 대표적인 유
· 불 · 선(儒 · 佛 · 仙) 학파를 열거하여 설명하고자 한다.

3.1. 유교

공자의 교훈인 『중용中庸』이 타협적인 것으로 오해되고 있다. 단순
한 양적 차원(量的 次元)에서 이 교훈을 논할 때 지나침(過)이나 못 미침
(不及)을 피하여 적중(適中)하라는 의미도 있다. 그러나 모든 문제를 양
적 차원에만 국한시켜 설명할 수는 없는 것이다. 『논어』에 아래와 같
은 말이 있다.

質勝文則野 文勝質則史
文質彬彬 然後君子(論語 V116)

문(文)이란 형틀을 말함이요, 질(質)은 내용을 의미한다. 문과 질,

이 두 다른 차원의 관계를 설명할 때 단순하게 적당히 하라는 것이 아니다. 둘 다 제각기 발전해야 한다고 하였다. 그는 그래서 "군자어천하야 무적"(君子於天下也 無適)이라 하였다. '무적'(無適) 곧 타협을 배격하고 흑백(黑白)을 명확하게 하자고 말했다.

논어에 미생고(微生高)라는 서생(書生)의 이야기가 있다. 어느 날 미생고의 친구의 집에 밤늦게 손님이 찾아왔다. 음식을 준비하려는데 식초가 없어서 미생고에게 빌리러 갔다. 그러나 그도 없어서 또 다른 친구에게 가서 빌려 가지고 빌려주었다. 공자의 제자는 이 이야기를 선생께 아뢰어 미생고의 위인(爲人)을 칭찬하였다. 공자는 미생고가 없으면 없는 대로 돌려보낼 것이지 남에게까지 가서 꾸어서 빌려준다는 것은 진실치 못한 소행이라고 책하였다(亡諸有 難有恒).

공자는 인간의 지상 과업은 '인'(仁)으로 정했다. 인(仁)이라고 할 때 우리가 흔히 생각하듯이 아무에게나 적당히 좋게 대해주는 것으로 보지 않았다. 인자는 선(善)과 악(惡)을 구분(區分)하여 선한 사람을 사랑하며 악한 자는 미워할 줄 아는 사람이어야 한다고 하였다(仁者 能愛人 能惡人). 선과 악을 나누어 놓고 거기에 맞는 행동(行動)을 같이 해야 한다고 하였다.

공자는 이 알맞은 행동을 여러모로 강조하였다. 배운 것은 익혀야 하며(學而時習之), 사귄 친구를 또 만나는 일에서 군자(君子)의 낙(樂)이 있다고 하였다. 잘못한 일에 있어서도 '견과이불개 위지과'(見過而不改 謂之過)라고 하였다. 인간은 잘못이 있을 수 있다. 그러나 잘못을 보고도 고칠 줄 모르는 마음을 잘못된 것으로 본다. 그는 그래서 '불이과'(不貳過) 혹은 '견과자송'(見過自訟)라고 하였다.

이와 같은 구조로 공자는 '인'을 풀이하여 다음과 같이 설명했다.

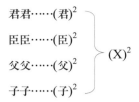

악(惡)을 '불이과'(不貳過), 즉 (過)²로 해석한 바와 같이 인(仁)도 이 중 구조로 표현하였다. 인간의 다원적인 관계에서 각기 그 위치에 맞도록 적극적인 행동을 가지라고 하였다. 이중 구조에 있어서는 그 원칙을 이미 행동으로 옮긴 것을 전제한 것이므로 원칙적인 면에서 타협을 도모할 수 있는 시효(時效)가 없음을 알 수 있다. 그러므로 중용(中庸)의 뜻은 정자(程子)도 말한 바와 같다.

中庸 天下之正道

中庸 天下之定理

중용(中庸)은 도(道)와 이(理)의 극치를 뜻함이다.

공자의 이러한 교훈은 복잡한 우리 생애의 모든 부면(部面)에 적용되기는 힘들다. 논어에 이런 기사가 있다. 오래 실직된 가장이 있었다. 수입이 없어 끼니를 잇기 힘들었다. 하루는 그 아버지가 양(羊)의 살덩이와 그 외에 귀한 음식을 두둑이 들고 돌아왔다. 온 집안 식구는 뜻밖에 포식을 한 뒤 곤히 쉬게 되었다. 식구들은 이튿날 새벽에 이웃의 소동으로 잠에서 깨어났다. 양 한 마리가 없어졌다는 것이다. 그 집 아들의 마음에는 즉각적으로 떠오르는 것이 있었다.

이 아들은 궁지에 빠졌다. 아버지께 효도하고, 공경하려면 위증(僞

證)을 해야겠고, 그 사실을 숨김없이 증거하려면 아버지를 사회적으로 욕되게 하게 된다. 이 문제에 있어 공자는 효를 하여 아버지를 욕되이 하지 않아야 한다고 주장하였다. 공자는 매 분야(昧 分野)에서 빠짐없이 그 직책을 충실히 할 것을 주장하였으나 실제적인 현실에 부딪칠 때 내적 분열과 갈등을 극복할 길이 없었다.

3.2. 노자

공자의 허점을 보충해 줄 수 있는 학파가 노자(老子)였다. 노자는 이런 말을 『도덕경道德經』에 썼다.

道可道 非常道
名可名 非常名

이 두 구절은 같은 구조를 갖고 있어 그 구조를 정리해 보면 다음과 같다.

X可X 非常X

'가'(可)와 '비'(非)는 인식론적인 범주로써 대칭적인 성격을 갖고 있다. '상'(常)은 시간을 뜻한 것으로 인식의 활동의 기반이 된다.

노자는 같은 형식으로 본질적인 범주인 '유'(有)와 '무'(無)를 다루었다. 이 둘 사이의 관계는 '유무상생'(有無相生)이라고 하였다. 이 두 범주도 상대적 혹은 대칭적인 성격을 갖고 있다고 하였다. 범주들의 관계를 '동출이이명'(同出而異名)이라고도 하였다. 대칭적인 이(異)의 갈등적인 관계를 뜻한 것이로써 '동위지왈현'(同謂之曰玄)이라고 하였다. 역리적인 것은 황홀하다(玄)고 하였다.

본질적인 범주가 모순으로 되어 있는 것같이 인식론적인 범주도 역리적으로 구성되어 이 두 분야의 범주가 다시 얽힐 때 고차적인 갈등을 맺는다고 하였다(玄之又玄 衆妙之門). 이것이 노자의 기본 구조가 되어 그는 이대로 모든 것을 이해하였다. 만사의 오묘한 이치를 풀이해 줄 수 있는 열쇠로 사용했다.

노자는 이 기본 구조를 가리켜 '도'(道)라고 하였다. 모든 갈등의 갈등을 지적하는 것이기에 합리적인 정의를 내릴 수 없어 '오부지기명 자지왈도'(吾不知其名 字之曰道)라고 하였다. 그 본체를 표착하기 어려워 별명을 도(道)라고 지었다고 하였다.

노자는 세상이 이 도(道)를 받아들이지 못하는 데에서 혼란을 초래하였다고 말했다.

大道廢 有仁義
慧知出 有大僞
六親不和 有孝慈
國家昏亂 有忠臣

충, 의, 효, 자(忠, 義, 孝, 慈)와 같은 모든 윤리적 가치관은 도를 벗어난 세상의 기준이라고 하였다. 오늘 우리는 충의(忠義)를 갈망하는 데서 충무공 동상(忠武公 銅像)까지 세웠다. 그러나 노자의 관점에서 본다면 우리의 세대가 혼란스럽다는 것을 스스로 입증하는 행동이 아닌가 생각하게 된다.

노자는 도를 잃은 세대에서는 역행(逆行)할 것을 권하였다.

天之道 其猶張弓
高者抑之 下者擧之
有者損之 不足者補之

하늘의 도는 마치 활과 같아서 활줄을 좌로 당기면 살은 우로 날아가
듯이 높은 자는 누르고 낮은 자는 올리며, 있는 자는 손해를 받게 마련
이고 부족한 자는 채워질 것을 말했다.
  노자는 도를 잃은 세상에서 도를 가진 사람으로 할 바를 '덕'(德)이
라고 하였다. 덕은

善者吾善之 不善者 吾亦善之 德善
信者吾信之 不信者 吾亦信之 德信

으로 풀어 설명하였다. 이 말을 정리하면 다음과 같은 구조를 찾게 된다.

  X나 X 아닌 것을 동일하게 대하는 것을 德(X)이라 한다.

덕이란 도를 잃고 대칭적으로 분열된 상태를 나무라지 않고 좋던 나
쁘던 한결같은 마음으로 대하는 태도를 말한다.
  노자는 갈등을 그대로 받아들여 그 구조의 형태에 따라 살라고 권
장하였다. 생을 뒤집어 살아야 한다고 주장하였다. 그래서 그는 원수
를 사랑으로 갚으라고 하였다(以德報怨). 그의 가치관은 어디까지나 모

순을 넘는다는 것보다 그대로 받아들였던 것이다. 그런 이유에서 그
의 가르침이 처세술의 일종으로 전락되기도 하였던 것이다.

3.3. 불교

우리 문화는 불교의 전입(傳入)으로 새로운 박력을 얻게 되었다. 석
가는 인간이 스스로 자기의 사고 형태에 사로잡혀 갈등 속에 잠기게
되었다고 하였다. 우리 머리가 모든 것을 대칭적인 범주를 자아냈고
그것을 결연(結緣)시키는 데서 갈등이 생겼다고 한다. '아상'(我相)인
주체성은 객관 세계인 모든 현상, 즉 '색계'(色界)를 탐하는 데서 갈등
이 생겼다고 한다. 존재치 않는 아상이 환상의 색계를 탐하는 것은 이
루어지지 못하는 꿈으로서 번뇌를 일으키게 된다고 한다. 인간의 고
민은 이 가상적 주·객관의 대칭적인 범주를 '욕'(慾)으로 한데 묶는 데
서 기인하였다고 한다.

석가는 이 갈등과 번뇌에서 중생(衆生)을 멸도하여 열반으로 이끌
려고 하였다. 그러나 그는 중생이 실은 존재치 않음을 즉시 깨달아 '실
무중생 멸도입열반'(實無衆生滅度入涅盤)이라고 했다. 따라서 자기의 교
훈도 교훈답지 않은 무엇밖에 못된다고 하였다.

석가는 번뇌가 인간을 습격할 때 이중부정(二重否定)을 사용하라고
권하였다. 번뇌를 주는 대칭적인 두 범주를 동시에 부정하는 데서 고
민이 사라질 것을 알렸다. 그는 Neither/Nor의 논법(論法)으로 번뇌의
문제를 해소시켰다.

불교는 모순에 얽힌 사고방식에서 해탈하여 주기는 하였으나 갈
등의 문제점을 받아들여 충실히 다루어 본 후 더 높은 차원으로 승

화시켜 해결해 주려고 노력하지는 않았다.

4. 미래학에 있어서의 갈등

동·서 문화의 발전 과정을 추적하여 보면 여러 분야에 공통된 문제가 갈등 속에 있었음을 알 수 있다. 대칭적인 범주를 맞붙여 놓는 데서 생긴 것이다.

갈등의 구조를 포착하게 되면서 그 유래를 수리논리(数理論理)의 도움으로 찾아보게 되었다. 갈등은 차원의 위축으로 생긴다. 입체적인 우리의 손을 평면적인 단면에 투사할 때 엄지를 왼편과 오른편으로 투사할 수 있다. 입체 공간에 있는 손은 변함이 없지만 투사된 그림자는 대칭적으로 될 수 있다. 이 사실을 일반화하여 표현한다면 (n+1)차원의 것을 n차원으로 위축시켜 볼 때 갈등이 생긴다는 것이다.

왜곡되어 나타난 갈등을 처리하는 것이 미래학의 문제이다. 미래학은 글자 그대로 앞으로 올 세기를 바라보며 단순히 그것을 헤아리는 데에 있지 않다. 시간을 현시점으로 나누어 과거와 미래로 갈라보는 데에는 갈등을 벗어날 길이 없다. 그렇게 본다면 앞으로 새로이 올 것만이 미래에 있지 않고, 거기에는 과거도 남아 있게 된다. 우리의 옛 습관은 내일에도 살아남아 있을 것이다. 내일에 과거가 살아 있다 함은 바로 역리적(逆理的)인 문제이다.

이러한 시간관은 그 기점을 현재에 두고 있기 때문에 과거와 미래를 그 입장으로 해석하며 보게 된다. 이것을 현재시점적 전망태도(Present Perspectivism)라고 한다. 그러나 현재라는 순간도 끊임없이 흐르는 것이어서 역사를 이런 입장에서 쓰면 시대가 바뀔 때마다 다시 써야만 되었다.

이러한 제약에서 벗어나 미래를 문화 발전의 단계를 통하여 볼 수도 있다. 그 일단면인 도구의 발전을 통하여 본다면 인류는 18세기에 이르기까지 단순한 도구를 외부적인 힘으로 움직였다. 그다음 도구를 도구의 힘, 즉 기계의 힘으로 움직여서 사용하였다. 그것이 이차적인 사고방식의 산물이므로 거기에도 갈등을 내포하게 되었다. 이 시대의 산품(産品)인 내연기(內燃機)의 구조를 보아도 피스톤은 언제나 전진과 역행을 번갈아 해야만 하는 데서 기능을 상살(相殺)시켰다. 이러한 갈등을 덜기 위하여 기계를 연료의 흡입, 연소, 배출의 삼상(三相)으로 설계하였다. 이것이 곧 Wrengle Engine이다.

이렇게 기계를 삼상으로 개선할뿐더러 3차원적으로 발전시켰다. 기계로 움직여지고 있는 기계로 조정까지 하는 것이다. 이 자동화 (Automation)의 경향이 미래학의 내용이다.

3차원적으로 자동화하였다는 것은 기계를 조정하는 점에 의미가 있는 것일 뿐 아니라 조정하는 프로그램을 창의적으로 만들 수 있는 데에 있다. 수리논리 면에 있어서도 과거에 해오던 공리에만 의존하여 체계를 세우지 않고, 체계를 세운 다음 거기에서 연출되는 정의들은 모두 기계적으로 다루어지게 될 것이다. 그러므로 그 공리를 창작하며 연결시키는 것이 과제로 남게 된다. 이로써 수학은 많은 노고에서 해방을 얻어 창작적인 활동에 전력할 수 있게 될 것이다.

음악에 있어서도 이러한 경향이 엿보이고 있다. 과거에는 칠음(七音) 혹은 오음(五音)으로 제약된 음정으로 일정한 박자와 강약에 맞추어 작곡하여 왔다. 그러나 오늘에 와서는 그 음계의 수를 자유로이 제작한다. 그리고 그 음계도 일정한 규율로 되어 있지 않다. 또한 화음도 마음대로 배합하고 리듬도 취미대로 제작하여 작곡한다. 그렇게 된 작품은 어느 규격에 맞추어 비평을 받는다는 것보다 그 자체의 규율에 의한 미(美)를 되찾게 된다. 이로써 음악이 어떠한 일률적인 규범에 매인 데에서 탈피되어 창작성을 완전히 발휘하는 데 그 미를 숨김없이 드러내는 것이다.

교육에 있어서도 사건을 배워주는 데서 발전하여 배우는 자의 학습 과정에 맞추어 가르치는 방향으로 나간다. 최근에는 한 걸음 더 나아가 가르치는 원리를 취급하게 되었다(Theory of Teaching). 이것은 단순히 학습 과정에 맞추어 가르치자고 하는 것은 아니고, 그 학문 분야의 구조를 터득하여 가르쳐 준 것이 배우는 자의 마음에 되살아나게 하는 방법이다. 교수학이 교육 분야에 있어 이와 같이 구조론을 취급하게 되어 있다.

그런데 모든 학문의 분야가 같은 보조로 발전해가는 것은 아니다. 종교 분야에서는 아직 이차원적인 갈등에서 답보하고 있다. 공자에 관한 풀이를 할 때 물건을 훔친 아버지의 아들로서 효도와 정직 두 갈등 사이에 놓여 있는 이야기를 한 바 있다. 이 사건을 종교적인 논리를 배경으로 하고 본다면 문제는 더 복잡하게 된다. 가령 기독교에는 십계명이 있다. 부모를 공경하라고 하였고, 거짓 증거를 하지 말라고 하였다. 이 경우에는 한 계명을 지키기 위하여 다른 하나의 계명을 깨뜨려야 한다.

종교적 계율, 즉 가치관에서만이 이러한 갈등으로 되어 있지 않고, 그 신앙의 대상도 역리적으로 엮어져 있다. 우리가 믿는 그리스도는 하나님이요 사람이라고 하였다. 그리스도를 참 하나님이요 참사람으로 믿는 것은 역리적(逆理的)인 존재를 신봉(信奉)하는 것이다. 기독교는 이 갈등에 사로잡혀 그것을 넘어 그 이상의 차원의 존재를 지향하는 데 이르지 못하고 있다. 이 미래학적인 세대에서 기독교가 해결해야 할 과제가 아직 남아 있다고 생각된다.

제 6 장

논어(論語)의 일면

많은 학자들은 공자의 교훈을 '중용'을 중심으로 풀이해 왔다. 그들은 모든 일에 있어서 양극단을 버리고 적중(適中)한 행동을 하는 것이 마치 공자의 교훈인 듯 생각하여 왔다. 이 글에서는 공자의 제자 자사(子思)가 개편한 『중용』보다 공자의 말을 직접 수록한 『논어』를 중심하여 공자의 사상 구조를 분석하는 데서 공자는 중용과 타협적인 생태(生態)를 단연 거부한 것을 입증하려고 한다.

1. 무적(無適)

『논어』에서 공자는 지나침(過)이나 못 미침(不及)을 다 피하라고 하였다.

子曰, 不得中行而與之, 必也狂狷乎, 狂者進取, 狷者有所不爲也(XIII. 21)

우리가 모든 문제를 양적(量的) 차원으로 줄여 말할 때 적중(適中)하다는 것은 결국 지나침(過)이나 못 미침(不及)을 피하여 알맞게 하라고 하는 의미도 있다. 그러나 모든 문제가 양적 차원에 제한하여 설명할 수는 없는 것이다. 그런 때는 문제를 적중히 하자는 것으로 해결하지 못한다. 그래서『논어』에 아래와 같은 말이 있다.

質勝文則野, 文勝質則史, 文質彬彬, 然後君子(VI. 6)

여기에서 '문'(文)이란 것은 어떤 형틀을 말하는 것이고, '질'(質)이란 것은 내용을 말하는 것이다. 이것은 단순한 양적인 차원에 관련된 두 범주가 아니고, 질적으로 다른 두 차원의 관계를 설명하는 것이다. 공자는 내용과 형틀의 문제에 있어서 내용과 형틀을 적당히 타협하는 것보다 내용과 형틀이 모두 다 같이 발전하여야 한다고 하였다.

공자는 자사(子思)가 말한 "거기양단 집기중"(去其兩端 執其中)이라는 타협적인 중용지도를 주창한 바 없다. 그는 양극단을 버리고 적당한 것을 취하는 것이 올바르지 않음을 분명히 밝힌 바 있다.

君子於天下也, 無適也, 無莫也, 義之與比(IV. 10)

다시 말하면 단순한 양적 차원 이외의 문제는 어떠한 중용적 혹은 타협적 태도를 취하라고 한 것이 아님을 우리는 여기에서 찾아볼 수 있는 것이다. 그는 분명히 '무적'(無適), 즉 적당주의를 배격하였다.

2. 혹즉불항(惑卽不恒)

공자는 양극단을 버리고 그 가운데 적중하라고 하는 태도를 가리켜 '혹'(惑)이라고 하였다.

子曰, 旣欲其生, 又欲其死, 是惑也(XII. 10)

생과 사는 양극이다. 죽는 데서 살아보려 하는 그것이 곧 생사 간에 있는 어떤 적중한 태도라고 볼 수 있는데, 공자는 이런 태도를 타당하다고 보지 않았고, 도리어 문제를 해결하는 데 있어서 우리의 마음을 산란하게 하는 것이라고 하였다.

공자는 또 말하기를 이러한 타협적 태도는 결국 우리로 하여금 꾸준함을 갖지 못하게 한다고 하였다.

子曰, 亡而爲有, 虛而爲盈, 約而爲泰, 難乎有恒矣(XII. 25)

없으면서 있는 것같이, 비어 있으면서 차 있는 것같이, 별로 없으면서 많은 것같이 함은 사실 양극 사이에 어떠한 적중한 점을 취한 것인데 공자는 이런 태도를 배격하였고, 그렇게 하는 사람에게는 항구(恒久)적인 것이 없다고 하였다.

공자는 양극단이 있을 때 그 어떠한 적중한 점을 찾을 수 없다는 점을 입증하기 위해서 아래와 같은 문제를 제기하였다. 어떤 사람이 공자에게 이렇게 물었다. "나에게 원한을 품게 한 사람에게 덕으로 갚는 것이 어떤가"(惑曰, 以德報怨, 何如, XVI. 36). 이것은 기독교에서 말하는 바와 같이 원수를 사랑하라고 하는 것과 같은 성격을 지닌 질문이다. 공자는 이에 대답하기를 "네가 만약 원한을 덕으로 갚는다면 덕을 베푼 사람에게는 원한을 품어야 하지 않겠느냐?"고 물었다(子曰, 何以

報德, XVI. 36).

'덕'(德)과 '원'(怨)은 두 극단이라 볼 수 있다. '덕'과 '원'을 혼동하여 그 어떠한 적중한 점을 찾는다는 것은 무리를 가져온다고 하였다.

물론 증자(曾子)가 『논어』에 '유약무'(有若無, VII. 5) 하라고 한 바 있다. 이것이 곧 타협 정신의 한 적중주의인데, 그의 스승인 공자의 입장에서 벌써 이탈된 말이며, 증자의 영향이 중용에 많이 침투되어 공자의 본의를 변질시킨 것 같다.

『논어』에 미생고(微生高)에 관한 짤막한 재미있는 얘기가 있다. 미생고에게 친구가 하나 있었는데, 어느 날 밤중에 그 친구집에 손님이 찾아왔다. 그를 대접하기 위해 음식을 준비하려 할 때 식초가 떨어져 있었다. 그래서 그는 미생고에게 가서 식초를 좀 꾸어달라고 하였다. 미생고 역시 생활이 곤궁해서 부득불 그는 늦은 밤에 자기의 다른 친구에게 가서 식초를 꾸어다가 그 친구에게 주었다. 공자의 제자가 이 얘기를 듣고 공자에게 그의 우정을 칭송하였을 때 공자는 말하기를 이것은 진정한 우정이 아니라고 말하였다. 미생고가 없으면 없는 것으로 친구를 대하여야 할 것이지 남에게서 꾸어서 준다는 것은 없는 것을 있는 척하는 태도이니까 진실한 사람이 못 된다고 하였다. 말하자면 이 사건은 '망약유난유항'(亡若有難有恒)이란 것을 입증한 것이다.

3. 변혹(辨惑)

공자는 이러한 타협주의의 생태보다 좀 더 적극적인 태도를 취하라고 주장하였다.

知之爲知之, 不知爲不知, 是知也(II. 17).

아는 것과 모르는 것은 양극단인데 아는 것과 모르는 것을 얼버무려 적당히 태도를 취할 것이 아니고, 아는 것은 알고 모르는 것은 모른다고 하는 것이 지성인의 태도라고 하였다. 공자는 양단을 분명히 해 두자는 것이다.

鄕人皆好, 不如善者好之, 不善者惡之(XIII. 19)

공자는 모든 사람에게 그저 적당히 좋은 인상을 주는 것을 타당하게 보지 않았다. 차라리 선한 사람에게는 좋게 보이고, 악한 사람에게는 밉게 뵈는 것이 올바른 대인 관계라고 하였다. 선과 악을 얼버무려 적당히 할 수 없다고 하는 것이다. 선과 악은 명확하게 갈라놓아야 된다고 하였다.

仁者 態好人 能惡人(IV. 3)

공자에 있어서 인간의 지상 과제는 '인'(仁)인데 '인자'(仁者)라는 것은 흔히 우리가 생각하듯이 아무에게나 적당히 좋게 대해 주는 자를 의미하는 것이 아니라 선악을 구분하여 선한 사람을 사랑하며, 악한 자를 미워할 줄 아는 자라야 한다고 하였다. 공자는 이런 양극단을 분명히 갈라 놓고 그 둘을 동시에 상대하여야 한다고 하였다. 그리하여 공자에게 있어서 '인'(仁)이나 '지'(知)는 개념적인 것만이 아니고 행동을 포함한 그 무엇을 의미한 것으로 보아야 할 것이다.

4. 학습(學習)

공자는 『논어』에 이중적인 말을 중복하여 쓴 적이 있다.

席部正 不坐(X. 9)

좌석이 올바르지 않으면 앉지를 말라고 하였다. '좌'(坐)와 '석'(席)은 이중적인 말이다.

不在其位 不謀其政(VIII. 14)

사람이 그 자리에 있지 않을 때 마치 그 자리에 있는 양 말할 것이 아니라고 하였다.

割鷄焉用牛刀(XVII. 4)

닭을 잡을 때 소백정이 쓰는 칼로 잡지 않는다고 하였다.
　또 계문자(季文子)가 모든 문제를 세 번씩 생각하는 것이 어떤가 하고 공자에게 아뢸 때 공자는 두 번 생각하면 족하다고 한 것이다(再斯可矣, V. 19). 공자가 이중적으로 생각하라는 것은 그의 특이한 논조이다. 예를 들자면 '학이시습지'(學而時習之)란 말에서도 배우고(學) 연습하라(習)고 하였다. 그는 모든 것을 이중적인 구조에 의해서 설명하였다. 그가 인(仁)에 관해서 설명할 때도 이런 이중적 구조로 표현하였다.

博學而篤志 切問而近思 仁在其中

이 학문(學)과 의지(志), 물음(問)과 생각(思)은 한 문제에 있어서 두 다른 차원으로 중복하여 표현한 것이라고 볼 수 있다.

5. 달도(達道)

공자의 사상에 있어서 악(惡)과 인(仁)의 개념을 대표적으로 선택하여 그 구조를 분석하여 보고자 한다. 그는 이에 대하여 아래와 같이 말하였다.

過而不改 是謂過矣(XV. 30)

사람마다 잘못은 있을 수 있다. 그러나 그 잘못을 저지른 다음에 그 결과를 보고도 고치지 않을 때 그것을 잘못된 것으로 보았다. 이것이 공자가 말하는 '불이과'(不二過, VI. 3)이다. 잘못할 때는 서슴지 않고 고쳐야 하며: '과즉불탄개'(過則不彈改, IX. 24), 잘못할 때 내가 나 자신을 꾸짖어야 한다는 것이다: '견과자송'(見過自訟, V. 24).

공자의 이러한 악에 대한 해석은 문화사에 있어서 독특한 위치를 차지한 것 같다. 기독교 윤리의 기준은 대부분 신의 명령에 의하였고 칸트에 이르러서도 윤리의 기준을 지상 명제에 의존하여 세웠던 것이다. 그러나 공자는 인간의 경험의 토대 위에 세워 자기의 주관적인 경험의 과정을 거친 다음에 그것에 의하여 이 윤리의 기준을 설치한 것이다. 이것은 인도주의적(Humanistic)이라기보다 인간화한(Humanized)

윤리라고 볼 수 있다.

공자에게 인(仁)에 대하여 물을 때 그는 서슴지 않고 다음과 같이
말했다.

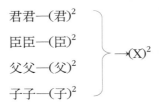

$$
\left.\begin{array}{l}
君君 — (君)^2 \\
臣臣 — (臣)^2 \\
父父 — (父)^2 \\
子子 — (子)^2
\end{array}\right\} \rightarrow (X)^2
$$

마치 악을 '불이과', 즉 (過)^{2}로 해석하듯이 인에 관해서도 이중적인 구
조로 표현한 바 있다. 임금의 위치에 있을 때 임금답게 행해야 되고,
아버지 위치에 처한 사람은 아버지답게 행동해야 된다는 것이다. 그
러므로 이러한 이중적 구조로 표현된 말들은 이미 행동까지 포함된
것이다. 이런 이중 구조는 이미 행동을 포함한 것이므로 타협을 허용
치 않는다. 이것은 악이나 선에 대한 원칙을 논하여 타협하자는 것이
아니고, 이미 행동의 차원을 포함한 것이므로 시간적으로 이론적 타
협을 체결할 여지가 없게 한 것이다.

6. 덕례(德禮)

공자는 이렇게 이중적 구조를 자타(自他)의 관계에 연장시켜 적용
하였다. 그래서 그는 이런 말을 하였다.

己立立人, 己達達人(V. 24-26)

己所不慾, 勿施於人(XII. 2)

夫子之道, 忠恕而已(IV. 15)

공자는 자타의 관계에 있어서 자기는 자신에게 대하여 충성할 것
인데 그것을 일컬어 '도'라 하였고, 남에게도 같은 마음으로 대하라고
하였는데(恕) 이것을 '덕'이라고 하였다. 그러므로 중용이란 것도 정자
(程子)가 말한 바와 같이 좀 더 깊은 뜻이 있다.

中者 天下之正道, 庸者 天下之定理

중용은 도와 이치에 도달함을 뜻하는 것이다.
　동양의 사상에 있어서 타협주의의 경향이 있는 것은 사실이나, 이
것이 공자의 교훈에 기인했다고는 할 수 없다. 그는 어디까지나 적극
적인 사상가였다.

제 7 장
역위(易緯)의 역사철학

1. 머리말

흔히들 문화의 흐르는 모습을 역사철학(歷史哲學)이 그려 준다고 한다. 우리 문화의 율동도 우리의 역사철학이 풀이해 줄 것이다. 그러나 많은 국내외의 학자들이 우리에게는 내어놓을 만한 역사철학이 없다고들 한다.

우리도 역사 속에서 살아온 백성이고 우리게도 남부럽지 않은, 나아가서 서구(西歐)보다 더 우수하고 다양성을 띤 역(易)이 있다. 오랜 세월을 미신과 무성의에 가리어 빛을 제대로 보지 못하고 내려왔다. 우리는 역(易)의 구조를 설명한 다음 역위(易緯)에 숨겨 있는 역사철학을 밝히려고 한다.

2. 역(易)의 구조

2.1 역의 유래

역의 구조를 이해하는 데 도움이 될까 하여 역의 유래를 밝히려고 한다. 역이라는 이름은 주(周)나라 때 비롯한 것이나 그 이전에는 '연산'(連山) 혹은 '귀장'(歸藏)이라는 이름으로 불렸다. 공자(孔子)가 쓴 역에 관한 『계사繫辭』에는 역의 유래를 다음과 같이 설명하였다.

古者包犧氏之王天下也

仰則觀象於天 俯則觀法於地

觀鳥獸之文 與地之宜 近取諸身 遠取諸物

於是 始作八卦 以通神明之德 以類萬物之情   <繫辭(下) 第二章>

복희씨(伏犧氏, 包犧氏)가 천하만물(天下萬物)과 사람을 관찰하여 팔괘를 얻은 것이라고 하였다. 즉, 역은 다른 경전(經典)과 같이 계시로 받은 것이 아니고 관찰하는 데서 터득했다는 것이다. 또한 이것으로 모든 것을 관통(貫通)하여 볼 수 있으며(以通神明之德), 모든 것을 분류(分類)하여 정리할 수 있을 것이라고 보았다(以類萬物之情).

2.2 역의 설정

역이 어떤 방법으로 설정되었는지를 거시적(巨視的)·미시적(微視的)으로 분석하고자 한다.

2.21. 거시적인 분석

역을 거시적(巨視的)으로 분석하는 데 있어 방도(方圖)와 원도(圓圖)로 나누어 설명하였다. 방도는 공간적(空間的)인 면을 다루었고 원도는 시간, 즉 서열의 문제를 다루었다.

2.211. 방도(方圖)

방도는 공간적인 면에서 역의 요원(要員)이 어떻게 형성되었는가를 설명하고 있다.

『繫辭傳』(上11章)

兼三才而兩之 故六：$2^{3×2}=2^6=64$ 卦

역의 요원(要員)은 이진법으로 구성되었다. 오늘날에는 십진법으로 셈을 한다. 열하나가 되면 다시 열이 될 때까지 세어 오르다가 스물하나가 되면 다시 그 주기를 반복하곤 한다. 십진법 외에 칠진법, 십이진법도 있었으나 계산이 복잡한 탓으로 잘 쓰이지는 않지만, 아직도 일 년을 십이 개월로 지키며 일 주간을 칠 일로 하고 있다.

그러나 셈에 있어 가장 원시적이고 보편화된 것이 이진법이며, 우리의 사고 양식 속에 깊숙이 스며들어 있다. 우리의 말본에도 명사(名詞), 동사(動詞)를 나눈 다음, 동사는 자동사(自動詞)와 타동사(他動詞) 등으로 갈라놓았다. 우리가 사용하고 있는 만큼 개념도 이분(二分)되어 있다. 선(善)과 악(惡)이 상반되며, 상(上)과 하(下), 흑(黑)과 백(白), 유(有)와 무(無) 등으로 갈라져 있다. 이분된 것이 거듭 이분하여 이진법으로 번식하게 되었다.

주역에서 말하는 태극(太極), 양의(兩儀), 사상(四象), 팔괘(八卦) 등의 진전도 이진법에 기준하여 연출되었다.

$2^0=1$ **太極**

$2^1=2$ **兩儀**

$2^2=4$ **四象**

$2^3=8$ **八卦**

$2^{3\times2}=2^6=64$ **六十四卦**

이상의 연출된 1, 2, 4, 8에 태극(太極), 양·음(陽·陰), 태양·소음·소양·태음(太陽·小陰·小陽·太陰), 건·태·리·진·손·감·간·곤(乾·兌·离·辰·巽·坎·艮·坤) 등의 글자(字)로 이름을 지어 주었다. 그러나 이것을 무늬(文)로도 표기하였다. (— --), (⚌ ⚍ ⚎ ⚏), (☰ ☱ ☲ ☳ ☴ ☵ ☶ ☷), 오늘날 우리는 흔히 '문자'(文字)라고 겹쳐서 글자를 의미하나, 옛날에는 문(文)과 자(字)는 달랐다. 문(文)은 상징적이었고, 자(字)는 상형적이었다. 그리하여 산을 문(文)으로는 ⛰로 표시하였고, 자(字)로는 산의 모습을 그려 ☰로 표시하였다.

역도 본래 '(—)'과 '(--)'의 이분법으로 된 기본 기호를 갖고 연출하여 그 요원(要員)들을 배출하였다. 요원의 유래를 이진법에 기초하여 배열하면 위의 그림과 같이 네모나게 되어 '방도'(方圖)라고 불렀던 것이다.

2.212. 원도(圓圖)

방도에 의하여 연출된 괘(卦)들을 어떠한 서열로 배열하느냐가 원도의 문제이다. 『계사』에 이런 말이 있다.

河出圖 洛出書 聖人則之　　『繫辭』(上11章)

전설에 의하면 하도(河圖)는 복희씨(伏羲氏) 때에 황하(黃河)에 나타난 용마(龍馬)의 무늬를 딴 것이라고 하고, 낙서(洛書)는 우왕(禹王)이 치수할 때 낙수(洛水)에 나타난 신귀(神龜)의 등에 그려진 꼴을 본떠 만든 것이라고 한다. 이 전설의 신빙성은 희박하다고 해도 팔괘를 배열하는 데 있어 하도와 낙서의 체계는 뚜렷이 서 있다.

팔괘의 배열을 구조적으로 보면 이상에 언급한 전설과는 차이가 난다. 전설에는 복희(伏羲) 때 하도를 설정한 것같이 말했으나 소위 복희의 배열법은 도리어 낙서(洛書)와 같다. 따라서 우왕의 『홍범구주洪範九疇』(尙書)의 배열은 낙서의 것과 같아 우왕 때 낙서를 시정한 것으로 보는 데는 전설과 일치한다고 할 수 있다. 하도를 비록 복희 시대의 것으로 전설에서 말했으나 도리어 주문왕(周文王)이 고안했다고 하는 '후천도'(後天圖)의 것과 같은 점을 발견할 수 있다. 그러고 보면 혹시 복희의 '선천도'(先天圖)가 하도보다 낙서와 일치하게 되며, 우왕의 홍범구주와도 같은 것이었음을 알 수 있다. 그 반면에 문왕의 후천도(後

天圖)가 하도의 '용마지상(龍馬之狀)이었던 것을 반증하게 된다.

2.2121. 낙서(洛書)(伏犧: 先天圖)…(禹: 洪範九疇)

載九履一
左三右七
二四爲肩
六八爲足
天地定位
山澤通氣
雷風相薄
水火不相射
八封相錯
數往者順
知來者逆(說卦傳)

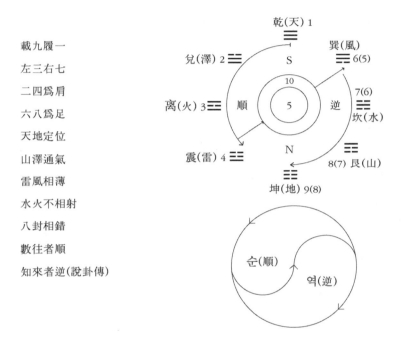

낙서 혹은 복희의 『선천도先天圖』 또는 우왕의 『홍범구주』는 이상의
그림과 같이 배열되었다. 1에서 4, 즉 건[(乾[天]), 태(兌[澤]), 이(离[火]),
진(震[雷])은 좌에서 우로 순행했고, 손(巽[風]), 감(坎[水]), 간(艮[山]), 곤
(坤[地])은 우에서 좌로 역행하게 배열했다. 그런데 음과 양이 교차함
에 따라 만물이 생겼다고 하는 데에서 사괘인 진과 육괘인 손을 교차
시켜 놓기도 한다.

1에서 4까지는 순(順)으로 내려오다가 5(皇極)를 통하여 6으로 건

너가 거기서 9까지 역으로 배열되는데, 그 그림을 약화하면 바로 우리가 흔히 쓰는 태극도의 모습이 된다. 낙서의 배열 방법은 순에서 역으로, 역에서 순으로 끊임없는 율동을 갖게 마련이다.

2.2122. 하도(河圖)(文王: 後天圖)

하도 혹은 주문왕의 후천도는 팔괘를 연속적인 율동보다 대칭적인 방식으로 배열하였다. 여기서는 먼저 '생'(生)과 '성'(成) 두 권(圈)으로 나누었다. 생권(生圈)에서도 1(坎)과 2(离)를 상대적인 방위에 두었고 3(震)과 4(兌)를 역시 마주 놓았다. 성권(成圈)에 있어서도 6(坤)과 7(艮), 8(巽)과 9(乾)를 서로 대립시켜 놓았다. 여기서도 음과 양이 교차되는 데서 만물이 생성된다고 함을 6과 7의 방위로 엇갈려 놓았다. 하도에서는 이렇게 생권을 주축으로 하고 성권의 네 괘를 사이사이에 끼어놓았다. 그 결과로 2, 8, 3, 7, 1, 9, 4, 6의 순서로 좌에서 우향하여 배열하였다.

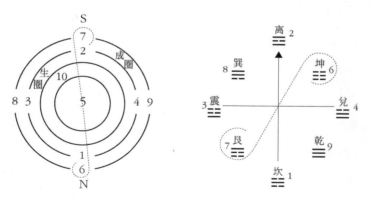

2.22. 미시적인 분석

패(卦)의 구조를 상징적으로 분석하는 데 있어 흔히 상(象)과 효(爻)로 나누어 본다. 상은 그 패의 본질적인 성격을 규명하고 효는 율동을 설명하여 준다.

2.221. 괘의 상(文≠字)
『계사』에 다음과 같은 말이 있다.

八卦成列, 象在其中矣(繫辭下 一章)

聖人有以見天下之賾 而擬者其形容 象其物宜 是故謂之象(繫辭上 十一章)

상이란 천하 모든 것들의 숨은 본질을 거기에 맞게 대상적으로 표시함이다. 감괘(坎卦)를 예로 들어 보자.

坎 ☵ → ¦¦¦ 水

(外柔內剛: 물과 같은 것)

이 괘는 음(陰), 다시 말해서 유한 것이 바깥쪽을 싸고 있고 양(陽), 즉 강함이 그 가운데 들어 있다. 즉, 외유내강하다는 뜻이다. 구체적인 물건으로서는 물을 들 수 있다. 물은 유한 모습을 가지고 있어 어디서나 그 바깥 형틀을 조정한다. 그러나 물의 위에서 아래로 흐르는 성격은 어디서도 변치 않는 외유내강한 품격을 지니고 있다. 물과 같은 것의 성격을 상징적으로 감괘를 사용하여 표시하게 마련이다. 이렇게 상징적으로 표시하는 기호 방법을 우리 고전에서는 '문'(文)이라고 하였다. 괘의 무늬를 가리켜 말한 것 같다. 이런 면에서 보면 '문'은 상징적인 데 의거하여 발생된 '자'(字)와는 근본적으로 다르다. 이 점에 관하여 다음 1.4에서 더 자세히 다루겠다. 일단 문과 자는 역사적으로 그 기원이 달랐다는 것만을 여기에 언급해 둔다.

괘는 주로 본질을 상징하고 있으나 상형적인 때도 있다.

서합(噬嗑)(씹는다) ☲☳

이 괘는 아래서부터 턱, 아랫니, 윗니, 입술, 눈과 눈썹을 비기여 만들었다. 괘는 오늘날 흔히 상·하로 나열하여 놓는다. 그러나 문을 사용하던 때는 세워 놓기도 했고, 가로 배열하기도 했다. 수평으로 상·하를 놓으면 상(象)을 의미했고, 수직으로 좌·우로 나열하면 효(爻)를 의미하였다. 감괘(☵)는 물의 본질을 의미 상이 되고 이것을 세워 놓으면 川가 되는데 이것이 바로 오늘날 우리가 쓰는 ⺍하는, 즉 '水'이다. 우리는 '수'가 물의 본질적인 면을 지적한다고 생각해 왔지만 실은 물의 흐름을 가리켰던 문(文)이었다.

2.222. 괘의 효

爻也者 效天下之動者也(繫辭下 三章)

효는 모든 율동을 표기함이다.

聖人有以見天下之動 而觀其會通 以行其典禮…

是故謂之爻(繫辭下 十二章)

　　모든 것의 율동과 그 과정을 관찰한 후 그것을 규율로 삼아 만든 것이 효이다. 그러므로 '효친다'하는 말의 뜻은 그 행동을 예측한다고 들 어렴풋이 알고 있었다. 여기에 우리는 오래 숨어 있던 동방의 보고를 찾은 것 같다. 흔히 서구인들은 동방에는 역사철학을 두드러지게 내세워 그것이 마치 역사의 이정표인 양 생각하였다. 그런데 우리에게도 사실은 이런 것이 있었을 뿐만 아니라 더 다양스럽고 찬란한 것이 있었음을 재발견할 때 흐뭇한 자부심에 잠기게 된다.

　　효는 '위'(位), '응'(應), '비'(比)로 구성되었다.

　　위(位)는 효의 기본적인 위치를 규정해 준다. 육효의 맨 밑에서부터 세어 제1, 제2, 제3, 제4, 제5, 제6효라고 부른다. 때로는 이 육효를 사회의 계급으로 표시하기도 하여 제1효를 황상(皇上), 제2를 천자(天子), 제3을 제후(諸候), 제4를 대부(大夫), 제5를 사(士), 제6을 서민(庶民)으로 관련시키기도 한다.

　　이 여섯 효 중 첫 위에는 양, 제2에는 음, 제3에는 양, 제4에는 음, 제5는 양, 제6은 음으로 정하였다. 한 괘의 움직임을 헤아릴 때 먼저 그 괘의 효들의 위에 양의(음, 양)가 바로 놓여 있는가를 보아야 한다.

　　응(應)은 괘의 위의 세 효와 아래 세 효의 대립 여부를 보는 것이다. 제1효가 양일 때 윗 괘의 첫 효, 즉 제5효는 양과 대립적 관계를 갖고 있는 음효여야 한다. 이와 같이 제2와 제5, 제3과 제6효는 서로 대립되어야 한다.

等	位	應	比	上行下從
皇上				
天子				
諸候				陽 陰
大夫				從 上
士				下 行
庶				

비(比)는 인접한 괘와의 대립 관계를 말한다. 음효는 위에 놓인 효
와 대응되어야 하며, 양효는 아래 효와 대응되어야 한다. 그러므로 '양
종하 음상행'(陽從下 陰上行)이라고도 한다.

육효의 등위와 응비에 의하여 한 괘의 율동을 안배한다. 육효를 육
소절로 배열하고 매효의 기복을 삼급 정도로 해 놓고 괘의 움직임을
도식화한다면 다음과 같은 그래프를 얻을 수 있다.

2.2221. 건(乾)

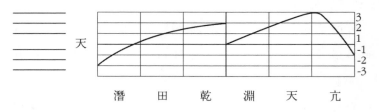

第一爻(初九) 潛龍 勿用

숨어서 꾸준히 힘을 기르는 용

第二爻(九二) 見龍在田 利見大人

용이 점차 나타나게 되나 대인의 지도를 받는 것이 이로울 것이라고 하였다.

第三爻(九三) 君子終日乾乾 夕惕若厲 无咎

본질적으로 나타나 움직이겠으나 반성함을 잊지 않는 데서 탈이 없을 것이다.

第四爻(九四) 或躍在淵 无咎

혹 뛰어 연못에 있으면 탈이 없을 것이다.

第五爻(九五) 飛龍在天 利見大人

하늘에 오른 용과 같이 극치에 달하겠으나 대인의 지도를 받아야 이로울 것이다.

第六爻(上九) 亢龍有悔

다 오른 용은 이지러질 것이다.

이 건괘는 제1위가 음이 아니고 양으로 되어 있어 비록 활동을 개시하여 많은 은덕을 천하에 베푼다고 하더라도 이 효와 대립되는 제5위의 양효에 맞추어 하여야 한다고 함이다. 제5효인 양효는 제자리에 바로 놓여 순조로우나 제6효는 음효일 것이 양으로 되어 있고 또는 제3효와 상응되지 않은 데서 그 움직임이 불순(不順)할 것을 말한 것이다. 건괘에 해당하는 동률 양상을 이런 방법으로 재정리하여 도식화한 것이다.

2.2222. 곤(坤)

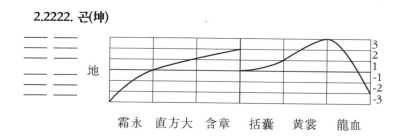

第一爻(初六) 履霜 堅氷至

서리가 오고 얼음이 어는 것은 陰爻가 아직도 그 기능을 발휘하지 못함을
의미한다.

第二爻(六二) 直方大 不習 无不利

음효가 점점 그 기능을 발휘하여 매사를 방정하게 처리하는 것을 뜻함이다.

第三爻(六三) 含章可貞 或從王事 无成有終

숨은 재능을 다듬어 온 마음을 기울여 때가 오기를 기다리는 모습이다.
인정을 받아 나라 일을 크게 도울 수도 있을 것이다.

第四爻(六四) 括囊 无咎 无譽

자기의 재능을 헛되이 나타내지 않을 때 비로소 탈이 없을 것이다.

第五爻(六五) 黃裳 元吉

고귀한 자리에 앉게 되어 크게 형통하리라.

第六爻(上六) 龍戰于野 其血玄黃

극성하면 되돌아서 혼란에 빠질 것이다.

이 곤괘는 건괘의 율동 양상과 비록 어휘적으로는 다를지라도 기
본적으로는 유사함을 여기에 지적해 두고 싶다.

2.2223. 비(否)

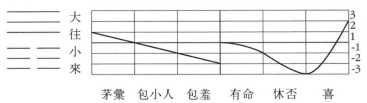

이 비괘는 건과 곤, 즉 하늘과 땅이 화합함을 이른 바이다. 이것은 기독교에서 말하는 화육의 진리와 같은 구조를 가진 것이다.

第一爻(初六)

풀을 뽑으니 그 뿌리도 뽑힘을 말함이다. 예수가 와서 율법적인 것만을 가지고 人間의 잘못된 행동을 시정했다기보다 우리의 마음까지 뜯어고쳐 주실 것을 의미한 것이다.

第二爻(六二)

세상에 버림받은 사람들을 포섭하고 권세 있는 자들과 맞설 것을 얘기함이다.

第三爻(六三)

그는 세상 사람들에게 많은 비난과 수치를 받게 될 것이다.

第四爻(九四)

그러나 하늘의 명령이 있으니 별 탈이 없을 것을 말함이다. 이것은 사복음에 있어서 변화신상의 장면과 같은 형체이다.

第五爻(九五)

대중에게 부정당하는 데서 모든 동작을 멈추게 된다. 그때 세상 권세 잡은 자들은 득의양양할 것이다. 그를 무더기로 난 뽕나무에 달아 죽일 것이다.

第六爻(上九)

그는 움직이기 시작한다. 선과 후 즉 시간을 부정하여 영원의 세계에서 기뻐할 것이다.

이 비괘에 적힌 율동은 두 극단의 성격을 지닌 자에게 따를 운명을 말함이다. 그리스도와 같이 하나님이요 사람이신 그러한 존재이든가 율리우스 시저와 같은 귀족 출신으로 평민당의 대언자가 된 사람의 운명을 가리켜 말하였다. 어느 면으로 보나 이 비괘(否卦) 율동 양상은 사복음에 적혀 있는 예수의 생애를 간략하고 명확하게 표시했다고 할 수 있다.

2.2224. 태(泰)

태괘는 두 극단의 것이 교체되는 양상을 말함이다. 앞에 말한 비괘는 천이 지가 되었다면, 태괘는 지가 천으로 화함을 뜻한다. 이 괘는 기독교에서 말하는 은혜관과 유사한 점이 있다.

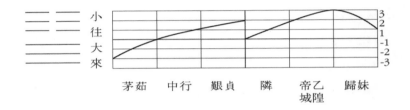

第一爻(初九)

풀을 뽑을 때 그 뿌리도 뽑혀 나올 것을 말함이다.

第二爻(九二)

거칠은 것을 감싸주고 황하같이 어렵고 넓은 것을 건너는 데 소용되는 것이요 먼 것을 버리지 아니하며, 친구를 버리지 아니하며, 비록 친구를 잃는다 하여도 같이 할 사람을 찾게 될 것이라 하였다.

第三爻(九三)

무상한 세상에서도 믿음직한 사람을 뜻하였다. 상대방이 변한다고 자신도 변하려고는 하지 않는다.

第四爻(六四)

부귀한 몸으로서 자기의 만족보다 이웃과 함께 함을 가리킨다.

第五爻(六五)

임금의 처남과 같이 되어 큰 영광을 누릴 것이다.

第六爻(上六)

태평성세가 다 지나서 다시 기울어질 것을 말하였다.

2.22241. 겸(謙)

☷☶ (謙謙 鳴謙 勞謙 撝謙 利伐 利師)

2.22242. 진(震)

☳☳ (虩虩 厲 蘇蘇 泥 厲 索)

2.22243. 서합(噬嗑)

☲☳ (履校 膚 腊肉 乾胏 乾肉 何校)

겸괘에 있어서도 첫 효는 겸손하고 겸손할 것, 제2효는 겸손함이 말과 행실에 나타나는 것, 제3효는 겸손으로 봉사할 것을 말함이다. 제4효는 맘이 겸손함을 따라 법도에 거스름이 없을 것이다 하였고, 제5효는 나가서 일을 하는 데 있어서 모든 것을 처리하는 데 유익하리라 하였으며, 제6효는 모든 일을 지도하는데 이로우리라고 하였다.

진괘는 율동의 양상을 소리에 의존하여 발전하는 것이라고 하였다.

서합(噬嗑)은 사람의 씹는 것을 모델로 해서 이가 피부에서부터 살로 뼈까지 씹혀 들어가는 발전상을 위주로 해서 율동의 양상을 구성한 것이다.

서구 학자들은 흔히 동양적인 역사철학은 반복되는 원의 형태를 갖고 있는 양 말하고 있다. 그러나 위의 분석에 의하면 그 율동의 양상은 하나만이 아니고 64종이나 되는 것을 알 수 있다.

따라서 건괘만 보더라도 첫 세 효는 연속적인 것이나 다음 세 효의 것과 연속되어 있지 않으며, 첫 효의 시발점과 끝 효의 종점이 다른 위치에 있어 원을 형성할 수 없게 되어 있다. 이와 같이 태괘, 비괘, 곤괘가 다 두 가지의 불연속된 선으로 되어 있어 원을 위상학적으로도 이룰 수 없는 처지에 놓여 있다. 다시 말하면 우리의 역사철학을 원으로 표현할 만한 근거가 없음을 밝혀 두고자 한다.

2.3. 계의(稽疑: 갈등의 분리)

팔괘는 흔히 의문이나 결단이 필요할 때 사용하였다. 마음에 상충되는 두 가지 가능성이 엇갈려 있어 그것을 분별하여 어느 하나를 선택하여야만 되는 경우에 사용하였다. 이것을 가리켜 계의라고 한다.

계의는 흔히 그 사건에 적당한 궤를 찾아내어 그 사건이 그 해당 효에 의하여 전개되리라고 믿는 것으로부터 비롯되었다. 이러한 괘는 산가지(算竹)를 사용하여 찾아낸다.

『계사』에 의하면 산가지는 50개로 되어 있다(繫辭九章). 그러나 적당한 괘를 찾는 데 있어 기타 방법도 있다. 64괘를 선다형으로 뽑아낼 수만 있는 방법은 다 사용할 수 있다. 그러므로 최소한 도로 여섯 개의 양자택일할 수 있는 물건이면 된다. 예를 들어 엽전은 정, 반 두 면으로 되어 있어 엽전 여섯 개로도 선출할 수 있다. 또는 상, 하를 분간할 수 있는 6모 방망이로도 하고 있다. 그러나 주역에 있어 정통적인 입장은 어디까지나 『계사』에 적혀 있는 대로 하는 것이다. 그 방법을 아래에 설명코자 한다.

2.31. 疑: 大衍之數 五十 其用 四十九(太極: 疑問點)

산가지가 50개로 되어 있는데 먼저 그중에 하나를 빼내어 태극이라고 이름을 한다. 태극은 음, 양 둘인데 하나로 되어 있어 역리적인 존재로 의문점을 뜻한다.

2.32. 稽: 分而爲二 以象兩 掛一以象三(天, 地, 人策)

50개에서 하나를 뺀 49가지를 두 손에 나누어 잡는다. 왼손에 든 가지는 하늘을 상징하고 오른손에 든 것은 땅을 표시한다. 이것이 바로 '분이위이 이상량'(分而爲二 以象兩)이라 함이다.

그다음 왼손으로 오른손에 쥐고 있는 산가지에서 하나를 뽑아 인책으로 삼아 인을 상징케 한다. 그 결과로 천지인책이 구비되어 괘의 삼위를 표시케 했다. 이것이 바로 '괘일이상'(卦一以象)이다.

2.33.

揲之以四 以象四時……　　(一變)(48/4: 或九或五)

(二變)(43-39/4: 或八或四)

(三變)(31-39/4: 或八或四)

두 손에 쥐어진 算가지를 네 개씩 빼어 내다가 남은 수만을 기록한다. 예를 들어,

49 산가지가
右手에 19개
左手에 30개로 나뉘었다고 하자.
右手의 19개에서 '人策' 하나를 빼면 18개가 남는다.
18/4=4…2
18-(4×4)=2
左手에 30-4×7=2

그러므로

天策이(右手)	2
地策이(左手)	2
人策이	1
합하여	5이다.

이 수를 '제1변'에서 얻은 수라고 한다.
49개에서 이 5(제1변의 책수)를 빼면 44개가 남는다. 위에 하던 방법으로 44개를 좌, 우 손에 나누어 잡은 다음 천, 지, 인책을 연출한다. 여기에서 나온 수를 제3변 책수라 한다. 예를 들어 44개 중

右手 中 23개

左手 中 21개

天策數23-1=22

22-4×5=2

地策數21-4×5=1

人策數   1

합하여   計 4(第二變의 策數)

제3변의 책수는 44-4=40개 책가지를 계책한다. 예를 들어

右20

左20

天策數 20-1=19

19-4×4=3

地策數 20-4×5=0=4

人策數   1

合計   8

이 三變의 策數를 합하면

5+4+8=17

전책수인 49에서 이렇게 쳐서 나온 변산인 17을 뺀 다음 남은 수는
공교롭게 24, 28, 32, 36 넷뿐이다. 이 수들을 넷으로 나누면 6, 7, 8,
9 사수를 얻게 된다. 육은 태음, 팔은 소음, 칠은 소양, 구는 태양으로
해석하여 육효의 성격을 규명한다.

2.34. 四營而成易, 十八變而成卦(繫辭 上 九章)(3變×6女=18變)

맨 처음에 연출된 수로 제1효를 규명한다. 잇달아 여섯 번을 같은 방법으로 반복하여 육효를 일일이 규정지어 괘를 정한다. 이렇게 열여덟 번을 반복하는 방법을 대연법(大衍法)이라고 한다. 대연법(大衍法)으로 팔괘를 선정하여 당면한 의문을 육효에 지시한 방향으로 해결해 보려고 하였던 것이다.

2.4. 문제의 소재

역의 내표된 문제성은 역의 발전 과정과 그 사용법에서 생성한다. 역은 본래 이진법 기호인 ─와 --를 사용하여 상징적으로 표시한 체계이다. 이것을 '문', 즉 무늬라고 하였다. 예를 들어 산을 가리켜 문을 ─라고 표시하였다. 그러나 이것이 상형적인 시대로 옮겨갈 때 같은 것을 ─으로 표시하였다. 눈에 보이는 모습을 간화한 상형적인 표시이다. 이런 것을 가리켜 '자'라고 하였다. 오늘날 우리가 흔히 문자란 말을 사용하고 있으나 역사적으로는 문의 계보와 자의 계보가 달랐었다는 것을 다시 지적해 두고 싶다.

2.41. 문(文) → 자(字)

"庖犧氏先文"

"上古變文爲字"(乾鑿度 上)

"六者非他也 三才之道也 道有變動故曰爻 爻有等 故旦物

物相雜 故曰文"(繫辭下 十章)

『역경』「계사」와 『역위』「건착도」 상편에 보면 복희씨가 팔괘를 처음 만들 때는 상징적인 문으로 작성하였다고 하였다. 그다음 상형적인 자가 생긴 다음 비로소 문을 자로 고쳤다고 하였다. 그리하여 상고때 문이 자로 변하였다고(上古變文處字) 하였다.

2.411. 문(文)의 분화

상징적인 문을 상징적인 방법으로 분화한 흔적도 남아 있다. 예를 들어

≡古文 '天'字, 亦 ⦀ 字 覆 萬物 "乾者天也, 先也"(乾鑿度 上)

≡는 고문으로 '천'(天)자이다. ⦀ 역시 같은 상징문인데 무늬를 상하로 나열할 때는 '상'(象)이라고 하여 그 문의 본질 면을 논하였고, 좌우로 배열하였을 때는 '효'(爻)라고 하여 활동 면을 지적하였다. 그런데 같은 문이라도 ≡는 천의 본질을 의미한다면 ⦀은 서열의 선두, 즉 시간적으로 시초를 말한다. 건은 천야선야(天也先也)라 함도 공간적으로 높은 하늘은 시간적으로 시초가 되는 의미를 가졌다고 말함이다. 비록 한 무늬가 두 다른 차원으로 투사되었다 하더라도 그 문 자체는 하나였던 것이다.

2.412. 자의(字意)의 제약

문은 상징적인 것이어서 형체는 갖고 있으나 질료에는 제한받지를 않는다. ≡는 양성이 강한 것을 상징하는 것이므로 천, 군, 부, 금

☰	乾, 天, 圓, 君, 父 …
☷	坤, 地, 方, 臣, 母 …(說卦傳)

등을 표시한다. ☷ 은 순수한 음으로 되어 있어 지, 모, 부, 포 등을 표시할 수 있다. 하나의 상징이 구체적인 질료의 국한 하에서 표시될 때 자의 형체로 변하게 된다. 그러므로 문이 자로 변할 때 추상적인 문이 구체적으로 오관을 통하여 감촉될 수 있는 자의 형체로 바뀌진다. 물체적인 면에서 다양한 질료를 뒤집어쓰고 나올 때 한 문이 여러 자로 표시되게 된다. 그러나 같은 상징을 지닌 많은 자(字) 사이의 기본적인 형태는 같은 것이어서 이러한 변천에 따라 새로운 문제가 야기되게 된다. 이것은 곧 자와 자 사이에 분야별로 다른 의미를 띄고 있다고 할지라도 그 기본 의미가 같은 데서 왔다는 생각에서 실제 이상의 유대를 맺고 있다. 예를 들어 천과 지의 관계를 건과 곤의 사이로 보아 천을 둥글다(圓) 보면 천과 지가 상반된 것과 같이 지는 네모라고(方) 한다. 그런 데서 '천원지방(天圓地方)'이라고 하고 있다.

2.413. 동사와 명사의 분류 (名詞∩動詞) → (名詞∪動詞)

象	賾	方	盡意	器	言	卜	名詞	空間	命=論理
爻	動	圓	盡利	變	行	占	動詞	時間	運=歷史

이렇게 문(文)이 구체화됨은 피상적인 자(字)에만 반영되지 않고 문법에도 변화를 일으켰다. 문에는 한 무늬를 가지고 동, 명사의 두 역할을 하였다. 즉, ☰이나 ☷ 으로 사용하였다. 그러나 자를 쓸 무렵, 동, 명사는 완전히 분리되어 상립적인 것으로 보게 되었다. 역의 문이 글

자로 변할 때 비로소 '상'(象)과 '효'(爻)로 나누어 보기 시작하였다. 위에 표시한 바와 같이 상은 괘의 깊이(賾)로, 효는 괘의 움직임(動)으로 나누어 논하게 되었다. 괘를 분석하는 데는 그 범주를 방도와 그 배열을 구상하는 원도를 각각 논하였다. 이 두 의미를 찾는 데 있어 복(卜)은 상의 뜻을 찾음이요, 점(占)은 효의 움직임을 보려 함이다. 비록 상과 효가 나뉘었고, 색(賾)과 동(動)이 갈라졌으나 한 괘에 관한 것으로 보아 상관된 것으로 보았다. 상과 효는 일치되는 것으로 알았다. 논리적인 면과 역사적인 활동은 일치되어야 하는 것으로 믿고 있었다. 그러는 데서 천명(天命)은 세운(世運)과도 일치된다고만 알고 있었다. 여기에서 그들은 천지의 어떠한 작은 현상이라도 반드시 역사 과정에 깊은 의미를 띨 것으로 확신하였다. 비록 거북(龜) 등의 무늬라도 그것을 바로 해독하는 데서 인간의 운명을 지적해 주는 것으로 여겼고, 책수로 연출한 괘는 그 복자(卜者)의 운수를 지배할 것으로 지켜왔다.

2.414. 언어의 책수화(策數化)

글자와 문법이 잇달아 분화되면서 표면적으로 다른 자의를 파고들어 좀 더 깊은 내재적인 유대를 찾아보려는 시도가 책수(策數)로 나타나게 되었다. 자의를 수적으로 바꾸어 사용한 것이다.

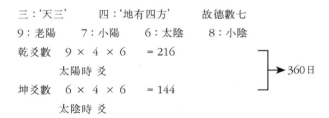

三 : '天三'　　四 : '地有四方'　　故德數七

9 : 老陽　　7 : 小陽　　6 : 太陰　　8 : 小陰

乾爻數　　9 × 4 × 6　　= 216

太陽時 爻

坤爻數　　6 × 4 × 6　　= 144

太陰時 爻

→ 360日

천을 3으로, 지를 4로, 노양을 9로, 소양을 7로, 소음을 8로, 태음을 6으로 보며, 해를 360일로 보았다. 따라서 논리적인 타당성도 말에 의존치 않고 나눗셈으로 대체(代替)하게 되었다. 예를 들어 12라 하면 3인 천(天)으로 나아갈 수 있으니 천의 의미는 12(즉, 3天×4地)에 타당함을 알 수 있다. 즉, 말에 의존하던 복잡한 논리적인 전개를 나눗셈으로 간단하게 처리하게 되었다.

책수의 발견은 어디까지나 자(字)가 옛 문(文)의 간이함을 되찾아 보려는 시도라고 보아도 좋을 것이다. 그러나 책수의 체계는 불행히도 십진법을 사용하였기 때문에 과거 문(文)의 이진법과 비교하여 보면 너무나 복잡하여 문제를 간단하게 규칙적으로 처리하기 어려운 경지로 몰고 가게 되었다.

2.42. 괘(卦), 연(衍)의 착란(錯亂): 미신화(迷信化)

괘의 발전 과정에서 겪은 변천으로 인하여 괘를 미신화하게 되었다. 자의 다양한 구체적인 분야를 일관시키려는 태도로 말미암아 상관없는 분야까지 연결시켜 보려는 데서 심각한 문제가 야기되었다. 물론 상의 뜻을 효로 풀이하는 것은 틀림없으나 산통(算筒)에 의존하여 연출된 괘에 의하여 나의 운명이 좌우되리라는 것은 너무 비약된 추리이다. 산가지를 열여섯 번이나 반복하여 심각하게 택한 괘라고 할지라도 그 수는 어디까지나 우연의 수이지 나의 심상(心狀)과는 연관시킬 만한 근거가 없다. 여기에서 역이 미신화되게 된 것이다. 말하자면 역의 진의를 산통(算筒)이 깬 것이다.

그러나 한 사람의 마음씨(心狀)가 어떠하면 그의 행실이 그렇게 나타나게 된다. 이중적인 인격이면 행위도 이중적이 된다. 그런 데서 괘의 그 사고 유형에 의하여 택하는 경우 그 할 행동도 예측될 것은 사실이다. 예를 들어 예수의 생애를 산통(算筒)에 의존하여 나오는 괘에 맹목적으로 귀속시키어 그 운수를 보는 것보다 예수의 본질, 즉 신이 인간으로 화육된 그 사실에 입각하여 괘를 찾는 경우 그의 생애는 성경에 나타난 바와 같이 비괘(否卦)의 효를 가지고도 예측해 낼 수 있다.

이런 견지에서 우리는 역에 숨어 있는 깊은 의미를 오늘날 재발견해 보려고 하는 바이다. 산통(算筒)을 버리고 사고 유형의 분석에 의하여 선택하는 경우 그 율동 양상의 측정 정도는 서구 역사 철인들이 외골수로 고집하고 있었던 것보다 탁월한 예견의 기능을 충분히 발휘할 것으로 본다.

3. 역위(易緯)

역(易)도 앞서 설명한 바와 같이 경(經)과 위(緯)의 계보로 발전하여 왔다. 『역경』은 오경의 하나로 정경의 대접을 받아 왔으나 역위가 산생되던 그 배경과 그 작품의 목적을 구명코자 한다.

3.1. 문제의 제기

문(文)으로 된 역(易)이 자(字)로 변하자 부수적으로 생긴 분야 간에 연결 관계를 주장하게 되었다. 다시 말하자면 천명(天命)과 세운(世運)은 다른 것임에도 연관되어 일치하리라고 믿어 왔던 것이다. 그러나 구체적인 사실을 관찰하여 볼 때 명(命)은 꼭 운(運)과 일치하지 않는다는 것을 발견할 수 있다. 모든 물건은 연결 관계로 성립되어 있지 않는 것을 주장할 때 자로 표현하고 있는 주역은 난관에 봉착하게 마련이다. 이러한 움직임이 전국 시대에 한비(韓非)를 비롯하여 한 대의 왕충에 이르러 체계화되어 파문을 던졌다.

3.11. 한비(韓非, 280 B.C.?~233 B.C.)

鑿龜數筮 兆曰大吉 而以攻燕者趙也 鑿龜數筮, 兆曰大吉
而以攻趙者燕也 燕無功而社稷危 非趙龜神, 而筮龜欺也…
龜筮鬼神 不足擧勝 無而恃之 愚寬不也
古者先王盡力於親民, 加事於明法(節邪 第十九)

한비자는 일찍이 「척사편[斥邪篇]」 등을 써서 당시의 지도자들이 맹목적으로 복서(卜筮)에 의존하던 습성을 깨우쳐 보려고 하였다. 위에 인용한 구절에서 말한 바와 같이 초(超)나라와 연(燕)나라 사이에 전쟁이 있게 되었다. 초나라가 점을 쳤을 때 길하리라고 하여 출전하였고 연나라 점도 길하리라 하여 응전하였다. 그런데 연나라는 패하였다. 이는 연의 점은 잘못되었고 초나라의 점은 신통했기 때문이 아니다. 승패는 점이 좌우하는 바가 아니다. 그런 것에 기대를 건다는 것이 미련한 일이라고 아니할 수 없다. 그러므로 한비자는 지도자들을 보고 다시 선왕이 다스리던 슬기를 배워 '친민'(親民)과 '명법'(明法)에 치중할 것을 주장하였다. 한비는 어디까지나 점서보다 구체적인 활리(活理) 방법이 올바르면 나라가 부강해진다고 주장하였다. 그러나 그는 실험적 견지에서 관찰한 바 실재와 부합하지 않는다고 논란했을 뿐이지 새 체계를 세워 이론적으로 배격하지는 못하였다.

3.12. 왕충(王充, A.D. 27~100): 논형(論衡): 복서편(卜筮篇)

俗信卜筮: 謂卜者問天, 筮者問地
著神龜靈, 兆數報應, 放捨人議 而就卜筮……

역과 복서(卜筮)에 관하여 이론적으로 반박한 학자로서는 한나라의 왕충(王充)을 예로 들 수 있다. 그의 저작 『논형論衡』은 동양학에 있어서 빼놓을 수 없는 거작이다. 그 가운데 「십서편卜筮篇」은 그 당시 학자들에게 큰 충격을 준 작품이다. 왕충은 먼저 복과 서를 규명하였다. 항간에서 흔히 복서(卜筮)란 말을 사용하고 있는데 복이란 말은 하늘을 향하여 물음이요 서는 땅을 상대로 한 물음이라고 하였다.

산가지나 거북이 등의 무늬를 갖고 어떤 일이 있으리라는 징조를 삼는다는 것인데 올바른 추리를 버리고 복서(卜筮)에 귀의하는 것이라고 하였다. 이에 대하여 그는 아래와 같은 이론으로 배격하였다.

3.121.

問天地, 俗儒所言也
蓋取名 未必有實

왕충은 말하기를 점을 칠 때 학자들이 천지를 상대로 문의한다고들 한다. 그러나 그런 것은 말뿐이지 실은 묻는 사람이 그렇게 생각하고 있을 뿐이라고 하였다. 왕충은 문제를 묻는 우리 인간의 주체성과 우리가 묻고자 하는 물음의 상대가 반드시 객관적으로 존재하여 대응해 준다고 할 수는 없다는 것이다. 주객의 관계, 문답의 관계를 묻는 주체가 가상된 것이니만큼 그 상대가 실재로 존재치 않는다고 하였다. 그는 주관에 입각한 문제는 객관에 있을 상대와는 반드시 관계될 수 없다고 주장하였다.

3.122.

今以微小之人 間巨大天地 小大不均 音語不通… 安能知其意 惑意以爲可
兆數不吉 或兆數則吉, 意以爲凶
夫恩慮者己之神也 兆數者亦己之神也
一身之神在貿 中爲思 在貿 外爲兆…견
情如神明, 爲兆數, 不宜

둘째로 일 보 후퇴하여 그런 상태가 있다고 가상하더라도 그 상대가 질적으로 차이가 있어 대화가 성립될 수 없다고 하였다. 작은 인간이 거대한 천지를 상대하여 대화한다면 "小大不均 音語不通"이라고 하였다. 그러므로 우리가 다시 이런 사건을 냉정하게 다루어 본다면 그러한 문제를 갖고 있는 것도 자신이요 그 문제에 관하여 징조를 받아 그 의미가 무엇이라고 해석하고 있는 것도 자신이었다고 하겠다. 마음속에 품고 있을 때의 것이 사상(思想)이 되겠고, 이 사상을 객관화할 때 징조라고 생각한 것이므로 주관적인 분위기를 마치 신의 계시나 징조로 여기는 것은 적합지 않다고 하였다.

3.123.

今天地生而著卦死(書字, 象, 數) 以死問生安能得報

四時行焉, 百物生焉 天不言則亦不聽人之言

셋째로 천지만물은 생동하고 있는데 서괘(筮卦)는 몇 가지 형으로
고정되어 있다. 고정된 것으로 생동하는 것이 올바르게 측정될 리가
없다. 시간은 흐르며, 만물은 생성하고 있다. 복서(卜筮)들이 말하고
있는 천(天)은 실로 말도 하지 않고 있으며 사람의 말을 들으려고도 하
지 않을 것이다. 왕충은 고정된 이론으로는 생동하는 현실을 측정하
지 못한다고 단정하였다.

3.124.

卜筮必有吉凶 論者或謂隨人善惡之行…

吉人行道逢吉事, 顧眄 見祥物 非吉事祥物, 爲吉人瑞應也

凶人遭遇凶惡於道, 亦如爲(命≠運)

넷째로 복서(卜筮)들은 인간의 행위에 따라 선악의 보응에 맞추어
길흉이 따른다고 믿었다. 그러나 세상에서 많은 선인이 흉을 입을 뿐
만 아니라 많은 악인이 길한 복에 파묻혀 살고 있음을 볼 수 있다. 그렇
게 보면 천명에 의하여 선악을 가리어 산다는 것과 세운에 나타난 길
흉의 사이에 인과적인 관계가 없음을 입증하는 것이다. 따라서 명(命)
과 운(運)은 하등의 연계 관계가 없음을 알 수 있다고 하였다.

왕충은 이런 이론과 실증으로 역학의 핵심이 되는 연계 개념을 산산이 부수어 놓았다. 여기서부터 재래의 역(易)에 대한 신념이 흔들리게 되었고 따라서 새로운 답변을 요청하게 되었다.

3.2. 역위(易緯)의 답변

역위는

乾坤鑿度, 乾鑿度 稽覽 圖, 辯終備
通卦驗乾元序 是類謀 坤靈圖(合八篇)

으로 되어 있다. 저자는 미상이나 주로 창현(蒼顯)과 정현(鄭玄)(唐生, A.D. 127~200)의 주석이 우리에게 전해지고 있다. 역위의 체계는 문왕의 후천도에 의존하여 서술한 것이다(cf. 2.2122). 이런 면에서 역위는 생성의 과정, 즉 역사에 중점을 둔 저작이라고 보아야 할 것이다.

3.21. 연계(連繫/ 命二運)

역위에 있어서 그 공동적인 과제는 자연히 절연된 연계 관계를 수복시키는 데 있다. 그들은 팔괘를 이전에 사용치 않던 분야에도 적용하기 시작하였다.

3.22. 상수(象數/象成數生: 일반화[一般化])

天	地	風	山	坎	火	雷	澤	"古文八卦"
天	地	風(巽)	艮	月	日	震	兌	"太象八"
天門	人門	風門	鬼門					"四門"
				水	火	木	金	"四正"
頭首	胃腹		手		目	足	口	"配身"
西北	西南	東南	東北	北	南	東	西	"乾鑿度"
十月	六月	四月	十二月	十一月	五月	二月	八月	

역위는 팔괘와 만물과의 연계 관계를 상수의 기초 위에 놓고 재건하였다. 상수라 함은 팔괘의 상을 수로 대치시켜 표시하게 됨을 말하며 '상성수생'(象成數生)이란 말을 줄여 상수라 하였다. 다시 말하자면 팔괘를 수와 연계시켜 문(文)을 수로 바꿔 놓은 다음 자(字)에 의해서 생긴 수많은 분야의 표현을 그 문과 해당된 수로 표시하게 만들었다. 이런 의미에서 상수학은 수를 기호로 삼아 자에 의해서 잃었던 문을 되찾으려는 시도라고 볼 수 있다. 우리는 아래와 같은 수를 통해서 자의 의미를 표시한 것을 볼 수 있다.

天數: 一(無也)   九(用之爲九)   二   十   五
(1+3+5+7+9)

地數: 二(有偶)   六(定性)   三   十
(2+4+6+8+10)

爻數: 64×6=384

卦　爻

3.23. 용수표 연계(用數表 連繫)

3.231. 十・五(地・天): 九官, 四正, 四維, 皆合十五

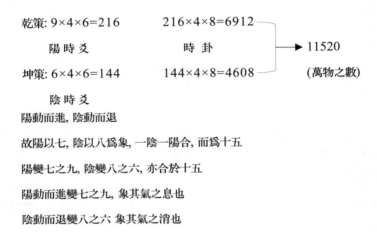

乾策: 9×4×6=216　　　　216×4×8=6912 ⌐

　　　陽 時 爻　　　　　時 卦　　　　⌐→ 11520

坤策: 6×4×6=144　　　144×4×8=4608 ⌐　　(萬物之數)

　　　陰 時 爻

陽動而進, 陰動而退

故陽以七, 陰以八爲象, 一陰一陽合, 而爲十五

陽變七之九, 陰變八之六, 亦合於十五

陽動而進變七之九, 象其氣之息也

陰動而退變八之六 象其氣之消也

　　여기에서 십(十)은 지(地)이고, 오(五)는 천(天)이다. 십오, 즉 천지
사이에 만물은 음양의 조화로 되었다고 하는 것이다. 음은 팔인데 육
으로 변하면 소약(消弱)해짐을 표시한다. 양은 7로 표시되는데 9로 변
할 때 성식한다고 여겼다. 그런데 7(陽)과 8(陰)이 합하여 십오가 되듯
이 9(陽)와 6(陰)이 합쳐도 십오가 되어 천지와의 관계는 변함없음을
말한다. 그들은 이러한 상수가 존재함을 보고 더욱더 상수에 대한 신
뢰감을 높이게 되었다.

3.232.

(五十 天地)　　　　日十者, 五音也, 辰十二者, 六律也, 星二十八者
　　　　　　　　　　七宿也 凡五十(乾坤鑿度 下)

오십이란 수도 오와 십의 배합이므로 천과 지를 의미한다. 그 내역을 보면 날은 십간(十干)으로 재고, 신(辰)은 십이지로 보며, 성(星)은 이십팔숙으로 나뉜 것처럼

10+12+28=50

합하여 오십이 된 것이다. 이렇게 모든 사물을 상수로 놓고 보며 천지 사이에 있는 만물을 다시 이 체계로 풀이하였다.

3.2321.

五音, 黃鐘(天)9寸　　　　林鐘(地)6寸　　　　太簇(人)8寸
　6/9=2/3　　　　　　　　6/8=3/4

음악에 있어서도 오음(五音)으로 작성하기로 하였는데 이는 "日十者 五音也" 十干(甲乙丙丁…)의 반인 오계음을 둔 것이다. 이 오음 가운데 다음과 같은 말이 있다.

黃鍾은 天音을 表示함인데 옥피리를 七寸 길이로 잘라 만들었다.

林鍾은 地音을 表示함인데 옥피리를 六寸 길이로 잘라 만들었다.

太簇은 人音이다. 옥피리를 八寸 길이로 잘라 만들었다.

그러므로 천음과 지음의 비례는 6/9이며, 지음과 인음의 비례는 6/8이다. 이는 놀랍게도 양색(兩賾)의 기초음계율과 같다.

3.2322. 六律과 十二支(月令)

24氣(4×6爻=24)

(正; 坎, 震, 离, 兌)

72候(4×6×3)

십이지(子·寅·亥)는 십이 개월을 뜻함인데 그 반을 취하여 육율로 정하였다. 이것이 곧 육효를 뜻함이다. 그런데 앞에서도(역의 유래 /1.2121 낙서) 설명한 바와 같이 후천도에는 감, 진, 이, 태(坎, 震, 离, 兌) 사괘로 생권이 구성되어 변치 않는 기본 범주를 설정하였다. 그리하여 일 년을 4×6=24氣(360/24=15日間)로 나누었고 4×6×3=72候(360/72 ·5日間)로 구성케 하였다.

오늘날 우리는 기후(氣候)란 낱말을 오늘의 일기(日氣)인 줄 알지만, 그것은 본래의 의미가 아니다. 기는 매 십오 일 간의 날씨를 말함이다. 즉, 입춘(立春), 우수(雨水) 등을 지적하여 말함이고, 후는 기를 다시 셋으로 나누어 매 오 일에 해당한 일기를 규정한 것이다.

3.2323. 七宿

二十八宿

十二宮(攝提格 Shiptaikai, Jupiter cycle 하마천 사기)

이십팔 성숙(星宿)은 한 대(漢代) 이전에 사용하던 28궁(宮)을 가리키는 것이다. 그리고 그 이전에는 열왕의 연대로 기사(記事)하였다. 한 대(漢代) 사마천의 사기(史記)부터 비로소 오늘날 우리가 흔히 쓰는 간지법(干支法)(甲子, 乙丑…)으로 연대를 작성하기 시작한 것 같다. 이에 따라 이십팔궁도 이십궁으로 다시 조정하였는데 그 궁명이 중국어는 아닌 것 같다. 예를 들어 '攝提格'이라는 궁명을 사용하였는데 아마도 당시 라마 제국에서 성행하던 Jupiter cycle을 의미한 것 같다. Jupiter cycle은 매 20년 만에 제자리에 돌아와 일력(日曆)을 수정하며 윤년을 만드는 데 퍽 도움이 된다.

3.2324. 상수 → 운명(cf. 無學鑑決)

상수에 기준하여 운명의 장단을 측정하게 되었다.「건착도」를 보면 공자 왈(曰)이라 하고 상수로서 팔괘를 풀이하여 운명을 감정하였다. 그러나 공자의『십익十翼』을 읽어보면 그런 말을 한 부분이 전혀 없다. 그런 점에서『역위』는 자연히 외경으로 천시를 받게 되었으나 그 본의는 논리적인『역경』에 비하여 역위는 어디까지나 역사철학에 치중하였다고 보아도 무방하다.『역경』을 기준하여 논하는 것보다『역위』자체 내의 특징을 살려 분석하는 것이 좀 더 학구적인 태도가 아닐까 생각한다.

여기서 정위(正位)에 맞추어 괘들의 운수를 풀이하였다. 복괘(復卦)는 제이, 사, 육, 삼 음효가 제자리에 놓여 있어 3×6(陰爻)=18세 후에 소멸한다고 하였다. 임괘(臨卦)는 제사, 제육효가 음효로 정위하여서 2×6(陰爻)=12세 후에 소멸한다고 하였다. 이 식으로 모든 괘에 운수를 주었다. 이러한 산법이 후에 우리나라 정감록에 흘러들어 왔다. 무학(無學)의 감결(鑑訣)도 이런 식으로 풀이한 것이다(cf. 3.321).

孔子白 :	復(䷗)十八世消, 以三六也	姤(䷫)一世消, 無所據也
正位	臨(䷒)十二世消, 以二六也	遯(䷠)一世消, 據不正也
	泰(䷊)三十世消, 以二九二六也	否(䷋)十世消, 以二五也
	大壯(䷡)二十四世消, 以二九一也	觀(䷓)二十世消, 以二五四六也
	夬(䷪)三十二世消, 以三九一也	剝(䷖)十二世消, 以三四也

3.2325. 상수에서 지리(地理)로
상수(象數)를 방위(方位)에 적용하여 풍수설에도 연장하였다.

文王推爻四, 及術數… 其有四象

往布六於北方以象水, 布八於東方以象木

布九於西方以象金 布七於南方以象火

복을 6으로, 동을 8로, 서를 9로, 남을 7로 보았다. 물론 원도(圓圖)에도 괘를 숫자에 따라 안배하기는 하였으나 방법을 태음(6), 태양(9), 소음(8), 소양(7)으로 보는 법은 역위에서 시작하였다고 해도 좋을 것 같다.

이렇게 역위는 모든 사물을 상수화하여 잃었던 6의 상징적인 역할을 전수받게 되었다. 그러나 수라는 것이 원래가 추상적이고 다양해서 간화(簡化)할 필요성을 보이기도 하였다.

3.3. 역위의 간화(簡化)

3.31. 소옹(邵雍, 康節 A.D. 1011~77 송(宋) 상수학(象數學)의 재기 (再起))

강절(康節)은 그의 명저『황극경세皇極徑世』,『역학계몽易學啟蒙』을 통하여 상수학(象數學)에 많은 공헌을 하였다. 그는 선천도(先天圖)를 기본으로 삼아 후천도(後天圖)를 사용했던 그의 선배들과는 색다른 새로운 분야를 개척하게 되었다. 그는 모든 움직임을 아래와 같이 여덟 층계로 나누었다.

(1) 元	1日	=1
(2) 金	12月	$2 \times 6 = 12$
(3) 運	30日	$3 \times 10 = 30$
(4) 世	4320	$(12)^2 \times (30)^1$
(5) 出	129600	$(12)^2 \times (30)^2$
(6) 月	1555200	$(12)^3 \times (30)^2$
(7) 日	46656000	$(12)^3 \times (30)^3$
(8) 辰	59872000	$(12)^4 \times (30)^3$
총수: 31,345,665,638,400,000		

마지막 총수는 모든 존재를 의미한다. 그 수는 모든 것이라는 의미

보다 모든 움직임, 즉 역사철학이란 의미가 들어 있다.

3.32. 한국에 준 영향

『역위』가 한국에 준 영향 중의 하나는『정감록^{鄭鑑錄}』과 같은 잠서이다. 그와 같은 잠서는 오랫동안 미신에 싸여 제빛을 보지 못하였다. 그러나 잠서들의 밑바닥에 깔려 있는 역위적인 사상에는 우리 민족의 얼이 새겨진 역사철학의 일단면을 찾아볼 수 있다.

3.321. 정감록

어떤 면에서 볼 때『정감록』은 여러 저자가 오랜 세월에 쓴 것을 수집한 책이다. 이 책의 내용을 이해하려면 감결(鑑訣)을 골자로 하여 보는 것이 빠른 길일 것이다.

3.3211. 감결(鑑決) 여풍수연계(與風水連繫)

감결(鑑訣)은 주로 풍수설(風水說)로 차 있다. 거기서는 세계의 지리를 취급한 바 있다.

원맥(原脈): 自崑崙來脈至白頭山

모든 산수(山水)의 원맥(原脈)은 곤륜산맥(崑崙山脈)에서 시작하였다고 주장하였다. 우리나라의 백두산(白頭山)도 곤륜의 지엽(支葉)인 양 말했다. 그러나 지리학적으로 볼 때 곤륜(崑崙)이 오늘날 파미르고원(高原)을 지적한다. 그 산맥(山脈)은 중국(中國)의 서남(西南)쪽 귀주

(貴州) 근방에서 서남(西南)쪽으로 굽어져 인도차이나반도로 내려가 버렸다. 우리의 산맥(山脈)의 중심(中心)이 되는 백두산(白頭山)은 알타이 맥계(脈系)인 것 같다. 그런 면에서 감결(鑑訣)은 시작부터 문제가 있다고 하겠다.

3.3212. 육도(六都)(평양(平壤), 개성(開城), 서울, 계룡(鷄龍), 가야(伽倻), 전주(全州))

백두산(白頭山)에서 금강산(金剛山)에 거쳐 태백(太白)이 흘러 내려가면서 여섯 지맥(支脈)을 낳아 그 하나하나가 힘찬 줄기로 뻗다가 잠시 지하(地下)에 내려가 평지(平地)를 이루었다가 다시 돌출(突出)하여 주봉(主峰)을 이룬 다음 거기에서 다시 층층이 겹을 이루어 내려가다가 한 분지를 만들 때 그 앞에는 강이 흘러 띠를 만들고 있다. 평양(平壤), 서울, 가야(伽倻)는 강이 남(南)쪽에 놓여 있고 계룡(鷄龍), 전주(全州)는 북(北)에 있다. 그 외에 풍수적(風水的)인 조건(條件)은 거의 다 위에 말한 공동성(共同性)을 지니고 있다. 그런 면에서 산수(山水)가 구비된 지역(地域)들이라고 하겠다.

3.3213. 십승지(十勝地)(풍기(豐基), 화산(花山), 보은(報恩), …)

감결(鑑訣)에 십승지(十勝地)를 열거하였다. 유사시에도 재난이 미치지 않는 곳으로 대피하기 제일 적합하다고 보는 열 구역을 말함이다. 이 열 곳의 지리적인 공동성(共同性)은 북(北)이나 남(南)도 아닌 중남부(中南部) 산악지대이다. 제일 북에 놓인 고을이 강원도 영월이다. 그곳만 빼놓고는 충남, 충북, 전북, 경북 지대라고 볼 수 있다. 게다가 산악지대여서 북의 오랑캐나 남해(南海)의 왜적의 손길이 미치기 어려운 지역들이라고 하겠다.

3.3214. 재난(災難)

감결(鑑訣)에 간혹 파자(破字)를 사용하여 앞날에 될 일을 예시했다고 한다. 예를 들어

토자횡관(土者橫冠), 신인탈의(神人脫衣), 주변횡기(走邊橫己), 성휘가
팔(聖諱加八)

이란 글이 있다. 토자(土者)에 횡관(橫貫)을 씌우면 '임'(壬) 자(字)가 된다. '신'(神) 자(字) 변(邊)을 벗기면(탈의[脫衣]) '신'(申) 자(字)가 된다. '주'(走) 자변(字邊)에 '기'(己) 자(字)를 가로 놓으면(횡기[橫己]) '기'(己) 자(字)가 된다. 성휘(聖諱)란 사자(死子)의 휘(諱)인 '구'(丘)이다. '구'(丘)에 '팔'(八)을 더하면 '병'(兵)이 된다. 이렇게 해서 '임신기병'(壬申起兵)이란 말이 된다.

파자(破字)를 사용하는 이유를 여기서 잠시 생각해 보고자 한다. 중대한 예언(豫言)이요 또 확실하리라고 믿는 사건인 이상 더 명확하게 할 수 있도록 직언했어야 할 것이다. 그러나 이렇게 은익시켜 파자로 표현하는 데는 몇 가지 이유가 있을 것이다. 첫째로 파자(破字)를 해득하게 될 때의 심경(心境)은 그 구절의 내용도 실현될 것이라고 믿게 된다. 그래서 그 은익된 말을 풀이했다는 것에서 그 풀이된 말의 내용도 실행될 것으로 이해하게 된다. 은익된 말로 표현하는 것은 그 알리려고 하는 말을 보통 사람에게는 숨기고 있는 사람에게나 알린다는 격이 된다. 따라서 알리고자 하는 내용도 평범하지 않다는 것을 암시하

는 것 같다.

그러나 파자(破字)를 해독(解讀)하고 난 후 따라오는 몇 가지 문제가 있다. 위의 예와 같이 '임신기병'(壬申起兵)이라는 말을 어떻게 풀이하면 좋을지 문제가 된다. 첫째로 임신년(壬申年)이란 간지법(干支法)에 의하여 매 60년마다 있게 되어 있다. 어느 임신(壬申)을 말함인지 지적키가 어렵다. 둘째로 병란(兵亂)이란 것은 대개 긴 세월에 걸쳐 있게 된다. 어디서부터 어디까지인지 말하기가 어렵다. 6.25동란만 하더라도 그전부터 도발 행위는 있었다. 4.19도 서울에서는 당일의 일이었으나 마산(馬山) 지방에서는 먼저 발생되었다. 그리하여 정확한 기간을 설정(設定)하기가 어렵다. 마지막으로 병란(兵亂)이 어느 정도의 것인지를 알 도리가 없다. 그리고 보면 해독(解讀)을 하였다고 해도 그 내용(內容)이 어느 정도 맞고, 어느 정도 맞지 않는지를 말해 볼 도리가 없다.

3.3215. 한성풍수(漢城風水)

감결(鑑訣)에는 서울의 풍수(風水) 탓으로 사관(四冠), 삼화(三火), 하요(下擾)를 말했다. 서울로 들어오는 네 길과 연결시켜 외적이 네 번 침범하리라고 하였고, 관악산(冠岳山)에 삼봉(三峯)이 너무 세서 세 번 큰 불이 나리라고 하였고, 남산이 인왕산보다 높아 신하가 궁실을 소란케 하리라고 하였다. 이를 풀어보면 역사적으로 조선에 외적이 몇 번 쳐들어왔는가 하는 것이 문제가 되겠다. 크게 말해서 왜(倭), 호(胡), 이란(二亂)을 들 수 있다. 그 나머지 둘은 부득불 '이조'(李朝)라는 기간을 늘려서 대한민국까지 포함시켜야 하는데 일제의 침입과 북한의 소련군의 점령도 포함되는 것이다. 그렇다고 하면 자연히 6.25동란도 포함시켜야 하며 그 외에도 다시 전쟁이 없으리라고 단언하기 어려운 이상 5내지 6회의 전란이 있다고 보아야 할 것 같으니 맞추기가 힘들다는 결론이 된다. 화재에 있어서나 신하들의 행패도 어느 정도의 것인지 알 도리가 없고 따라서 판단하기가 어렵게 되었다.

無學의 "東國歷史氣數本宮陰陽訣" "歷代王都本宮數"를 보면

朝鮮宮數는 九三五七 ☰ 9×3   5×7

라고 하였다. 그리하여 이조 종묘를 지을 때 오위의 칠(3×9=27)이라는 말은 비록 오위에 태양이 놓여 있으나 비례에 맞지 않아 칠로 감(減)한 것이어서 반절하였다고 하고 27간 반으로 정했다고도 한다. 그런데 그가 글로 한성(漢城) 풍수를 표현할 때는 아래와 같이 말했다.

孔道屈於兵 成爲落臣

賊火宮室 進兵德島

조선이 유학을 장려하였기 때문에 공도(孔道)를 주장하리라고 하였다. 그러나 다른 민족의 침입으로 병란이 있을 것이며 유학이 욕을 보리라고 하였다. 궁전은 불에 탈 것이요 군대가 덕도(德島)까지 진주하리라고 하였다.

이러한 말을 읽을 때마다 너무나 동양화(東洋畵) 식으로 요약된 느낌을 갖게 된다. 그러나 그러한 구체성을 제외하고 그 기본적인 관계에 국한시켜 말해 본다면 일리도 있다. 병란이 나면 유학자들, 즉 문인들은 어려움을 당하게 되거나 남의 신하가 될 것이며 따라서 궁전은 타버리게 마련이며 국토는 침범당할 수도 있을 것이다.

역은 이러한 기본적인 관계를 알려 주고 있다. 이미 설명한 바 있는 서합(噬嗑)이란 괘에서도(2.22253) 치아로 물 때 피부에서부터 살과 뼈가 차례로 씹힐 것이라고 하는데, 이와 같은 관계만을 말하는 것이 역의 특징이라고 하겠다. 감결(鑑訣)이나 본궁음양결(本宮陰陽訣)도 이 정도로 풀이된 셈이다. 그러므로 모든 잠서들도 자연히 역의 범위 내에서 제한되게 마련이다.

3.322. 이이(李珥, 栗谷, 1538~1584) '책수'(策數), '천책'(天策)

우리나라에서 역위를 올바로 이해하고 그것을 적중시켜 쓴 분은 이이(李珥) 선생이다. 그는 다년간 끌어오던 성리학적인 논쟁을 책수(策數)를 통하여 정리하여 놓았다. 그는 이(理)와 기(氣)를 둘러싸고 그 자의(字意)에 몰두하고 있던 유학(儒學)을 상수학적으로 정리하였다. 그는 이와 기를 두 대칭적인 존재로 보고 그 성격을 따로 규명하는 데 주력하지 않고, 이미 대칭적인 것인 만큼 그 두 요원 사이의 관계를 규명하는 일에 온 힘을 기울였다. 그가 재래적인 경향에서 탈피해 낼 수 있었던 그 저력은 자(字)를 수(數)로 대체시킬 수 있는 것에서 온 것이다. 이이는 이기의 묘합을 수식으로 다음과 같이 표현하였다.

一而二, 非二, 二而一, 非一

복잡한 이기의 관계를 이렇게 정리하여 정설로 만들어 준 것도 역위를 통한 상수학의 공헌이라고 보아야 할 것이다.

3.323. 이익(李瀷, 星湖, 1682~1769)

후기 유학자로서 실학의 창도자의 하나인 성호(星湖)도 강절(康節)의 상수학을 이 나라에서 해득(解得)한 유일한 학자라고 해도 과언이 아닐 것 같다. 그의 명저로서는 『측도화괘설則圖畵卦說』(河圖), 『후천도설後天圖說』(洛書), 『저괘고蓍卦考』(衍卦)를 들 수 있다. 그는 이 상수로 모든 것을 관찰하였다고(以數觀物) 하겠다. 성호(星湖)는 상수를 상징적으로 사용하던 것을 구체적인 사건의 양적 측정에 적용하여 실학의 수학적 바탕을 마련하여 주었다.

역위의 상수학이 이렇게 해서 실학(實學)과 관계를 맺게 되었다는 사실을 여기에 언급해 두며 더 자세한 것은 별도의 논문에서 다루고자 한다.

4. 남은 과제

역위의 역사철학은 서구의 역사철학보다 다양성이 있다고 하겠다. 서구의 역사철학은 어거스틴에게서 시작되었다고 해도 과언이 아닐 것이다. 그는 그의 명저 『신국De civitate Dei』에서 이를 피력하였는데, 두 대칭되는 범주를 평면에 놓고 시간의 흐름에 맞추어 율동하는 모습을 삼 단계로 그렸다.

이 구조를 구획적으로 역사성을 띤 용어로 환원시켜 보면 다음과 같다. 영원과 순간적인 시간의 교차점을 창조라고 한다. 하나님은 아담과 만물을 창조하신다. 아담은 두 아들을 두었는데 장자 카인이 자기보다 선한 아벨을 죽인다. 이로써 다시 선과 악의 길이 분리된다. 이 (II)기에 들어서 그들의 후손은 '이방인'과 '선민'으로 등장하여 더욱

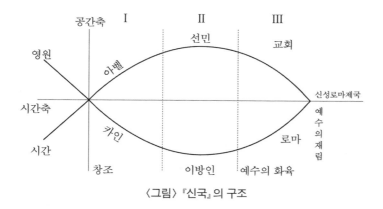

〈그림〉 『신국』의 구조

심하게 대결한다. 삼(III)기에는 그리스도의 화육으로 적대되었던 관계가 다시 접근할 수 있게 되어 세속과 교회는 융합을 도모하게 되다가 그리스도의 재림과 심판으로 다시 시초에 있었던 낙원보다 질적으로 탁월한 결실을 보게 된다고 하였다.

어거스틴의 역사철학은 헤겔의 역사철학의 기본 틀이 되어 같은 형체의 구조를 갖게 되었다. 헤겔은 어거스틴의 I, II, III기를 Resvare, Dollaere, Elevare 3기로 보았다. 두 대칭적인 요원 사이의 관계로 문제가 형성되며 대립을 통하여 승화된다고 하였다. 비록 다른 명사를 사용하기는 했으나 모두 물고기형의 틀을 갖고 있어 구조적으로는 차이가 없다. 그 물고기형의 구조를 다시 풀이한다면 두 요원을 삼기로 나누어 보는 데서 여섯의 단위가 되어 괘의 육효(六爻)와 같은 작용을 한다고 하겠다.

그러나 어거스틴이나 헤겔은 단일형의 구조를 내세운 다음 모든 사건이 그것 하나로 해석되는 것처럼 믿고 있었다. 그러나 역위는 64개의 형을 가지고 사건들에 좀 더 접근하여서 그 모습대로 이해하도록 구성되었다. 이런 면에서 우리는 역위의 역사철학이 서구의 대표적인 것보다 더욱 다양성 있게 만들어져 있음을 이해할 수 있다.

역위의 그러한 공헌에도 불구하고 점쟁이가 산통(算筒)에 의하여 운명에 맞는 괘를 선정하는 것에서 그 진의(眞意)를 잃게 되었다. 만일 구조적으로 괘를 선정하는 방법을 사고 유형을 분석하는 방법으로 사용하였더라면 역위에 있어서 그 육효(六爻)의 의미와 역사철학적인 가치를 되살리고도 남을 것이다.

제 8 장

도교(道敎)의 자연관

이 글의 주제는 재래의 무속 신앙과 도입된 유·불·선(儒·佛·仙) 및 기독교가 우리의 자연관에 끼친 영향을 찾아보는 것이다. 본 논문에서는 노장(老莊) 철학을 비롯하여 선도(仙道)에 이르기까지 그 역사적 발전을 더듬어 보고, 자연(自然)의 의미를 찾아보려 한다.

우리말에서 도가(道家)와 도교(道敎)를 나누어 쓰고 있듯이 도가란 것은 노장의 사상에 관한 연구라고 할 수 있고, 도교(道敎)라면 무속 신앙과 연결되어 종교화한 것이라 할 수 있다.

1. 도가

도가 사상에서 그 중심적 경전은 노자(老子)의 『도덕경』이라 하겠다. 비록 도가가 후에 여러 파문으로 나누어져 논쟁을 하고 있으나 이 『도덕경』만은 공통된 터전으로 삼아 왔던 것이다. 5,000자에 불과한 저술이었지만 그 깊이와 사용 면에서 있어서 동양 사상사에 미친 영향은 막대하다고 하겠다. 책의 저자와 저작 연대에 관해서는 두 설이 있다. 기원전 6세기경에 공자의 선배로서 학자인 노담(老聃)의 저술이었다고도 하고, 기원전 4세기경의 어떤 사람의 저술이라고도 한다. 누가 썼든지 이것은 문학이나 철학 사상의 고전으로 절정의 작품이라 하겠다.

『도덕경』은 전부 81장으로 되어 있고, 上·下편으로 나누어졌다. 상편은 1장에서 37장까지이고, 하편은 38장에서 81장까지로 편집되었다. 이 『도덕경』에 대해 붙인 주석이 고금으로 중요한 것만 해도 수백 권이 되고 심지어 오늘날 중국에서도 막대한 관심을 기울이는 것을 우리는 주목하게 된다. 그러나 주석적인 방법으로 다룬 탓으로 은연중에 해석자의 주관적 입장이 삽입되어 저자의 본의를 해명한다기보다는 도리어 혼미하게 만드는 쪽이 많았다.

이런 점을 감안하여 본 연구에서는 어떤 전제를 가지고 이 저작을 논평하는 것보다 그 작품 자체에서 노자의 인지 구조를 찾아 그것으로 참조 체제를 만들어 다시금 그 구절들을 해석하려 한다. 이 구조적인 해석 방법은 인문계에서는 별로 사용된 것 같지 않으나 수학에서 시작한 것이므로 간혹 기호를 쓰더라도 여기에 설명을 붙이겠고 또한 이에 대해 독자들의 양해를 미리 얻으려 한다.

1.1. 도(道)의 구조

『도덕경』 제1장에 아래와 같은 말이 있다.

1.11.

道可道非常道

名可名非常名

이 첫 구절에서 흔히 '도'의 뜻을 찾으려 한다. 자연히 이 도란 글자가 첫 글자이기 때문에 이 글자의 뜻을 『도덕경』 외에서 사용하는 의미를 채용하여 해석하려 한다. 혹자는 '도'를 지극히 높은 원칙이라고 해석하기도 하고, 길이라고 해석하는 사람도 있다. 그러나 우리는 이러한 외래적 의미를 『도덕경』에 개입시켜서는 안 된다.

'道'란 글자를 'X'로 대입하고 '名'이란 글자를 'Y'로 대입하기로 하자.

1.111.

X可X 非常X

Y可Y 非常Y

여기에서 이 두 구절은 같은 틀을 갖고 있음을 볼 수 있다. 다음 2절에는 아래와 같은 말이 있다.

天下皆知美之爲美 斯惡(不美)已

皆知美之爲善 斯不善已

이 두 구절도 미(美)를 'U'로 선(善)을 'V'로 대입하면

1.112.

天下皆知 U 之爲 U 斯 ~ U 已
皆知 V 之爲 V 斯 ~ V 已

여기에서도 역시 두 구절이 같은 틀을 지녔음을 볼 수 있다. 1.111
과 1.112 사이에 차이가 있다면 전자의 틀에는 '상'(常) 자를 썼고, 후자
는 '천하'(天下)란 말을 사용한 점이다. 전자는 시간적인 면을, 후자는
공간적 면의 전부를 의미할 뿐이다. 위에 말한 틀은 어느 때나 어느 곳
에서나 항구 불변의 가치를 가졌다고 할 것은 없다고 하겠다. 이 두 틀
을 다시 요약하면 우리의 인식 과정에 있어서 '가'(可)와 '비'(非)는 항시
공존하고 있어, 하나가 있을 때 또 하나가 없을 수 없어 무엇이든지
'가'하면 '비'한다고 하는 것을 아울러 생각해야 한다는 것을 우리에게
전달하고자 함이다. 즉, 노자는 인식론적 차원에서 긍정과 부정을 같
은 수준에 놓고 포괄적으로 취급하려고 했음을 의미한다.

1.12.

『도덕경』 1장에 아래와 같은 말이 있다.

無名天地之始
有名萬物之母
常無欲以觀其妙
常有欲以觀其徼

此兩者同出異名

여기에서 노자는 '유'(有)와 '무'(無)를 대칭적으로 놓았다. 이것은 본질론적인 차원에서 긍정과 부정을 논함이다. '무'를 설명할 때 '천지지시'(天地之始), '유'를 설명할 때 '만물지모'(萬物之母)라 하였는데 '천지'는 '만물'과 대칭된 입장에서 사용한 용어요, '시'는 '모'와 같은 위치에 놓고 쓴 말이다. '묘'(妙)와 '교'(徼)는 신비의 내용과 그 존재의 범위를 제정하는 것이다. 그러므로 이 두 용어도 역시 대칭적이라고 보겠다. 유와 무는 대칭적인 것이었는데, 이를 설명하는 데에도 대칭적 용어로 설명하고 있어 결국 이런 설명은 설명답지 않은 설명이라고 하겠다. 노자는 유와 무는 대칭적 존재로 비록 상반된 성격을 띠고 있으나 같은 근본에서 나와 이름을 달리한 두 개의 범주라고 하였다.

1.13.

此兩者同出而異名
同謂之玄
玄之又玄衆妙之門

노자는 앞서 말한 인식론적 대칭과 본질론적 대칭을 다시 이 구절에서 엮고 있다. 그는 이 한 대칭이 두 범주로 되어 있으나 그 근본은 하나인 것을 말하였다. 하나인 동시에 둘이요 둘인 동시에 하나임을 여기서 말하고 있는 것이다. 이런 의미에서 그는 황홀하다고 하여 '현'(玄)자를 사용하였다. 인식론과 본질론적인 두 대칭적인 범주들을 다시 고차원에서 하나로 엮어 황홀하고 또 황홀한 경지에 들어갈 때 (玄玄) 그는 모든 오묘한 것의 문에 도달하는 것이라고 하였다. 이것을 그의 용어로 표현할 때 '도'(道)라 하였다.

1.2. 도의 성격과 효용

이 도에 관해서 그는 다음과 같이 말하였다.

1.21.

> 無狀之狀
> 無物之象
> 迎之不見其首
> 隨之不見其後
> 執古之道以御今之有
> 能知故始是謂道紀

도의 성격이 양극의 범주를 동시에 포함한 것이므로 그것을 설명하는 데 있어서 '무상지상'(無狀之狀)이라 했는데 무상은 '상'(狀)의 부정이다. '무상지상'이란 말은 긍정과 부정의 두 대칭적 범주를 연결시켜 도의 성격을 표현한 말이다. '집고지도이어금지유'(執古之道以御今之有)라 함도 '고'(古)와 '금'(今)은 시간적으로 대칭인 범주인데, 옛것으로 오늘의 것을 다스릴 수 있는 것이 '도'의 성격이라고 표현하였다. 그러므로 그는 도에 관해 말하기를

1.22.

五不知其名
字之曰道

라 하여 그것의 본질을 명명하여 말하지 못하겠다고 하였다. 그러므로 그는 또

道常無名   (§ 32)
始制有名   (§ 32)
道隱無名   (§ 41)

라고 하였다. 다시 말하면 그 황홀한 '도'는 무엇이라고 이름지어 말로 표현하기 어려우나 편의상 이름을 준 것이라 하였다.

노자는 그 궁극의 도는 부정하지 않는다. 그러나 도를 궁극적인 그 무엇으로는 보지 않았다. 그러므로 이와 구별하여 그 궁극적 도를 가리켜 '대도'(大道, § 18.34.53), '천도'(天道), '성인지도'(聖人之道) 등의 용어를 사용하였다.

이 궁극적 도가 있는 곳에 천지만물이 비로소 존재를 갖기 시작하고, 이 '도'와 같이 함에 있어 모든 것이 안정을 얻게 된다고 하였다.

1.23.

天得一以淸

地得一以寧

神得一以靈

谷得一以盈

萬物得一以生

侯王得一以天下貞

천지만물이 '일'(一), 즉 도와 같이 있을 때 비로소 안정함을 얻고, 그 본연의 소임을 다하게 된다고 하였다.

1.24.

道生一

一生二

二生三

三生萬物

萬物拘負陰而拘陽

沖氣以爲和   (§ 42)

이 구절을 놓고 학자들 사이에 많은 논란이 벌어지고 있다. 특히 현대 학자들 중에 헤겔의 변증론에 의해서 이 일, 이, 삼(一, 二, 三)을 변증론적 정, 반, 합(正, 反, 合)으로 해석한 이도 있다. 그러나 본문에서 이 구절의 구조를 포착해야 될 것이다.

이 '일'(一)은 도라고 설명해 주었고, 이 도는 대칭적 범주로 되어 있으므로 합하여 '삼'(三)이 되는데, 이 대칭의 대칭으로 만물이 생성하

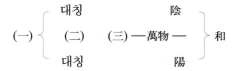

게 되고, 따라서 인식되게 된다고 하였다. 다시 돌이켜 보면 이 모든 만물은 대칭적인 음과 양으로 구성되어 있어 궁극적 조화를 이루어 하나가 됨을 말하는 것이다. 그러므로 그 '화'(和)는 곧 이 '일'(一)을 의미함이다.

1.3. 덕(德)의 기원과 구조

1.31. 덕의 기원

도는 우주의 평화와 질서를 지켜주고 있는 반면 사람이 도를 버리고 살 때 사람은 자기 나름의 윤리관을 구성하여 살아 나간다고 노자는 말하였다.

"先道而後德"　　　　　　　(§ 38)

大道發有仁義
知慧出有大僞
六親不和有孝慈
國家昏亂有忠臣　　　　　(§ 18)

우리가 흔히 인(仁)과 의(義)를 주장하여 불의와 무자비를 배격하지만 그런 일은 그 대도(大道)가 폐한 다음에 생긴다고 하였고, 지혜로운 사람이 났다고 함은 그 시대가 큰 허위에 빠져 있음을 말하고, 효도와 자애를 칭송하는 것은 육친이 서로 불화할 때 있는 현상이고, 충신을 추모하는 시대의 국가는 혼란한 상태에 빠져 있을 때라 하였다. 인간이 그 높은 '대도'를 폐함에 있어 비로소 그보다 낮은 차원의 윤리적 기준을 스스로 책정하여 자기를 괴롭히게 된다고 그는 설명하였다. 그래서 그는 다음과 같이 말하였다.

有見者不明
有是者不彰　　　　　　　　（§ 24）

즉, 스스로 아는 척하는 사람은 깨달음이 없는 자이고, 스스로 옳다고 하는 자는 큰 사람은 못 된다고 하였다. 도를 버린 사람은 자화자찬을 좋아한다고 하였다. 자화자찬하는 데에서 자기를 속이며 살고 있다고 하였다.

將欲弱之必固強之
將欲廢之必固興之　　　　　（§ 36）

강하려고 고집하는 자는 반드시 약해질 것이고, 흥하려고 고집하는 자는 반드시 폐할 것이라 하였다.

天之道其猶張弓

高者抑之底者擧之

有者損之不足者補之　　　（§ 77）

　　하늘의 도는 마치 당겨 놓은 활과 같아 그 활줄은 화살이 나가는
방향과 다름을 가르쳐 주었다. 그리하여 높은 자를 낮추고 낮은 자를
높이며, 있는 자에게서 빼앗고 부족한 자에게 더하여 준다고 하였다.
그러므로 그는 이러한 현 상태에 놓여 있을 때 우리는 아래와 같이 행
동해야 한다는 것을 가르쳐 주었다.

爲無爲

事無事

味無味　　　（§ 63）

　　노자에 관해서 무위(無爲)의 철학이라고 하는 학자도 있다. 달마대
사도 '무위'에 매혹되어 몸이 닳아 없어지도록 명상에 잠겼었다 한다.
그러나 노자는 '무위'라는 말을 쓴 일이 없다. 그는 '위무위'(爲無爲)라
하였다. 이는 곧 '위'와 그 대칭인 '무위'를 한데 묶어 도의 성격에 맞추
어 표현한 어구라 하겠다. 즉, 이 혼란한 세대에 있어 '도'에 입각한 덕
스러운 행동을 말한 것이다.

　　1.32. 덕의 구조

　　노자는 덕의 구조를 아래와 같이 명시한 바 있다.

聖人無常心以百姓心爲心

善者吾善之

不善資吾亦善之 德善

信者吾信之

不信者吾亦信之 德信　　　　(§ 49)

이 두 구절에서 '선'(善) 자와 '신'(信) 자를 변수로 대입하면

X는 X로

~X도 X로 대함을 德(X)라고 한다.

예를 들어 좋아하는 사람에게 떡을 준다면 미워하는 사람에게도 역시 떡을 주는 것이 '덕'이라는 것이다. 우리의 노래 가운데 어머니를 칭송할 때 진자리 마른자리 갈아 뉘시는 어머니로 표현하는 그 어머니의 심정이 '덕'을 의미하는 것이다.

1.4. 장자(莊子)와 열자(列子)

노자를 이어 장자와 열자가 좀 더 예술적이고 구체적인 예화로써 그의 사상을 확충시켰다.

장자의 「제물편^{齊物篇}」에 나오는 호접몽(胡蝶夢) 이야기는 그 황홀한 도의 신비를 여실히 그려주고 있다. 장주(莊周)란 사람이 꿈에 나비가 되어 훨훨 날다가 깨어 보니 엄연한 인간 장주였다. 그는 여기에서 사람이 나비를 꿈꾸었는지 나비가 사람으로 꿈을 꾸었는지 모르는 황홀

의 경지를 우리의 마음에 실감나게 불러일으켜 준다. 물론 장자가 이러한 예술적인 시작(時作)으로 노자의 도의 개념을 대중에게 알리는 데는 어느 면으로는 성공하였다고 보겠으나 노자가 말하는 고차원적인 도의 구조에 달했다고는 볼 수 없다.

따라서 장자는 노자의 사상을 대중화함에 있어서 민속적인 기질을 노장 철학에 무의식중에 삽입했다고 할 수 있다. 『장자』 외편 「추수秋水」(§37)에 선인(仙人)에 관해서 아래와 같이 설명한 바 있다.

火不能熱

水弗能溺

寒暑弗害

禽獸弗能賊

이 구절이 대중들에게 오해되어 신선은 화, 수, 한, 서(火, 水, 寒, 暑)와 금수에게도 해를 받지 않는 초자연적 존재라고 해석됨으로써 이러한 경지에 도달하기 위해 연금술, 주문 기타 태기(胎氣) 및 양생지도(養生之道)를 통하여 무수한 생명과 정력을 소비하게 하였던 것이다. 물론 위 구절의 본의는 '한'(寒)에 대칭적인 '서'(暑), '금'(禽)에 대칭적인 '수'(獸), '수'(水)에 대칭적인 '화'(火), 이 모든 양극이 도의 경지에 미친 자에게는 해로움을 주지 못한다고 함이지 그 문자 해석대로 초자연적 존재를 말한 바는 아니었다. 이러한 오해 가운데서 대중의 취미에 영합되어 황홀하고도 광범위한 체계학적 입장을 이탈하면서 민속적 경향으로 흐르기 시작하여 마침내는 종교의 형체를 입기 시작하였다.

2. 도교(道敎)

　　도교는 후한 말 사회가 심히 복잡할 때 장도릉(張道陵)이 창시했다. 한나라 초의 장량(張良)의 후손으로 황석공(黃石公)의 도술(道術)을 전습했다고 하며, 적송자(赤松子)에게서 선도(仙道)를 터득했다고 하였다. 그를 이어 장릉(張陵)이 있었는데 하늘로부터 내려온(天陵) 노자로부터 장생불사의 도법을 받았다고 하며,『도서(道書)』24권을 저술한 바 있다고 하였다. 장릉은 요즘 말로 하면 심리 분석 방법으로 병을 치유했다고 할 수 있다. 병자로 하여금 죄지은(服罪) 것을 천제, 지지, 수신(天帝, 地祇, 水神) 삼관에게 고하고『도덕경』을 외우는 데서 병이 회복된다고 하였다. 고침을 받은 사람은 쌀 다섯 말을 매년 바치게 되어 오두미교(五斗米敎)라고도 불림을 받았다. 그 후 위백양(魏伯陽)이란 도사가 있어 이 장생의 이론을 주역에 연결시켜『주역참동계(周易參同契)』란 책을 쓴 바 있고, 동진(東晉) 때의 갈홍(葛弘)은『포박자(抱朴子)』라는 책을 써 연단(鍊丹), 태식(胎息) 및 방중술(房中術)로 양생하게 하고 직선으로 신선(神仙)이 될 수 있다고 하였다. 남북 시대에 이르러 관겸지(冠謙之)는 불교의 형체를 도입하여 대중 종교였던 것을 왕실에까지 보급시켰다.

　　당(唐)에 이르러 도교는 불교와 그 세력을 겨누었으며, 방방곡곡에 묘(廟)를 세웠고, 대장경에 비견할 도장경을 편찬하게 되었다. 측천무후(則天武后) 때 그들은 약 2,000여 권을 모았고, 동진부(洞眞部), 동현부(洞玄部), 동신부(洞神部) 3부로 나누어 "무형천존"(無刑天尊), "무시천존"(無始天尊), "범형천존"(梵形天尊)의 화신으로 보아 불교에 있어서 부처의 삼신설(三身設: 應, 化, 法)과 겨누었던 것이다.

　　송(宋)에 이르러서는 특히 불교를 도교화하는 데 힘을 기울였다.

휘종은 자기를 '교주 도군 황제'(敎主道君皇帝)라 일컫게 하고, 부처님을 '대각금선'(大覺金仙)이라 했으며, 보살을 '대사'(大士), 승려를 '덕사'(德士)라고 하기까지 하였다.

남송(南宋)에 이르러 시대가 다시 혼란함을 타서 도교는 분열되기 시작하였다. 전진교(全眞敎)는 왕중양(王重陽)이 시작한 것으로 유·불·선(儒·佛·仙) 삼교를 융화하여 만든 것으로서 북경 백운관(白雲觀)을 총본산으로 하였고, 정일교(正一敎)는 장씨(張氏) 가문의 전통을 이어 강남 용호산을 중심으로 하여 교권을 장악하고 있었다.

원명조(元明朝)에 이르러 기존의 교세를 유지했을 뿐 큰 발전은 없었으나 명나라 때에는 『도장경道藏經』을 재판하여 512부 5484권을 모아 놓은 바 있다. 그 후 청조(淸朝)를 지나 민국(民國)에 이르기까지 날로 상쇄해 오다 1949년 공산 세력하에서 해체되게 되었다.

도가가 한국에 전래되었던 흔적은 『삼국유사三國遺事』 권(卷) 24 『백제본기百濟本紀』2의 기록에서 찾아볼 수 있다. 막고해(莫古解) 장군이 근구도왕(近仇道王)에게 간(諫)할 때 "嘗聞道家之言知足不辱 知止不殆"라고 한 것을 보아 도가의 말이 그 시대에 격언처럼 사용된 것을 짐작할 수 있다. 그 후 도교에 관해서는 『삼국사기三國史記』 권 20 『고구려 본기』8 "王遣使如唐一策王爲上柱國, 遼東君公, 高句麗國, 命道士, 以天尊像 及道法, 往爲之講老子, 王及國人聽之"라고 하였다.

영류왕 때 도교가 들어가 번지기 시작한 것을 알려 주었다. 『삼국유사』 『법흥法興』3에 "寶藏王卽位 亦欲倂興三敎"라고 하였다. 고구려 말년에는 삼교를 합일하여 빠짐없이 모든 교를 섬겨보려는 경향을 엿볼 수 있다. 백제와 신라에서는 직접적으로 도교에 관해서 쓴 게 없으나 신라 말기에 최치원(崔致遠)이 '난랑비서'(鸞郎碑序)에서 다음과 같이 쓰고 있다.

國有玄妙之道曰風流 說敎之源
備述仙史 乃包三敎

　그는 유·불·선(儒·佛·仙)을 합하여 고구려 시대에 시도했던 것은
재연한 바 있다. 도교는 고려부터 임진란 이전까지 비록 성행하지 못
했으나 국가적인 제초(齊醮)와 과의(科儀)를 거행한 기록은 많다.
　남은 과제의 하나는 중국에서 오랫동안 성행하던 도교가 한국에
와서는 그와 같은 비등한 대접을 받지 못한 것에 대한 해석의 문제이다.
　당대(唐代)에서는 도교가 불교 못지않게 성행하였는데 그 세력권
안에 있었던 신라는 도교보다 불교에 더 열중하였던 것을 알 수 있다.
여기에서 도가의 사상이 신라에 미약하게 들어와서 그렇게 된 것으로
는 생각되지 않는다. 이것은 어디까지나 중국에서는 도가가 재래 무
속 신앙을 소화하여 도교로서 나타난 반면에 한국에 있어서는 어디까
지나 무속 신앙은 기성 불교를 능히 항거할 수 있었던 것을 엿볼 수 있
다. 따라서 신라 진흥왕 때의 진자(眞慈) 스님이 미륵선화(彌勒仙花)를
성행시킨 예가 있다. 미륵(Maitreya)이란 것은 기독교에 비하면 말세
의 구원자와 같은 것으로 그때 세상은 모든 악이 제거되고 사람은 다
시 본연의 선의 상태로 돌아가 있게 되며, 따라서 도솔천(兜率天,
Tusita-deva)에 있다가 내려와 부처님이 멸도하지 못한 모든 중생을 남
김없이 열반으로 이끌어 갈 것으로 현실화되기를 바랐던 것이다. 그
런데 이 화랑이요 국선은 어디까지나 도교의 간접적인 영향을 받은
민속 신앙의 하나라고 볼 수 있겠다. 진자의 미륵선화 개념은 곧 그 시

대에 성행하던 도교보다 무속적인 색채가 짙은 화랑도를 지적하고 있다.

3. 자연관과 자연의 의미

끝으로 노장(老莊) 사상이 어떤 면으로 생태학적 영향을 끼쳤는가를 검토하려 한다. 도교에서는 어느 정도 자연을 사람의 원대로 사용하려 했다. 그러므로 거기에서 나온 연금술 등은 현대 과학의 선조로 자연을 양생하는 데에 도움이 되도록 사용하려 했다고 볼 수 있다. 그들은 생태학적 의의에서 벗어난 생각을 가지고 있었다. 도가의 사상도 어디까지나 자연을 존중한 줄로 흔히 생각되었다. 특히 노장이 자연관을 주장한 줄로 알고들 있다. 그의 '도법 자연'(道法自然)이라는 말을 자연에서 도를 배울 수 있다고 해석하여 왔던 것이다.

그러나 이 '자연'이란 말은 『도덕경』에서는 스스로 그렇게 이루어진다는 말이지 오늘날 객관적으로 존재하는 그 자연을 말한 것은 아니다. 『도덕경』에 보면 自化, 自正, 自富, 自樸, 自均, 自定 같은 용어들이 있다.

여기에서 첫 글자 '자'(自)는 '스스로'라는 부사이고, 둘째 '연'(然)은 동사로 그렇게 된 것을 의미한다고 하겠다. 그러므로 자연이란 하나의 명사가 될 수 없고, 더구나 20세기에서 말하는 물체를 지적하는 하나의 명사가 될 수 없다. 자연을 부사와 동사로 엮어진 한 구절로 보아야겠고, 그 뜻은 스스로 자기에 알맞게 이루는 것을 지적하고 있지 않나 생각된다. 이러한 해석이 부사와 동사로 구성된 노자의 인지 구조와도 부합되는 것으로 보아 '자연' 두 글자를 하나의 명사로는 볼 수 없다.

다시 '도법 자연'이라는 뜻으로 되돌아가 보면, 도는 자연에서 배웠다 함에서 도와 자연은 구조적으로 같다고 보아야 할 것이다. 앞서 말한 대로 도는 모든 갈등의 갈등을 복합시킨 고차원의 얽힘(玄)이라고 볼 수 있다. 즉, 모든 것을 이원적으로 나누어 놓고 거기에 대칭적 의미를 부여한다. 하나가 있을 때는 반드시 또 하나가 있게 되고, 대칭적 하나가 없을 때는 또 하나도 없어진다. 둘은 존재적으로 피차 필요하다고 한 것이다.

선(善)을 예로 들어 말하면 악(惡)이 선의 대칭 개념이다. 그런데 노장에 의하면 악이 없이는 선의 존재를 구별하지 못한다고 하였다. 선은 반드시 악과 공존하는 것을 볼 때 궁극적으로는 그 어느 하나에서 나온 두 대칭적 존재라 하겠다. 그러므로 이 자연이라고 하는 것은 스스로 이루어졌다고 하는 데서 나아가 포괄적이고 대칭적인 그 무엇의 성격을 지닌 행동을 지적하는 것이다. 이런 의미에서 도가들은 후에 태극(太極)이란 상징을 사용하여 음·양의 대립이 태극 속에 들어 있는 것으로 설명하고자 하였다. 여기에서 그들은 태극도라고도 일컬음을 받기도 하였다. 그러므로 자연이란 말의 의의를 하나의 보편적 의미로 그 뜻을 새기는 것보다 노장의 사상 전체에 의거해서 도의 행동을 가리켜 자연스럽다고 여김을 뜻한다고 보아야 될 것이다.

우리는 그간 너무도 19세기 이후에 자연과학의 설명에 의존하여 자연이란 명사 곧 대자연을 의미하는 줄로 생각하고 노장 철학을 해석하려 하였으나 그것은 어디까지나 후기의 생각을 역사적으로 거꾸로 해석하려 했던 오류를 범한 게 아닌가 지적하고 싶다. 노자에 있어서는 어디까지나 도의 운행, 즉 '기'(氣)의 움직이는 모습을 가리켜 자연이라고 한 것이다.

그러나 도가의 영향으로 동양 사상에 있어서는 자연에 대한 동경심을 불어넣었던 것만은 사실이다. 이상 말한 대로 도가가 자연에 대한 개념을 형성하는 데 있어서 직접적으로 공헌했다고 하기는 어렵다. 그러나 도의 개념을 통하여 사람과 자연으로 나누어 모든 대칭 관계를 규명하는 데에서 자연을 생각하게 되었다. 그들이 비록 객관적 존재에 자연이란 명사를 붙여준 것은 아니나 주관적인 나와 객관적인 타(他) 사이에 그 황홀한 관계가 존속하고 있다고 도가에서는 주장하고 있었다. 이 자연스런 관계를 우리가 받아들이게 되어 그것을 문학, 회화, 조각, 기타 예술 분야와 대인 관계 및 윤리적 분야에서 풀이해 준 것이라 해야겠다. 이러한 도의 사상이 줄곧 있었지만, 도교의 영향으로 오랫동안 흐려졌던 것이었다. 그러다가 3세기경 위진(魏晉) 시대에 청담파(淸談派)의 형성으로 철학적 도가 사상을 다시 찾을 기회를 갖게 되었다.

원적(阮籍), 향수(向秀), 곽상(郭象) 등은 이 운동의 지도자로서 공자를 노장 이상의 도학자로 설명하고 있다. 그들에 의하면 노장은 무위를 말했을 뿐이요 그 경지에 달하지는 못했다고 한다. 그런 반면 공자(孔子)가 이에 대해 언급이 없는 것은 그가 이미 그 경지에 달함은 물론, 모든 잘못된 것을 제거하고픈 욕망까지도 제거한 경지에 있음을 알려 준다고 하였다.

물론 그들은 유교적인 색채를 강하게 띠었다고 할 수 있으나 어디까지나 종교적인 테두리를 벗어나 노장의 원전으로 돌아가 그것을 주석하는 데에서 도가의 본연을 되찾을 수 있는 계기로 만들어 주었던 것이다. 도가뿐만 아니라 도교도 그들의 종교적 학설로 인하여 자연에 대한 태도에 도움을 받게 된 면도 있다.

이태백(李太白)은 자신이 본래 신선이었다가 천상에서의 잘못으로 육체를 입어 이 세상에서 그 모양의 생활을 하고 있다고 생각하였다. 그런 면에 있어서 그는 선계(仙界)에 대한 향수를 느꼈다. 그래서 그의 시작(詩作)은 인간의 좁은 생각을 탈피하였고, 기백이 넘쳐 읽는 자로 하여금 매혹당하게 했던 것이다. 그에게 노장사상이 배여 있어 도가에 대해서도 일견이 있었다고 보겠지만, 그에게는 선계와 인간이 갈라져 있었으나 마음으로 동경하는 것으로 하나가 되어 움직이는 그 심정이 그의 시구(詩句)로 하여금 독특한 성격을 띠게 했던 것이다.

소식(蘇軾)도 젊었을 때 연금술에 도취했었다고 한다. 도교의 승과를 통과한 사람으로 남 못지않게 노장에 몰두했던 사람이었다. 여기에서 그의 시작(詩作)이 남의 마음을 자기 마음과 같이 움직일 수 있어 기쁨과 우수를 나누어 줄 수 있었던 것이다.

13세기에 이르러 이 도가의 태극 사상이 유교에 침투되기 시작하여 성리학의 기본 틀이 되었다. 성리학자들은 이(理), 기(氣)의 개념으로 태극의 이치를 설명하는 데에서 유학의 형이상학적인 면의 부족됨을 보충하였다. 따라서 그들은 외적인 어떤 윤리 기준보다 내적인 도덕면을 주장하여 성실(誠)함과 경외(敬)하는 마음과 인간 본연의 마음(心)을 품어야 한다고 주장하였다. 이런 점에서 그들은 사람으로 하여금 자기 주변의 자연과 성실하게 가깝게 할 수 있도록 생각을 돌려주었다. 따라서 언급한 대로 노자의 생각은 아니었으나 후학들이 노자의 중심 사상으로 알고 있는 무위 개념에 의하여 자연에 대한 태도를 많이 변하게 하였다. 무위라 함은 주관적인 면의 취할 태도를 규명함인데 인위적인 모든 것 또는 사람을 위한 모든 것, 사람이 생각하고 있는 것들을 배격했다고 볼 수 있다. 그런 가운데서 객관적으로 존재하는 자연을 좀 더 자연스럽게 흠모할 수 있도록 해 주었다. 특히 이러한 사상은 불교로 들어가 선(禪)의 개념을 탄생하게 하여 많은 불도들의 사상에도 자연을 자연답게 볼 수 있도록 여래(如來)의 사상을 적용시켰던 것이다.

선의 개념을 통하여 노장의 자연관이 불교의 그림과 조각에도 많이 들어가 중요한 부분을 차지하게 되었다. 동방의 화가들은 "不見而明"(§47)의 방법으로 눈에 보이는 것보다 보이는 것의 움직이는 기(氣)를 보아야 한다고 주장하였다. 여기에서 그들은 자연의 무엇을 그대로 묘사하기보다는 그 자연의 생동하는 움직임을 그리려 애썼던 것이다. 이로써 현상적이고 표면적인 주관과 객관, 나와 물체 사이의 거리를 많이 좁히게 되어 '포일'(抱一)의 사상을 고취하게 되었다. 모든 두 대칭적인 것이 그 근본은 갈라져 있지 않고 하나임을 시도하려 하였다. 흔히 산수화를 그리면서도 먼 산을 넘어 자욱한 안개를 지나 그 황홀한 경지를 그려 보려 하였다. "寂兮廖兮 獨立不改"의 경(境)을 그리려고들 하였다. 이렇게 예술 면을 통하여 노자의 사상은 인간으로 하여금 다시 자연과의 거리를 단축시켰다. 자연과 하나가 되는 것을 통하여 자연을 정복하여 인간이 사용하게 한다기보다 인간과 자연이 어울리어 조화를 이루는 삶의 길을 제시하여 준 것이라고 하겠다.

제 9 장

의상(義湘)의 법계도(法界圖)와
원효(元曉)의 판비량론(判比量論)

1. 머리말

변천하는 우리 역사의 한 단면을 투시해 봄으로써 그 속을 통해 흐르는 민속성의 일부를 구조적으로 고찰해보려 한다. 여기서 다루려고 하는 주제는 신라 시대의 의상(義湘)과 원효(元曉)의 불교의(佛教儀)이다. 삼국 시대부터 고려 말까지 일관해 온 사조는 불교라고 하겠다. 삼국 시대에는 오교·구산(五教·九山)이 있었다고 하는데, 사상적 측면에서 주류가 된 것은 화엄(華嚴), 법상(法相), 법성(法性)과 조계(曹溪) 및 천태(天台)라고 할 수 있다. 이러한 사조의 대표적인 두 석학을 당시 중국 학자들과 비교 연구함으로써 그들 사상의 공헌한 바를 찾아보고, 그들이 가지고 있었던 보편성을 간추려 우리 역사에 숨어 흐르는 민족 얼의 일면을 모색해 보고자 한다.

신라의 화엄종(華嚴宗)은 당시 선(禪)과 교(教)의 대사(大師)들이 전부 그 경전을 교상판석(教相判釋)함으로써 시작하였다. 전하는 바에 의

하면 화엄종은 당나라의 두순(杜順)이 개종한 후 지엄(智儼)이 이대조(二代祖)로 계승하였다고 한다. 그에게는 현수(賢首)와 신라승 의상이 사사하고 있었는데 그는 그들의 장처(長處)에 응하여 현수를 "문지"(文持), 의상을 "의지"(義持)라고 불렀다. 후일 현수는 삼대조(三代祖)가 되었고 의상은 귀국하였다. 그러나 그들은 우정과 존경심을 가지고 서신 왕래를 계속했다고 한다. 현수는 『오교의五教儀』를 저작했고 의상은 『일승법계도一乘法界圖』 혹은 『법성도法性圖』, 『해인도海印圖』를 저술했다. 『오교의』에는 당시 중원의 경향이 나타나 있으며, 『법성도』에서는 신라 고승의 예지를 찾아볼 수 있다. 의상대덕(義湘大德)과 비슷한 시기의 현장(玄奘) 대사와 신라의 원효는 인도의 논리학자 진나(陳那)의 저작을 중심으로 하여 당시 불문의 제설(諸說)을 정리하였다.

현장의 『유식삼십론직해唯識三十論直解』는 당시 중국의 사상 경향을 가미한 것이며 원효의 『판비량론判比量論』은 우리 민족의 슬기가 서려 있는 작품이다. 이 글에서는 동해고승(東海高僧) 의상과 원효의 사상을 고찰해 보고 그들의 공통성 속에서 우리 민족성의 일단면을 규명해 보려고 한다. 수년 전에 동일한 방법으로 조선 유학자들을 연구한 바 있으므로 참조해 주기 바라고, 삼국 이전과 고려 시대에 관하여는 앞으로의 과제로 남겨 둔다.

2. 의상(義湘)의 법계도(法界圖)

당(唐)과 신라 시대에 이르러 여러 종파의 불교 교리가 인도로부터 전입되었다. 현수(賢首)와 의상의 스승인 지엄(智儼)도 여러 종파의 가르침을 빠짐없이 수집하여 73개의 해인(海印)을 저술한 바 있다. 이것은 각 종파의 가르침을 빠짐없이 수장한 저작이다.

지엄의 제자 현수는 그의 명저『오교의五敎儀』에서 역사적이고 논리학적 견지에서 교리를 분류해 놓았다. 그는 역사, 즉 시간에 관하여

無有分別

但隨心現

敎化衆生

이라고 하였다. 시간은 아직 깨닫지 못한 사람들의 마음 작용으로 생긴 것이지 실제로 존재하는 것은 아니라고 하였다. 부처님은 미(迷)의 세계에 사는 중생들을 깨우치기 위하여 이 시간 개념을 사용했을 뿐이라고 하였다. 현수는 중생의 시간 개념을 "십시"(十時)로 세분하여 해석하였고, 이러한 시간 개념에 의하여 설법의 단계를 "오회"(五會)로 나누어 설명하였다. 현수의 "십시"(十時)는 다음과 같다.

1. 一念時: 부처님이 무진(無盡)한 법계(法界)를 편력(遍歷)한 그 한 찰나를 가리켜 한 말이다.
2. 一化時: 부처님이 성(成道)한 후로부터 열반에 이르기까지 중생(衆生)을 법도(法道)로 교화(敎化)한 것을 말한다.
3. 遍周三際時: 일념시(一念時)나 일화시(一化時)가 있음으로 해서 생기는 다른 일념(一念)과 일화(一化)의 관계를 규명하기 위하여 과거(過去)·현재(現在)·미래(未來)·삼제시(三際時)를 설정하였다. 삼제(三際)를 망라한 시간(時間)의 전모를 사적(史的) 시간의 단위(單位)로 보아 겁(劫)이라고 부른다.

4. 攝同類劫時: 유사(類似)한 성격을 띤 겁(劫)들의 공동성(共同性)으로 규정지은 시간을 말한다.

5. 攝異類劫時: 다른 성격을 띤 겁(劫)들을 포섭한 시간(時間)을 뜻한다.

6. 以念攝劫時: 수많은 동·이류(同·異類)의 겁(劫)을 일념(一念) 속에 포섭한 시간을 말한다.

7. 劫念重收時: 일념(一念) 속에 포섭된 제념(諸念)을 다시 동(同)·이류(異類)의 겁(劫)으로 배열한 시간이다.

8. 異類界劫時: 이상(以上) 7종(七種)의 시간으로 구성된 다른 계류(界類)의 시간을 말한다.

9. 彼此攝時: 동·이류계(同·異類界)를 포섭하는 시간을 말한다.

10. 以本收末時: 실(實)로 존재(存在)하지 않는 시(時)와 겁(劫)을 공론(空論)하고 있음을 깨우쳐 주고 있다. "以非劫爲劫, 劫卽非劫"이라고 하였다.

현수의 시간관은 방대하여 그 당시 모든 학파들의 주장을 수용하고 있었다. 시간의 시종을 겁으로 삼았고, 동(同)·이류(異類)의 겁과 일시(一時)가 다시 중수(重收)되어 있는 것을 한 계류(界類)로 보았다. 그는 다시 동(同)·이류계(異類界)를 종합하여 시간을 하나의 체계로 엮어 놓았다. 현수는 시간 개념을 우리의 사고구조(思考構造)가 이분화되어 있어 이로 말미암아 생기는 대칭적 범주를 섭류(攝類)함으로써 시작되었다고 보았다. 그는 먼저

1. 일념(一念)과 무진무량겁(無盡無量劫)으로 맞세워 놓았다.

2. 동(同)과 이류(異類)의 겁(劫)으로 대칭시켰다.

3. 부류(部類)를 단계적으로 작성하여 염겁(念劫)에서 유겁(類劫), 그 다
   음에 유계겁(類界刼)으로 차원(次元)을 높이었으나, 매 단계는 같은
   대칭적 구조(構造)로 작성하였다.

그러므로 그는 시간을 실재로 존재한 것으로 보지 않고 개념 세계
의 작용으로 보아 "以非劫爲劫, 劫卽非劫"이라고 천명했던 것이다.

현수의 포괄적인 자세에 비하여 의상의 시간관은 그의 명저『법성
도法性圖』에 다음과 같이 요약되어 있다.

一中一切 多中一
一卽一切 多卽一
無量遠劫 卽一念
一念卽是 無量劫
九世十世 相互卽
仍不離亂 隔別成

그는 하나(一)와 많은 것(多), 그 가운데(中)와 곧 그것(卽), 무량겁(無
量劫)과 일념의 대칭됨을 나열하였다. 양과 관계와 한도로 착상된 것
은 모두 같은 대칭구조로 구성되어 있는 점을 지적하였다. 그는 잡다
한 교리를 "십시"로 구분하기보다는 구조적으로 필요한 것만 간화(簡
化)함으로써 복잡한 것에 빠지지 않았다. 그들의 스승 지엄이 현수를
'문지'(文持)라 하고, 의상을 '의지'(義持)라 한 것도 현수는 문채(文彩)에
능하고, 의상은 기본적 의미를 깨닫는 데 능하다고 여긴 데서 그렇게

부른 것이 아닌가 생각된다.

현수(賢首)는 불가(佛家)의 제문(諸門)을 십(十)으로 풀이하였다.

1. 本末差別門: 본말(本末)이라 함은 일승(一乘)과 삼승(三乘)을 분별 (分別)하여 말한 것이다. 화엄종(華嚴宗)에서는 대승(大乘)과 소승 (小乘)을 넘은 그 중도(中道)를 말하는데 이 삼승(三乘)은 셋이 아니 라 하나라고 함으로써 견해가 달라지게 되었다. 일승(一乘)과 삼승론 (三乘論)의 대립(對立)을 말하는 것이다.

2. 依本起末論: 본(本)은 일승(一乘)을 지적하는 말이고, 말(末)은 삼승 (三乘)을 의미한다. 일승(一乘)에 근거해서 세 갈래로 나누어져 삼승 (三乘)이 연역되었다고 하는 학파이다.

3. 攝末歸本門: 삼승(三乘)을 귀납하여 일승(一乘)이 이루어졌다고 하는 관점(觀點)이다.

4. 本末無礙門: 일승(一乘)과 삼승(三乘)이 비록 나누어져 있지만 서로 장애(障礙) 없이 소통되어 있다고 하는 학파이다.

5. 隨機不定門: 이상에 언급한 일승(一乘)과 삼승(三乘) 사이의 네 가지 관계를 때에 따라 적절히 사용하는 학파이다.

6. 顯密同時門: 밀교(密敎)와 현교(顯敎)의 두 대칭적 교훈(敎訓)을 동시 에 다루고 있는 학파를 말한다.

7. 一時頓演門: 돈(頓)은 돈오(頓悟)를 뜻하고 연(演)은 점수(漸修)를 의 미한다. 순간적으로 깨닫게 되는 길과 점진적(漸進的)으로 터득할 수 있는 대칭적인 두 길을 말하고 있다. 돈(頓)과 연(演)을 동시에 할 수 있다는 학파이다. 현(顯)과 밀(密)이 질적(質的)인 대칭이라면, 돈 (頓)과 연(演)은 시간면(時間面)의 대칭을 지적한 것이다.

8. 寂寞無言門: 언어(言語)는 대칭구조로 되어 있다. 동사(動詞)와 명사(名詞), 주격(主格)과 소유격(所有格), 자동사와 타동사 등으로 구성된 것이 바로 이것이다. 대칭적인 범주는 물자체(物自體)가 지닌 것이 아니라 우리 인식세계(認識世界)의 범주이므로 진여(眞如)를 설명할 도리가 없으며, 그 앞에서는 두 대칭적 범주가 동시에 부정되어 무언(無言)의 경지에 돌입하게 됨을 말한다.

9. 該通三際門: 삼제(三際)라 함은 과거·현재·미래를 말함인데 삼제(三際)가 하나로 해통(該通)할 수 있다고 주장하는 학파이다. 적막무언문(寂寞無言門)은 공간적(空間的)인 대칭범주를 동시에 부정(否定)함으로써 생긴 것이고, 해통삼제문(該通三際門)은 과거와 미래가 시간적(時間的)인 대칭범주이지만 동시에 부정을 받으므로 해서 생긴 시간관(時間觀)이다.

10. 重重無盡門: 앞의 구문(九門)을 수의(隨意)로 전용(轉用)할 수 있는 학파를 말한다. 제오문(第五門)과 제십문(第十門)은 어떤 면에서는 종전에 있던 학파들을 수의(隨意)로 선택하여 적당하게 사용해야 된다고 하는 학파들이라고 하겠다. 이 두 학파는 자체적(自體的)인 구조(構造)를 가지고 있지 않은 것이 특징이다.

의상은 현수와는 달리 십문(十門)을 간추려 아래와 같이 서술하였다.

法性圓融 無二相

諸法不動 本來寂

無名無相 絶一切

一微塵中 含十方

一切塵中 亦如是

……

初發心時 便正覺

生死涅槃 常共和

　법성(法性)이 무이상(無二相)이라 하는 것은 공간적으로 대칭적인 구조를 가지고 있지 않으므로 상대적인 두 요원으로 나누어져 있지 아니함을 뜻한다. 예를 들어 전체라고 하면 그와 대칭되는 개체, 주격과 소유격, 하나와 많은 것 등으로 나누어져 있지 않음을 말한다. 그러므로 의상은 일미진중(一微塵中)에 함시방(含十方)이라고 하여 하나에 많은 것 혹은 모든 것이 포함되어 있다고 하였다. 그런 의미에서 법성은 원융(圓融)하다고 하였다. 따라서 제법(諸法)은 시간적인 대칭구조인 인과론으로 구성된 것도 아니라고 하였다. '초발심'(初發心)에서 시작하여 '정각'(正覺)에 이르는 것도 아니고, 세륜(世輪)에서 벗어난 열반에 이르는 것도 아니라고 하였다. 제법은 전후의 관계, 즉 인과적 관계에 구속되어 있지 않으므로 '초발심' 때가 '정각' 되는 때라고 하였고, 세륜(世輪)의 생사(生死)가 열반과 어울려 있게 된다고 하였다. 제법은 인과와 본말에 구속된 것이 아니라 시간과 변천을 초월해 있다고 하였다. 그러므로 어떤 것이라고 이름 지을 수도 없고, 무엇이라고 부를 수도 없는 존재라고 하였다(無名無相絶一切). 의상은 복잡한 것을 피하고 기본적(基本的)인 구조를 파악함으로써 진여경(眞如境)을 제대로 표현한 것 같다.

　현수(賢首)는 이어서 '오교'를 중심으로 '육종'(六宗)과 '삼관'(三觀)을 풀이하였다. '교'(教)라 하는 것은 가르치는 방법을 말한 것이다. 이것은 삼시(先照, 轉照, 還照)를 오시(五時)로 다시 세분하였듯이 삼승(三乘)을 오교(五敎)로 다시 세분한 것이다.

1. 小乘: 석가가 설법(說法)할 때, 때와 장소에 따라 적절하게 사용한 말을 글자 그대로 받아들여 석가가 의도했던 그 뜻을 헤아려내지 못했다고 하였다. "逐機說故 隨他說故 以明法數" 당연한 결과로 그들은 성속(聖俗)을 가르며 호오(好惡)를 분별(分別)하고, 원인과 결과를 분석하게 되었다(辨聖凡 分欣壓析因果). 그러므로 가르침의 내용보다 그 표현양식의 절대화를 기했다고 할 수 있다.

2. 大乘: 대승(大乘)은 소승(小乘)의 그러한 법(法)이 공(空)이라는 것을 가르쳤다. 그 가르침을 깨닫는 방법이 돌변적으로 되는 적도 있고 점진적(漸進的)으로 되는 때도 있다. 이 점진적(漸進的)으로 깨닫는 방법에 있어 대승시교(大乘始敎)와 소승시교(小乘終敎)로 나누어지게 되었다.

2a. 大乘始敎: 이는 모든 가르침이 공(空)이라는 것을 깨달아 소승(小乘)을 떠나기는 했지만, 아직 대승(大乘)의 법(法)에는 이르지 못한 가르침이다. 이것을 분교(分敎)라고도 한다.

2b. 大乘終敎: 대승(大乘)의 지극한 가르침에 의하여 불지(佛地)에 이르게 된다고 하며 실교(實敎)라고도 한다.

3. 一乘頓敎: 이것은 점진적(漸進的) 방법(方法)이 아니라 제법정성(諸法正性)을 한순간에 일깨워주는 방법을 말한다.

4. 圓敎: 위의 네 방법을 골고루 사용하여 일깨워주는 방법이다. 돈(頓)과 점(漸)이 병행(倂行)하여 사용된다고 하였다.

이 교도하는 방법에 있어서도 의상은 역시 간략하게 처리하였다. 현수는 대(大)·소승(小乘)의 차에 역점을 두었다. 그는 대승을 다시 점(漸)·돈(頓)으로 나누고 점을 또다시 시(始)·종(終)으로 구분하였다. 그는 이 세상의 대칭 범주를 같은 차원으로 다루지 않았다. 시·종은 점에 예속된 것이고, 점·돈은 대승에 한한 것이며, 대·소는 원에 예속되어 그 속에 기타 네 가지 교를 통합한 것이라고 하였다.

그러나 의상은 말하기를

無緣善巧 捉如意

......

衆生隨器 得利益

라 하였다.

대칭적인 "무연"(無緣)이나 "선교"(善巧), 즉 돈오(頓悟)나 점수(漸修)를 원융시켜서 도를 얻게 된다고 하였다. 의상은 같은 구조를 차원의 차에서 생기는 번잡함을 탈피하여 근본적인 문제성을 포착하여 정리했다고 할 수 있다.

현수의 "육종"(六宗)은 여섯 가지 배움의 경지를 말하는 것이다. 소승교는 법집(法執)에, 시교(始敎)는 유식(唯識)이나 진공(眞空)에, 종교(終敎)는 장심(藏心)에, 돈교(頓敎)는 진성(眞性)에 그리고 원교(圓敎)는 법계에 이른다고 하였다. 의상은 이것을 간추려

窮坐實際 中道床
舊來不動 各爲佛

이라고 하였다. 육종의 본 의도는 공간적으로는 대·소승의 중도(中道)이고, 시간적으로는 과거와 미래를 초월한 법성(法性)에 이르는 것이라고 하였다. 공간적 대칭을 그와 맞서는 시간적 대칭과 융화시켜 중도(中道), 불지(佛地)에 이르게 된다고 하였다.

현수는 끝으로 진(眞)·공(空), 이(理)·사(事), 주(周)·편(偏)의 삼관(三觀)을 설정하였다. 이 역시 구조적으로 보면 대칭적인 것들에 불과한 것이다. 편벽하느냐, 주도하느냐? 그 대상이 진(眞)이냐, 공(空)이냐? 그 대상을 사건으로 다루느냐? 이치(理致)로 다루느냐의 대립적인 용어로 나열하고 있다. 의상은 이 셋을 하나로 묶어 그 구조적인 문제만 다루면서

理事冥然 無分別

이라고 하였다.

이상 현수의 "오교의"(五敎義)의 주요 범주를 다시 간추려 보면 어떤 때(五時), 어떤 경전으로(五會), 어떤 계기에(十時), 어떠한 방식을 가지고(十門), 어떠한 교수 방법으로(五敎), 어떠한 것을(六宗), 어떤 견지

에서(三觀) 보게 할 것인가를 말한 것이다. 이러한 범주는 인식 구조를 캐어낸 것이라기보다 너무 사건에 집착하여 어떤 구체적인 사건을 서술하는 데 얽매이게 되는 결과를 가져왔다.

그러나 의상은 그의 『법계도法界圖』에서 이것을 구조화하였다. 그는 복잡한 표현들을 동일한 대칭적 구조로 통일하여 본연(本然), 속념(俗念), 해탈(解脫), 열반(涅槃)의 4단계로 풀이하였다. 이 4단계는 같은 대칭 요원으로 구성되기는 하였으나 그 사이의 관계를 다른 모습으로 전개시킴으로써 각 단계의 성격을 규명하였다.

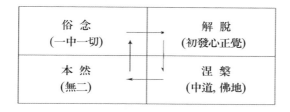

본연(本然)에 있어서는 두 대칭 요원이 하나로 되어 있고, 속념(俗念)에 있어서는 대립이 되어 있으며, 해설에 있어서는 그 대립이 해소되었고, 열반에 있어서는 조화를 다시 찾았다고 할 수 있다. 다시 말하면 본연에서 속념으로 가는 성격이 분산됨에 있다면, 해탈에서 열반으로는 그 반대로 원융섭(圓融攝) 하는 것이라고 하겠다. 이렇게 보면 이차적인 대칭을 구성하는 것인데 그 대칭의 대칭을 하나로 만든 것이 "법계도"(法界圖)이다. 이것이 바로 법(法)·불(佛)이 조화된 경지이다. 이런 면에서 의상은 화엄종의 궁극적인 목표를 누구보다 뚜렷하고 선명하게 묘파했다고 할 수 있다. 이 모든 대칭의 대칭은 우리의 머릿속에서 인식론적으로 해소되는 것이 아니고, 법(法), 즉 불(佛)에 귀의함으로써 되찾게 된다고 하였다. 그러므로 그는 한국 화엄종을 창설할 때에 중국 화엄종과는 달리 아미타(阿彌陀/昆盧遮那法身佛)와 관세음보살(觀世音菩薩)을 본존(本尊)으로 삼았다. 의상의 "법계도"(法界圖)를 설명한 진숭(珍嵩)은 말하기를

問: 證分之法 言相不及
言敎之法 在於事中者
證敎兩法 常在二邊過爲
答: 若約情說 證敎兩法 常在二邊
若約理 證敎兩法 舊來中道

라고 하였다. 논리적 증명이나 교화의 방법이 정즉아상(情卽我相)에 의한 것이라면 융화될 수 없으나 이즉불(理卽佛)에 의존한 법에서만 본연의 조화를 가지고 있다고 하였다. 그런 의미에서 의상은 백화도장원문(白華道場願文)에

唯願弟子 生生世世
稱觀世音 以爲本師
如菩薩 頂載彌陀

라고 하였다. 그는 관세음보살이 아미타를 섬기듯이 자신은 관세음을 따라 섬기겠다고 하였다. 이 아미타불의 좌우에는 문수(文殊)와 보현(普賢), 즉 지혜(智慧)와 법리(法理)의 보살이 옹위하고 있는 바 이는 증(證)·교(敎)를 아울러 구비한 아미타를 숭상하고 따름을 뜻하고 있다.

八量($2^3=8$)	四量($2^2=4$)	二量($2^1=2$)
1. 現量(槪念化되지 않은 純感覺을 취급함) 2. 比量(因果 및 推理) 3. 聖敎量(聖者의 권위적 敎說) 4. 比喩量(事物의 名辭에서 그 作用을 認知함) 5. 世傳量(傳統에 依한 敎說) 6. 義準量(假言的 推理) 7. 多分量(蓋然的 推理) 8. 無體量(無에서 他의 有를 推理)	1. 現量 2. 比量 ┌多分量 　　　　義準量 　　　　無體量┘ 3. 聖敎量 4. 比喩量	1. 現量 2. 比量 　(1) 比喩量 　(2) 義準量 　(3) 多分量 　(4) 無體量

3. 원효(元曉)의 『판비량론』(判比量論)

　의상대덕(義湘大德)과 비슷한 시기에 중원에 있던 대사 현장(玄奘)과 겨루어 일견을 편 이가 원효(元曉)이다. 현장은 회당후(回唐後) 인도 논리학자인 진나(陳那)의 『집량론集量論』을 소개하였다. "양"(量)이라 하는 것은 인식 구조에 관한 연구이고, "논"(論)이라 하는 것은 논리(論理), 즉 인식된 것을 남에게 전달하는 방법을 말한다. 『집량론』은 양과 논을 집성한 거작이라 하겠다. 진나 때까지 양은 여덟 가지 혹은 네 가지로 나누어져 사용되어 왔다.

　진나는 사량을 다시 이량으로 줄여서 현량(現量)으로 하여금 개념화되지 않은 순수 감각을 취급하게 하고, 비량(比量)으로는 인식 과정을 규명하게 하였다. 비량을 다시 구조적으로 안배하여 비유량(比喩量)과 무체량(無體量), 의준량(義準量)과 다분량(多分量) 등 사량으로 보았다. 비유량은 유에서 타의 유를 추리하는 것이라면, 무체량은 무에서 타의 유를 추리하는 것이다. 이 두 량은 대칭적으로 되어 있다. 의준량을 가연적 추리라고 한다면, 다분량은 개연적 추리로서 대칭적 체계를 가지고 있다고 하겠다. 이러한 면에서 진나의 량론은 이원론적 인식 구조를 그리고 있는데 이는 전대에 볼 수 없었던 완벽한 체제를 이루었다고 할 수 있다. 따라서 진나는 현량과 비량을 모두 유식론적 입장에서 보았다. 감각과 개념이 다 인식 작용이라고 본 점이 바로 이것이다. 어떤 면에 있어서 현량은 칸트의 물자체(物自體, Ding-an-sich)에 있어서의 Noumena의 세계와 같으며, 비량은 현상세계와 같다고 할 수 있다. 칸트는 감각과 개념은 현상적 한계 내에서의 상황이고, 감각을 주는 물자체와는 다른 것이라고 주장하였다. 진나의 입장에서 볼 때 Phenomena와 Noumena는 대칭적인 인식 구조의 산물이므로 Noumena, 즉 "물자체"라고 한 것 역시 실은 인식 범위 밖에 존재하는 것으로는 여기지 않는다. "물자체"라는 것도 인식 과정에서 주관적으로 설정된 가상적 범주라고 하였다. 현장도 그의 『유식삼십론직해^{唯識}三十論直解』라는 책의 벽두에서

由假說我法

有種種相轉

彼依識所變

라고 갈파하였다.

　　아 · 법(我 · 法)이라 하면 아상(我相)과 법상(法相), 즉 자아와 그 인식의 상대인 세계의 모든 모습과 규범을 말한다. 이 두 상은 모두 인식 과정에서 설정된 가설에 불과한 것이므로 실제로 존재하는 것은 아니

라고 하였다. 스스로 존재하는 것이 아니고 "皆依識所變"이라고 하였고 "世間說 有我相… 有法相… 謂非有 但假說也"라고 하였다. 그런 면에서 이 유식학파들은 역사적으로나 구조적으로 보아 칸트 학파보다 훨씬 앞섰고 좀 더 투철하였다고 하겠다.

현장은 『인명입리론직해因明入理論直解』에서 "량"(量)에 이어 "론"(論)에 관하여 상세한 풀이를 하고 있다. "량"이 구조에 관한 설명이었다면, "론"은 전달 과정에 대한 해설이다. 현장은 삼지논법(三支論法)을 중심하여 삼상인(三相因)과 구포인(九包因)을 설명하였다. 삼지논법이라 하는 것은 종(宗), 인(因), 유(喩)를 말하는 것인데 오지논법(宗, 因, 喩, 合, 結)을 간추린 것이다. 예를 들어 말하면

宗: 성(聲)은 무상(無常)하다.

因: 성(聲)은 소작성(所作性)이므로

喩: 병(瓶)은 소작성(所作性)을 띤 것이므로 무상(無常)하다(동유[同喩]), 허공(虛空)은 비소작성(非所作性)이므로 무상(無常)하지 않다(이유[異喩]).

合: 소작성(所作性)은 무상(無常)하므로 성(聲)은 무상(無常)하다.

結: 성(聲)은 소작성(所作性)이므로 무상(無常)하다.

합(合)과 결(結)은 종·인(宗·因)의 결합으로 된 것이므로 오지논법을 생략하여 삼지논법으로 흔히 사용하게 되었다. 삼지논법의 구조를 분석한 것이 인(因)의 삼상(三相)이다. "종"(宗)은 하나의 명사(n_1)와 동사(v_1)로 되어있다. "인"(因)은 하나의 동사(動詞)(v_2)로 구성되었는데, 반드시 n_1에 해당되어야 하는 동시에 v_1과 관련되어야 한다.

이러한 구조를 가지고 있는 삼지법에는 자연히 두 개의 기준이 전제되어 있게 된다.

宗	n_1	v_1
因	(n_2) ← — v_2	
	同品	所立法

1. **遍是宗法性**: v_1과 v_2는 인과적(因果的) 관계가 있어야 한다.
   위에 말한 "소작법"(所作法)(v_2)은 인(因)으로, 무상(無常)(v_1)은 과(果)로 연결지을 수 있어야 한다.

2. **同品定有性**: n_1과 n_2는 같은 부류에 소속되어야 한다. "성"(聲)(n_1)과 "병"(瓶)(n_2)은 다 소작(所作)이므로 같은 부류에 속하고 있다. n_1과 n_2는 동품(同品)이므로 "소작성"(所作性)을 같이 지니고 있다고 하여 동품정유성(同品定有性)이라고 하였다.

3. **異品徧無性**: 이 말을 피상적으로 해석한다면 동품정유성(同品定有性)이란 말을 뒤집은 것이다. n_2가 n_1과 다른 부류에 속한 것이라면 그들 사이에는 이렇다 할 성격을 규명하기 어렵다. 그러나 이렇게 단순하게 뒤집은 것이라면 독립된 성격이 없는 조항이므로 삼상(三相)의 하나로 별립(別立)할 필요가 없을 것이다. 이것을 단독적인 항목으로 넣은 것은 그 당시의 논리학에 있어서는 가히 상상조차 할 수 없는 경지에 이르렀음을 암시해주는 것이다.

a) 위에 언급한 바와 같이 팔량(八量)을 삼량(三量)으로 간화(簡化)하여 이론을 전개한 이상 이원적 체계(二元的 體系, Binary System)를 이루고 있다 하겠다. 이 체계의 기본적인 요원은 둘이고 이진법(二進法)으로 기타 요원(要員)들을 배치하게 된다.

n_1	0	2	4	6	············	············
n_2	1	3	5	7	············	············

비록 "0"에서 1, 2, 3, … 끊임없이 셈을 한다고 하더라도 "0"은 n_1으로 모든 짝수를 대표하고, '1'은 n_2로 모든 홀수를 대표하게 된다.

b) 재래의 귀납법적 증명은 하나의 가설을 많은 사례로 입증하는 것이므로 그 신빙성을 인정받아왔다. 그러나 가설이란 모든 사례로 다 증명될 수는 없을 뿐만 아니라, 끝없는 사례가 다 이루어지려면 무한정 기다려야 한다는 문제점에 봉착하여 그 가설을 실천하려는 자를 위축시키고 또한 적절한 시기에 실천할 수 있는 기회를 마련해주지 못하였다.

최근에 와서 비로소 귀납법에서 오는 약점을 Recursive Proof로 보완하게 되었다. Recursive Proof란 수(Number)의 이론에 의해서 발전시킨 새 논법이다. 1, 2, 3, …, n, …을 셈하는 데 있어 "1", "2", "3" 등의 이품적(異品的)인 명사를 주었으나 "1"에서 "2", "2"에서 "3"을 연결할 때 "1" 다음 "2", "2" 다음 "3", "3" 다음 "4"가 "다음"이라는 용어로 연결하여 왔다. 이 "다음"이라는 구조의 뜻을 알아낸다면 결국 1, 2, 3, …, n, …을 다 적용하여 말하는 것과 같은 의미가 있을 것이다. "다음"이란 뜻을 아래와 같이 구성된 것임을 알게 되었다.

1. 그 체계의 대표적 사례가 그 논리에 적용되어야 한다. 즉, n_1이 그 종인(宗因)에 적용되어야 한다.

2. 아무 사례나 선정한 후 그것이 적용될 때, 그 사례의 "다음" 것도 적용된다면 1, 2, 3, …, n, …의 많은 사례로 증명된 것과 같은 신빙성을 가지게 된다.

3. Recursive Proof의 신빙성은 절대적인 것은 못 된다. 그렇지만 현 단계에 있어 수의 이론만큼의 신빙성은 가지고 있다 할 것이다. 1, 2, 3, …, n, …의 수의 이론을 사용하는 데에는 이 Recursive Proof의 신빙성은 수의 이론의 신빙성과 같게 된다.

(1) 동품정유성(同品定有性): $\begin{array}{l}n_1:(v_2 \to v_1)\\ n_2:(v_2 \to v_1)\end{array}$ 에서 그 대표적 첫째 명사의 타당성을 증명하였다.

(2) 요원(要員)들로 구성된 이원적(二元的)인 체계(體系) 안에서 임의로 선출한 사례로 본다면 n_1의 다음 사례는 n'_1, 즉 n_1과 상반되는 성격을 가진 대칭적인 사례가 된다.

(3) 상반된 사례를 그 가설에 적용하면 $n'_1 = {\sim}(v_2 \to v_1)$의 상반된 결과가 나와야 한다는 것이 바로 인(因)의 삼상(三相)에서 말하는 "이품편무성"(異品偏無性)이다.

(4) 그러므로 인의 삼상(三相)은 그 가설을 Recursive Proof로 증명하는 데 충족하다고 본다.

구포인(九包因)이란 이 인(因)의 삼상을 연역한 것이다. 동품(同品)과 이품(異品)이란 $n_1=n_2$와 $n_1 \neq n_2$를 말하는 것이다. 그런데 n_1과 n_2 가운데 어떠한 종법성(宗法性)이 설정될 수 있는가(有) 없는가(無) 또는 있

을 때도 있고, 없을 때도 있다는 것을 구(俱)라고 말하는 것이다. 유무
구(有無俱) 셋을 동이(同異)로 두 번 제곱하면 9가 되어 구포인이 된다.

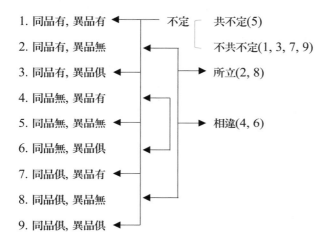

1. 同品有, 異品有 ← ── 不定 ┌ 共不定(5)
2. 同品有, 異品無 ← ─────── └ 不共不定(1, 3, 7, 9)
3. 同品有, 異品俱 ← ──────→ 所立(2, 8)
4. 同品無, 異品有 ←
5. 同品無, 異品無 ←
6. 同品無, 異品俱 ← ──────→ 相違(4, 6)
7. 同品俱, 異品有 ←
8. 同品俱, 異品無 ←
9. 同品俱, 異品俱 ←

　　구포인은 인의 삼상을 연역하여 아홉 개의 가상적인 사례류(事例類)를 만든
것이다. 이러한 량(量)·론(論)의 체계가 교설(教說)에도 표현되어 팔식설(八識
說)을 주장하게 되었다.

1. 제五識은 (色聲香味觸, 즉 眼耳鼻舌身) 오관(五管)을 통하여 소연(所
　緣)된 것이다.
2. 제六識은 "요별식"(了別識)이라고 하는데 "五識"에 "의"(意)를 더하여
　개념화한 것이다. "五識"이나 "了別識"은 자아(自我)나 세계에 의존
　해서 생긴 것이 아니고 우리의 인식 과정에서 이분화(二分化)되어 가
　상적(假想的)인 자아(自我)의 "견분"(見分)과 피상적인 색계(色界)

를 "상분"(相分)으로 봄으로써 도출된 것이다. 이 (能緣과 所緣), (見分과 相分), (五識과 了別識)은 동사(動詞)로 구성된 같은 대칭적(對稱的) 표현이다.

3. 제七識은 "말라식"(末那識)이라고도 한다. 가공적(假空的)인 "견분"(見分)이 존재하지 않는 "五識"의 색상(色相)과의 관계를 맺어주는 작용을 말한다. "말라식"(末那識) 혹은 "사량"(思量)은 존재(存在)하지 않는 아집(我執)이 가공적(假空的)인 세계의 제상(諸相)을 탐애(貪愛)함으로써 생기는 번뇌도 포함하고 있다.

아상(我相)이 색계(色界)의 공상(空相)을 취급함으로써 량론(量論)이 작용되므로 "자증분"(自證分)이라는 이름으로 불리우기도 한다.

4. 제八識은 제七識인 "자증분"(自證分)과 대칭적 대립을 시켜 "증자증분"(證自證分)이라고 하였다. "아라야식"(阿賴那識) "장식"(藏識)이라고도 하는데 이는 저장하는 창고라는 의미를 갖는 동시에 저장되어 있는 물건이란 뜻도 내포하고 있다. 이 두 대칭적으로 대립된 작용이 하나로 긴밀하게 연결되기도 하는(阿陀那) 동시에 분별시키기도 한다고(異熟識) 한다.

1)

$V_{1,2}^1$	$V_{1,2}^2$
n1 見分 v_1^1	v_α 自證 v_1^2
n2 相分 v_2^1	v_β 證自證 v_2^2

2)

八識	四識	二分
1. 2. 3. 4. 5. 識 6. 了別識(意) 7. 末那識(思量) 8. 阿賴那識 　(藏種子)	相分 見分 自證 證自證	一次대칭작용 二次대칭작용

아라야식의 분화에 대하여는 여러 가지 설명이 있다. 훈습작용설(熏習作用說)에서는 종자식(種子識)의 성장에는 분화가 포함되었다고 하였다. 유루설(有漏說)에 의하며 선천적으로 결함이 있어 분화된다고 한다. 종자식 안에는 잠재해 있다. 변하는 품성과 변하지 않는 품성이 싹트게 됨으로써 분화된다고도 한다. 이 분화작용은 자량, 가행, 통달, 수습을 통해 구경(究竟)의 자리로 전의함으로써 극복된다고 하였다.

원효는 그의 『판비량론判比量論』에서 이 유식론의 제일 큰 약점을 잡아내어 비판하고 그것을 보완하려는 시도를 했다. 그는 량(量)·론(論)을 유식론자(唯識論者)들이 즐겨 사용하는 논증 방법을 가지고 그들의 모순을 노출시켜 그 체계를 내폭(內爆)시키었다. 원효는 『판비량론』에서 지금까지의 유식론의 4분설을 3분설로 바꾸어 놓았다. 이 논증의 골자는 자증분(自證分/제七識)의 존재를 증명할 수 없으므로 증자증분(證自證分)의 존재 여부도 흔들리게 된다고 하였다. 원효는 논증을 전개하기 위하여 그 성원들의 차원을 단계적으로 설명하였다.

d^0: 토각(兎角): 토끼는 뿔이 없으므로 토각(兎角)이란 없다는 의미다.

기호논리에서 "∅"을 사용하여 그 부류에는 요원(要員)이 없음을 표시한다.

d^1: 안식(眼識), 이식(耳識) 감각을 말하는 것이다. 유식론(唯識論)에서는 감각과 감각을 주는 상대(相對)를 다 "가설"(假說), 다시 말하면 우리의 인식 과정에서 생긴 것이지 실재로 존재하지 않는 것으로 보았다.

d^2_0: 안식(眼識), 이식(耳識) 등 "五識", 즉 인식되는 만상(萬像)을 모아 "상분"(相分)이라 하였다.

d^2_s: 五識을 인식하는 "의식"(意識), 즉 보는 그 주체를 "견분"(見分)이라 하였다.

$d^2_{(o,s)}$: "상분"(相分) 및 "견분"(見分)을 "요별"(了別)이라 하였다. "相分"과 "見分"으로 분별(分別)하여 인식(認識)에 있는 주격(主格)과 빈격(賓格)을 가지게 하는 작용(作用)이다. "三相" 중에 제三相이라고도 한다.

d^2_v: "사량식"(思量識) 혹은 "말라식"(末那識)은 "相分"과 "見分"을 연결(聯結)시키는 인식작용(認識作用)이다. 무엇을(相分) 보았다(見分) 하는 데서 "자증분"(自證分)이라고도 한다. 아집(我執)을 불러일으켜 "아견"(我見), "아애"(我愛), "아치"(我癡), "아만"(我慢)을 생하게 하여 번뇌로 이끌어 가게 한다고 하였다. "三相" 중에 제二相이라고도 한다.

$d^3_{(n,v)}$: "아라야식"(阿賴那識), "이숙식"(異熟識), "종자식"(種子識) 혹은 "장식"(藏識)이라고 한다. 장소(藏所)인 동시에 소장(所藏)하는 두 성격을 지녔다고 한다. 이것은 명사(名詞)와 동사(動詞)의 성격을 한 몸에 지녔음을 말한다. $d^3_{(n,v)}$ 그러므로 열매를 다르게 맺을 수 있는 씨앗이라고 하여 "이숙식"(異熟識)이라고 하고 "종자식"(種子識)이

라고도 한다. $d^3_{(n,v)}$는 $d^3(d^2_{(o,s)}, d^2_v)$를 지적하는 것이다. 그런 의미에서 증자증분(證自證分)이라고도 하며 "심분"(心分)이라고도 한다. 따라서 "삼상" 중에서 제一相이 된다. 이렇게 비량과 유식론의 구조가 내적인 통일을 보게 된 것이다.

1. 自證 必有有體 在證心分攝:

d^2_v B:$d^2_v \rightarrow d^3_{(n,v)}$ 　　　　後因亦有不定

2. 如相分 自證, 應非心分攝 無有體之能證

as d^2_n, ~B: $d^2_n \rightarrow d^3_{(n,v)}$

3. 謂自證分 爲如相分 心分攝故 有體能證 　　是似批眞

d^2_n, B: $d^2_n \rightarrow d^3_{(n,v)}$ 　　　　皆不能離

4. 爲如眼識生相 心分攝 無有體能證 　　　不定過

as d^1, ~B: $d^1_{eye} \rightarrow d^3_{(n,v)}$

5. 又自證分 爲如兎角 無有體能證 故非心分攝

as $d°$ (or $\varnothing$), ~B: $d° \rightarrow \sim d^3_{(n,v)}$ 　　前因有不定過

6. 爲如耳識 相分三相 無有體能證 故是心分攝

as d^1, ~B: $d^1_{eye} \rightarrow d^3_{(n,v)}$

원효는 이러한 통일된 "량(量)·론(論)"으로 유식론을 다루었다. 원효는 체(體)와 상(相)이라는 범주를 가지고 유식론을 검토하였다. 이 전체와 개체의 관계를 B와 b, 동상(同相)과 이상(異相)은 $M_1: M_2 \cap M_1$과 $M_1 \cdot M_2 \cong \varnothing$로 기호화한다.

위의 논리의 요지는 (1) "심분섭"(心分攝)을 동사, 즉 "자증분"(自證分)의 본체로 하면 (2) 명사, 즉 "료별"(了別)을 요원으로 포섭할 수 없다고 하였다. 그런데 (3) "자증분(d_2)을 명사로 보아" 심분섭(d^3)의 요원으로 생각한다면 (4) "자증분"보다 낮은 차원(d^1), 즉 안식의 것은 "심분섭" 요원이 될 수 없다고 하였다. (5) 이는 "심분" 요원만(d^2) 포섭할 수 있다고 하는 것이다. "심분섭"(d^3)이 모든 의식작용을 전부 포섭하고 있는 것은 아니다. d_n^2이나 d_v^2만, 즉 "사량"(思量)과 "요별"(了別)만 요원으로 가지고 있다. 이는 그보다 아래 차원의 요원(d^1)은 같은 부류로 볼 수 없다는 말이다. (d_n^2, d_v^2)∈d^3, $d^1 ∈ d^3$ 한 번 더 내려간 d^0, (5) 즉 존재치 않는 토각(兎角)은 더욱더 d^3의 요원이 될 수 없다고 하였다. (6) d^1, 즉 이식(耳識)은 료별(d^2)의 要員은 될 수 있으나 d^3의 요원은 될 수 없다. "심분섭"을 동사로 보면 명사가 될 수 없으므로(1, 2) "심분섭"의 품성이 어떤 결론을 줄 수 없는(不能離不定過) 결과를 이끌어 가게 된다고 하였다.

그 반면 만약 "심분섭"과 "자증분"을 명사로 본다면 "심분섭"(d^3)에 "자증분"(d_v^2)이 포섭되겠으나 "자증분" 이하의 차원에 예속된 안식이나 이식(耳識)(d^1) 또는 더 한 층 아래에 있는 토각(兎角)(d_0)을 직접 포섭할 수 없다고 하였다(0, 3, 4, 5, 6). 그러므로 제사분(四分), 즉 "장식"(藏識) 혹은 "아라야식"(阿賴耶識)의 존재 여부는 논리적으로 무의미하다고 부정해 놓았다(當如第四分 有言而無義). 그리하여 그는 이 제사분은 심(心)의 분(分)과 섭(攝)하는 작용이지 별도로 존재하는 것은 아니라고 하였다. 원효는 이렇게 유식론의 논리적 구조와 그 가르침의 내용을 조화시켰다. 그때까지 현장이나 기타 유식론자들은 아라야식은 모든 의식의 바탕이 되는 것으로, 그 존재 여부를 문제시할 생각도 갖지 못했었다. 원효는 명석한 논리로 이 제팔식의 존재를 부정하였고, 다만 한낱 마음의 작용으로 보아 유식론의 뜻한 바를 관철시키고 있다.

따라서 원효는 논리학적으로 그때까지 그 어느 누구도 미치지 못했던 탁월한 경지에 이르렀다. 이원적(二元的) 대칭구조를 가진 체계에서는 전체와 개체를 가지고 그 논리를 전개하는 경우 전체가 개체를 지배하는 연역논법(Deduction), 개체를 종합하여 전체적인 개념을 갖게 하는 귀납논법(Induction), 전체와 개체가 서로 어울려 조화의 경지에 이를 수 있다는 변증논법(Dialect) 및 전체와 개체가 대립되어 갈등에 이르는 모순논법의 4가지가 있다. 그중 연역법, 귀납법 및 변증법은 긍정적인 가치를 주었고, 모순논법(Paradox)은 이율 배반되는 자가당착(相違)을 빚어낸다고 하여 부정적인 가치를 주어왔다. 그러나 원효는,

若對勝論 相違決定

對佛弟子 不共不定 以無以共許同品法

應非不定 受品無故…

如共不定一向離言闕一相也…

闕一相非不定是不成故…

이라고 하였다. 원효는 모순도 하나의 논리적 형태로서 연역법, 귀납법, 변증법과 같은 가치를 가지고 있음을 강력하게 주장하였다. 그는 대칭적 요원들 사이에 있어서의 이 네 가지 관계는 마땅히 같은 가치를 지니고 있어야 하므로 모순논법도 변증법에 못지않은 긍정적인 가치를 가져야 한다고 주장하였다.

서구에 있어 기독교가 하나님이요 동시에 사람인 예수를 그리스도로 긍정적으로 받아들였으나 갈등을 신앙의 상대로 했기 때문에 기타의 변증적인 면을 등한시하게 되었었다. 원효는 이 4가지 논법은 다

같은 구조의 산물이므로 같은 가치를 지니고 있다고 주장하고 동시에 다 참된 것이 못 된다고 거부하였다. 원효는 한 걸음 더 나아가 대칭 구조 자체를 해탈하는 것이 불도(佛道)로서 해야 할 일이라고 하였다. 그리하여 "對佛弟子 不共不定 以無以共許同品法"이므로 성원의 품 성 문제, 즉 범주의 존재를 부정하여야 한다고 하였다(非不定 受品無故). 그는 머리에서 가상적으로 설정한 "견분"(見分)이나 "상분"(相分)으로 인하여 생기는 복합관계를 다루기보다는 그러한 이원구조(二元構造) 를 거부함으로써 해탈을 얻게 된다고 하였다. 다시 말하면 그 "인"(因) 의 관계를 논하는 것보다는 "품"(品), 즉 요원이 부정되고 구조가 부정 되면 우리의 관습적인 인식 과정이 무너짐으로 말미암아 유식론적인 해탈을 얻게 되는 것이다. 이렇게 함으로써 원효는 지금까지 서구의 변증론적인 Both/And의 합이나 갈등에서의 Either/Or의 선택적 취 향에서 한 걸음 더 나아가 Niether/Nor의 이중부정적(二重否定的)인 방 법으로 인식의 조작을 벗어난 진여경(眞如境)을 터득했다고 하겠다.

4. 맺음말

우리는 의상과 원효에서 그들의 슬기를 찾아볼 수 있으며 우리 민 족성에 면면히 흐르는 공동성을 그들에게서 발견하게 된다. 의상은 다양화된 이원구조를 간단하게 하여 그 사이의 본연의 조화, 즉 미분 화 상태에서의 융화(融和)를 강조하였고, 원효도 상위(相違)를 넘어서 서 "수품무고"(受品無故)의 경지에 이르러 진여(眞如)를 터득하고 있다.

의상과 원효는 인위적으로 분화된 인식 과정이나 논리에 의존하 기보다는 거기에서 해탈하여 그 자체를 직시하는 혜안을 우리에게 되살려 주고 있다. 이와 같은 지혜는 이들에게만 국한된 것이 아니고 고려의 승려로 중국에서 명성을 떨친 제관(諦觀)이나 조선시대 유학(儒學)의 정상에 섰던 율곡(栗谷)에게서도 찾아볼 수 있다.

제 1 0 장
묵자(墨子)의 변증론

　　서구적인 변증론은 주로 기독교에 의존하여 성장하여 왔다. 일찍이 어거스틴(Augustine)이 구원의 역사를 서술함으로써 그 형틀이 구성되었다. 그는 어울릴 수 없는 영원과 시간을 창조라는 개념으로 엮어 역사의 시점으로 삼았다. 처음 창조된 인간 아담(Adam)이 타락된후 그에게서 태어난 아벨(Abel)과 카인(Cain)은 선과 악의 두 줄기로 갈라져 전자는 선민의 선조로, 후자는 이방인의 조상이 되어 대립되었던 것이 그리스도(Christ)의 화육(化肉)이 계기가 되어 교회와 로마국으로 계속 대립되었다가 신성로마제국으로 화합하여 그리스도의 재림을 기다린다는 것이다.

　　어거스틴은 신의 섭리 아래서 역사가 창조에서 타락, 다시 그리스도의 구원으로 복구될 것을 믿는 방향으로 움직이고 있다고 역설하였다.

　　19세기에 이르러 헤겔(Hegel)은 어거스틴의 사상을 보완함으로써 근대 변증법의 모습을 굳혀 나갔다. 헤겔은 역사가 복구된다고 생각한 것이 아니라 승화될 것이라고 주장하였다.

　　2곡선으로 된 어거스틴의 변증론을 헤겔은 4곡선으로 바꾸었다.

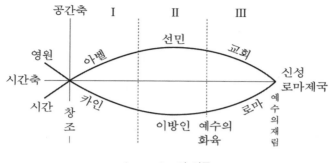

Augustine의 신국

자연과 역사를 두 기본 범주로 하는데, 잠복기(I. Resevare)에서는 아직 의식화되지 않고 있다. 대립기(II. Dollere)에 이르러서는 자연관은 성립되었으나 역사관이 성립되어 있지 않은 것을 '정'(正)으로 하고, 자연관이 약화되어 역사관이 대두된 것을 '반'(反)으로 하여 갈등을 이루고 있다가 승화기(III. Elevare)에 이르러서는 그 부정 면은 배제되고 자연의 전체와 역사의 전부로 완성된 세계사에 이르게 된다고 하였다. 헤겔은 역사가 다시 원점으로 복구된다는 것보다 새 차원으로 승화될 것으로 주장한 셈이다. 따라서 헤겔은 외재적인 신의 섭리보다는 내

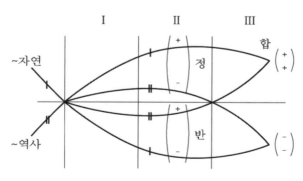

Hegel의 역사철학

재적인 절대정신의 자기완성으로 역사가 발전된다고 보았다. 이후에 근세 서구에서는 유물론자나 유심론자를 막론하고 변증론의 주축을 역사에 두었다고 하겠다. 본 논문에서는 동양적인 변증론은 바로 이러한 점에서 차이가 있다는 점을 명가(名家)인 공손룡(公孫龍)과 묵가(墨家)의 변증론을 들어 예증하고자 한다.

전국 시대에 공손룡은 "백마비마"(白馬非馬)라는 논제를 제기했었다. 그는 뒤에 놓인 '馬'는 모든 馬를 포함한 馬가 아니고 일찍이 서구 고전 변증론에서 말하듯이 '馬'라는 이데아(Idea) 곧 본형(本型)으로 말하고 있다. 그러나 앞에 놓인 白馬는 구체적인 곧 시공간에 내재하고 있는 개체적인 '馬'를 의미한다.

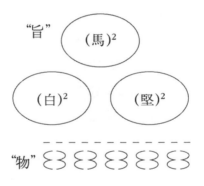

공손룡의 고전적 변증론

플라톤(Platon)은 이 馬의 馬, 고차적인 馬가 실체이고 白馬, 즉 개체적인 것은 그림자에 불과하다고 주장하였다. 그러나 공손룡은 개체적인 것도 실질적으로 존재하고, 馬의 馬와 대립하게 되므로 白馬는 馬가 아니라는 결론을 내렸던 것이다. 공손룡은 개체적인 '사물'(物)과 상위 차원의 '뜻'(旨)만을 가지고 논하였다.

그러나 동시기 묵가의 작품에서는 이에 대하여 "사"(私), "유"(類), "달"(達)의 삼 단계로 나누어 구상하였음을 볼 수 있다. "사"(私)는 개체적인 물체이고, "유"(類)는 그 물체들의 종류이며, "달"(達)은 포괄적인 것으로 그 이상 더 나눌 수 없는 그 무엇을 말한다. "유"(類)에 속한 馬를 "사"(私)에 속한 白馬로 "거"(擧)하게 되는데 "유"(類)의 명(名)과 "사"(私)의 실(實)이 조화되는 상태를 "합"(合)이라 하고, 마음에 품은 "지"(志)와 나타난 "행"(行)이 조화될 때를 "위"(爲)라고 불렀다.

묵가에서는 이러한 기본적인 구조에 의거해서 일곱 가지 논법을 설정하고 있다. 개체적인 단계에는 "혹"(或)과 "가"(假)가 있다. "혹"(或)이라 하는 것은 그 개체적인 것이 본질적으로 완벽하느냐를 묻는 것이고(공간), "가"(假)는 그것이 현재에서도 적용되고 있는가를 묻는 것이다(시간). 2차 단계에 이르러서는 2^2, 즉 네 가지 논법을 가지고 말하였다. "원"(援)과 "추"(推)는 주어와 술어를 가지고 논하는 방법이다. "원"(援)은 "그 사람이 그렇게 하니 나도 그렇게 하여야겠다"는 주어에 의하여 설득하는 방법이고, "추"(推)라는 것은 술어의 범위를 미루어 논하는 방법이다. 예를 들면 어떤 민족이 소유하고 있는 성격이 그 보편성에 따라 전 국민에게 적용될 수 있는 사례를 말할 때 사용하는 방법이다. 다음 "효"(效)는 하나의 전제를 모형(法)으로 하여 모방(效)하게 하는 논법이고, "벽"(辟)은 두 개의 전제를 비교함으로써 그들의 공통점과 차이점을 찾아서 논하는 방법이다. 마지막 단계는 "모"(牟)인데 이는 내용을 탈피하여 순수한 형식의 차원에서 논하는 방법이다. "이것은 책이다"와 "이것은 사람이다"라고 할 때 책이나 사람의 본질적인 면을 넘어서서 동일한 표현 구성을 가지고 있음을 뜻하는 것이다. 묵가는 이러한 일곱 가지 논법을 '사·유·달'의 삼 단계로 분류하여 처리하였다.

묵가의 삼 단계의 구조는 인식된 내용 면에서도 반영되었다. 개개의 "물체"는 "지적"인 작용으로 "지혜"(恕)를 얻게 된다고 하였다. 즉, "지"(恕)는 시공간의 제약을 넘어선 타고난 지식을 말함이다. 감각으로 오는 앎(知)이 아니고 그 "물체"(物)를 다룰 수 있는 앎(知) 그리고 그 앎을 다루는 "지혜"(恕)의 삼 단계로 구성하였다.

묵가의 인식 구조는 그들의 가르침에도 반영되었다. 그들은 "천"(天)·"귀"(鬼)·"인"(人) 세 범주를 주로 다루었다. 천(天), 즉 "천지"(天志)는 의(義)로운 것으로(天義) 존경을 받게 되어 있다. 모든 것을 능히 벌하기도 하고 상주기도 한다. 그리하여 천(天)은 모든 것의 기초가 되고 모든 것의 본보기가 되며 차별 없이 겸애(兼愛), 상리(相利)한다고 보았다. 귀신은 이 천지(天志)를 자기의 타고난 성품대로 인간으로 하여금 수신하는 데 도움이 되는 역할을 하고 있으며, 인간도 이 천지(天志)에 의하여 겸애 상리하도록 수양해야 한다고 하였다. 그래서 묵자는 운명설을 반대하였고, 내용보다 형식에 치중하는 유가의 교훈을 배격하였다.

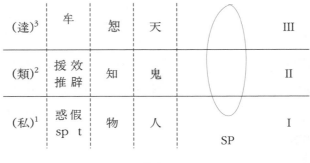

(達)[3]	牟	恕	天		III
(類)[2]	援 效 推 辟	知	鬼		II
(私)[1]	惑 假 sp t	物	人	SP	I

묵가

묵가는 삼단계의 논리로 공손룡의 견·백분리설(堅·白分離說)을 정정하였다. '굳은 것'과 '흰 것'은 유(類)에 속한 범주이다. 굳은 돌, 굳은 쇠, 굳은 나무가 있을 때 이 굳은 성격은 어느 하나의 물체에만 예속되어 있는 것은 아니다. 이는 "물"(物) 위에 있는 "유"(類)에 소속된 범주이다. 공손룡은 유(類)에 해당하는 두 독립된 범주로 견·백을 보고 있다. 그러나 묵가는 이 견·백을 다음 차원의 "달"(達)에 예속시키는 동시에 개체적인 물체(私)에도 동재(同在)할 수 있다고 주장하고 있다. 돌과 같은 구체적인 물체에 '굳고 흰' 성품이 병존할 수 있는 것으로 보았다.

이런 면에서 동양적인 변증론은 신의 섭리나 절대정신에 의하여 시간의 흐름을 따라 '정'(正)·'반'(反)·'합'(合)으로 발전된다고 본 것이 아니라 "달천"(達天)하는 본원적인 하나에서 분화한 "유"(類)의 속성을 한 개체인 "물체"(私)가 가질 수 있다고 주장하였다. 이들은 유물론적인 범위를 벗어나지도 않고, 외재적인 힘을 빌리지도 않고 변증론을 완성하는 데 공헌한 바 있다고 하겠다.

묵자는 이렇게 존재에 의거한 생의 차원에서 표현되는 성향 사이의 본연의 조화를 역설함으로써 그의 주장을 일관시켰다. 그는 '천지편상'(天志篇上)에서 천(天)의 성격을 '부차귀'(富且貴) "지겸의"(知兼義)로 설정하고 있다. 빈부의 차원에서 보아 부하다고 하면, 귀천의 차원에서는 귀하여야 어울리게 된다는 것이다. 또한 천(天)은 지혜로우므로 그 아는 바를 실천할 수 있는 힘, 즉 의(義)도 갖추고 있기 때문에 천(天)은 "능벌능상"(能罰能賞)할 수 있다. 그러므로 경세의 차원에서 보면 '선정'한다고 하였다. '天志篇中'에는 "천(天)은 천하를 두고 사랑한다"고 하였고(天兼天下而愛之) 또한 "만물을 이롭게 한다"(撤萬物以利之)고 하였다. 그러므로 사람을 사랑하고 이롭게 하는 것은 천의(天意)

를 따르는 것으로 하늘의 상을 받을 것이라고 하였다(愛人利人順天之意 得天之賞者有矣). 이와 같이 묵자는 여러 차원에서 표현되고 있는 천(天)의 성격이 본연적으로는 내적 조화를 이루고 있는 것으로 설파하고 있다.

묵자는 또 유명을 달리하여 이 세상 사람들에게 성현이 있는 것 같이 저 세상에는 귀신(鬼神)이 있어 어진 사람을 도와주고 악한 자를 처벌한다고 하였다(鬼神之能賞賢而罰暴也… 以教誨乎天下之人. '明鬼篇下'). 사람은 남이 어려운 것을 보면 그 어려움을 같이 할 줄 알아야 하고, 힘이 남을 때는 남을 위하여 옳은 일을 하며, 생명이 태어남을 볼 때 사랑할 줄 알고, 죽음을 볼 때 애처러워 할 줄 알아야 한다고 '수신편'(修身篇)에서 말하였다(君子之道也 貧則見廉 富則見義 生則見愛 死則見哀). 이렇게 위로는 하늘을 이롭게 하고, 가운데로는 귀신을 이롭게 하여, 아래로는 인간을 이롭게 함을 '삼리'(三利)라 하는데 이 세 가지 이익에 의해서 이익을 받지 않는 자란 없으므로 이 삼리를 합해서 천덕(天德)이라고도 한다(上利天 中利鬼 下利人 三利而無所不利 是謂天德 '天志篇下'). 여러 활동적인 차원에서만이 아니고, 天·鬼·人의 차원에서도 본연의 조화가 있어서(聚斂天下之善名而加之 '天志篇下') 천덕에 순응하면 천하의 착한 이름이 집중할 것이므로 만사가 형통할 것이라고 말한 바 있다. 본연의 조화이기 때문에 천의(天意)에 피동적으로 순종하는 면도 있는 동시에 능동적으로 호응하고 있는 면도 있으므로 순(順)과 응(應)의 면에서도 조화가 있음을 발견하게 된다.

묵자는 이러한 구체적인 차원에서뿐만 아니라 좀 더 논리적인 차원에서도 이러한 본연의 조화를 취급하고 있다. 그는 '비명편상'(非命篇上)에서 말하기를 "言有三法 三法者 何也 有本之者 有原之者 有用

之者 於其本之者也 考之天鬼之志 聖王之事 於其原之者也 徵以先王之書 用之奈何 發而爲刑"이라고 하고 있다. 이상의 구절을 孫詒讓은 그의 『묵자한고墨子閒詁』에서 다음과 같이 고쳐서 설명하고 있다. "於何本之 上本之於古者聖王之事 於何原之 下原察百姓耳目之實 於何用之… 觀其中國家百姓人民之利 此所謂言有三表也." "본"(本)이라 함은 천·귀·성(天·鬼·聖), 즉 신학적 차원을 뜻함이고, "원"(原)이라 함은 사회학적인 것 그리고 "용"(用)이라 함은 이해관계, 즉 경제적인 면을 총괄하여 말하는 것이다. 이 세 차원도 존재의 구체성 안에서 본연의 조화를 이루고 있다고 그는 주장하였다. 그는 이러한 존재에서의 조화를 믿었기 때문에 운명론을 거부했고 유학을 배격했다. 묵자는 운명에 관해서 다음과 같이 말했다. "執有命者之言曰 命富則富 命貧則貧… 力雖强勁 何益哉." 운명이 부하라고 하면 부해지고, 빈하라고 하면 빈해진다고 하면 비록 힘이 강하다 할지라도 아무 소용이 없을 것이고, 그의 힘과 그 성취됨이 부조화하게 되어 본연의 조화가 깨지게 되므로 불합리하게 되며 사람을 자포자기하게 만든다고 하였다.

유가의 가르침이 어떤 면에서는 묵자의 교훈과 유사한 점이 없는 것은 아니다. 『논어』 「학이편學而篇」에 "學而時習之 不亦說乎 有朋自遠來 不亦樂乎…"라고 하고 있다. 배운 것을 다시 복습해 배우며, 아는 친구들을 다시 만나 사귀게 되는 일은 다 같은 것을 반복하는 성격을 띠고 있다. 마치 『논어』 「안연편顏淵篇」에 "君君, 臣臣, 父父, 子子"와 같은 형태를 가진 표현이라 하겠다. 임금은 임금답게, 신하는 신하답게 살자는 말은 그 존재에 알맞은 성품을 연마시켜 거기에 어울리게 살아가라는 교훈이다. 공자의 교훈은 원칙적으로 묵자의 것과 상충되지는 않는다. 그러나 공자의 가르침이 논어를 작성할 당시 "일이관지"(一以貫之,『논어』「里仁篇」) 했다고 하였는데, 무엇으로 일관했느냐고 물었을 때 "인"(仁)이라고 하였다. 그는 존재적 본연의 조화를 지향하고는 있었으나 "인"(仁)이라는 구체적인 차원에 머무름으로써 보편성을 갖추지는 못하였다. 묵자는 한 걸음 더 나아가 삼표(三表)라든가 천덕(天德)이라는 넓고도 모든 차원을 망라한 조화를 제창함으로써 공자가 이루어 보려던 일관성을 성취한 셈이다. 따라서 공자의 일이관지(一以貫之)는 비록 각 차원의 내에서는 같은 성격을 띠었다고 하겠지만, 한 차원과 다른 차원 사이를 다루는 데 있어서는 내적인 통일 찾지 못한 것 같다. 비록 '君君', '臣臣'은 각 개별적인 차원에서는 같은 성격을 띠었지만, "君·臣"의 관계는 구분하여 다루지 않을 수 없게 되었다. 그러므로 겸애보다는 계급 의식에 젖어 "君·臣" 관계를 엄격히 차별하게 되었다. 그리하여 묵자는 「비유편非儒篇」에서 공맹지설(孔孟之說)은 구분하는 데만 편중하여 겸애의 천덕을 이루지 못하게 되었다고 비판하고 있다.

묵자는 이러한 유학의 결점이 공자 자신의 생활에서도 반영되어 있음을 지적하였다. 공자는 언젠가 궁지에 빠져 있었을 때 명아주(藜) 국으로만 연명한 때도 있었다. 그 후 노애공(魯哀公)의 추대를 받았는데 그는 좌석이 바르지 않아도 앉지 않았고, 고기가 바로 썰어져 있지 않아도 먹지를 않았다(『論語』「鄕黨篇」). 자로(子路)가 스승이 이렇게 처세하는 것을 못마땅하게 여기자, 공자는 "夫飢約則不辭妄取以活身 嬴飽則僞行以自飾"이라고 말하였다. 궁핍할 때는 살기 위하여 망령된 일도 불사하게 되고 풍부할 때 거짓된 행실로 스스로 꾸미는 것은 무방하다고 하였다. 묵자는 이에 대하여 "訏邪詐僞 孰大於此"라 평하면서 간사하고 허위됨이 어찌 이보다 더 클 수 있겠느냐고 하였다. 어떤 면에서 볼 때 공자는 그 환경에 적응하라고 한 것인데 이러한 면에서는 묵자의 조화설과 유사하게 보인다. 그러나 공자는 외적 환경에 적응할 것을 주장함으로써 자기의 행위를 합리화시켰지만 묵자는 내적인, 즉 존재의 본연적인 조화를 주장함으로써 유가(儒家)와 분리하게 되었다. 공자는 어디까지나 주어진 세상에서 살아나가는 길을 말한 것이고, 묵자는 내적인 세계를 스스로 구현하며 살아나가자는 것인데 이러한 차이는 두 사람의 기본 전제가 다른 데서 근거하는 것이라 하겠다.

많은 학자들이 맹자(孟子)의 위의(爲義)에 비해 묵자는 실리주의자라고 평하여 왔다. 그러나 이 리(利)는 단순한 이익만을 뜻하는 것이 아니고, 천덕(天德)이 있는 곳에는 리(利)도 따르게 마련이라고 함이다. 이는 귀하고 의롭고 능하면 이롭게 된다는 것이다. 묵자를 실천주의자라고 보는 분들도 있다. 그의 제자들이 생명을 걸고 그 교훈을 행한 사례도 많았으므로 그렇게도 생각할 수 있을 것이다. 특히 「귀의편貴義篇」을 중심으로 하여 중국에 있어 의협 정신의 본산으로 보는 이도 있었다. 그러나 삼표(三表)나 천덕(天德)의 입장에서 본다면, 의로우면 강할 것이고 거기에 어울리는 지혜도 따르게 되어 자연히 소신대로 실천하며 거침없이 살게 된 것이 아닌가 생각한다. 이런 점에서 의협주의자나 실천주의자라기보다 의협적인 면이나 실천적인 면에서도 존재의 본연적 조화가 있다고 함이 묵자의 변증론에 더 접근한 것이라고 하겠다.

제 1 1 장

만하임(Mannheim)의 이데올로기와
유토피아

1. 머리말

주지하는 바와 같이 『이데올로기와 유토피아』는 칼 만하임(Karl Mannheim, 1893~1947)의 저서명이다. 만하임은 이 서명에 대해 설명하기를 이데올로기와 유토피아라는 두 개념이 지니고 있는 상징적인 의미 때문에 그 책의 서명으로 채택했다고 말했다. 이 글의 제목도 그와 같은 이유로 채택된 것이다. 이 글에서는 만하임의 『이데올로기와 유토피아』와 그의 다른 저서에 나타난 사상을 고찰할 것이다. 그러나 단순히 만하임의 사상을 소개하는 데 그치는 것이 아니라 이 두 개념이 지닌 문제점들과 그의 사회학적 인식론(Sociology of Knowledge)이 지닌 문제점들을 분석할 것이다.

만하임은 헝가리 태생으로 독일에서 유학하고 고국 헝가리로 돌아가서 1919년까지 활동했다. 그러나 1919년 8월 반혁명에 의해 헝가리에서 추방되어 독일로 망명했다. 그러나 1933년까지 독일 하이델베르크와 프랑크푸르트대학에서 사강사, 정교수를 역임하다가 나치당의 집권으로 독일에서 추방되어 영국으로 또다시 망명해야 했다. 그는 영국으로 건너가 런던대학에서 사회학 및 철학을 교수하면서 1947년 작고할 때까지 그곳에 체류했다. 만하임의 생애는 영국 망명을 기점으로 크게 두 시기로 구분될 수 있다. 제1기는 나치당 집권 이전 독일에 체류했던 시기로 공산주의가 팽창해 가는 것을 목도하면서 이 사상에 대해 숙고하던 시기였다. 바로 이 시기에『이데올로기와 유토피아』를 저술했다. 제2기는 나치당에 의해 독일에서 추방되어 영국에 체류하던 시기로 독일의 전체주의하에서 민주주의의 무력성을 통감하면서 새로운 민주사회 건설을 위해 고심하던 시기였다.

이 글에서는 이 시기 구분에 따라 먼저『이데올로기와 유토피아』를 중심으로 그의 사상을 고찰해 보고, 그다음으로는 후에 출판된 여러 단편 중 사회 철학의 새 전망이라는 문제를 중심으로 그의 사상을 고찰해 보고자 한다.

2. 이데올로기와 유토피아

『이데올로기와 유토피아』라는 저서는 단행본으로 저술된 것이 아니라 여러 단편적 논문들을 편집해 놓은 것이다. 제1장은 문제를 설정하는 서론이고, 그다음 장들은 이데올로기와 유토피아 문제를 취급한 장들이고, 마지막 제5장은 사회학적 인식론을 취급한 장이다. 먼저 이데올로기와 유토피아에 대해 고찰하기로 한다.

만하임이 이데올로기 연구에 있어서 공헌한 점이 많으나 그의 독창적인 공헌이라기보다는 자기 이전의 여러 학자들의 연구를 종합한 것이라고 볼 수 있다. 만하임은 역사적인 시대 차와 사회적인 계층 차에 따라 인간의 인식 구조가 다르다는 이론을 받아들였다. 이 이론의 역사적 발전 과정은 다음과 같다.

역사적인 시대 차에 따라 인간의 인식 구조가 변화한다고 최초로 주장한 학자들은 문화사가들이었다. 텐느(Hippolytes Taine), 쿨랑주(Numa Denys Fustel de Coulanges) 등이 그 대표자들이다.

쿨랑주의 논문 가운데 "폴리브"(Polybe)라는 논문이 있다. 폴리비우스는 헬라인으로서 『로마의 헬라 정복사』를 저술하면서 자기 조국을 정복한 로마인들에 대해 조금도 비난하지 않았다. 쿨랑주 당대인들이 보기에는 폴리비우스는 민족 자유에 대한 배신자이거나 아니면 자기 진심을 위장한 부정직한 역사가로 보였다. 자유와 정의를 외치던 쿨랑주 당대인들은 폴리비우스의 태도를 이해할 수 없었다. 그러나 쿨랑주는 이 문제를 연구하는 중에 새로운 사실을 발견했다. 대두되지 않았고, 다만 도시 국가를 누가 통치할 것인가, 귀족이 통치할 것인가 아니면 백성 중에서 선출된 유능한 대의원이 통치할 것인가 하는 것이 문제였다. 헬라는 귀족들이 통치하고 있었고 로마는 대의원들이 통치하고 있었는데, 폴리비우스는 무능한 귀족들이 통치하는 것보다 유능한 대의원들이 통치하는 것이 더 낫겠다고 생각하여 로마가 헬라를 점령한 데 대하여 비난하지 않았다는 것이다. 폴리비우스는 세습적인 지도자냐 선출된 지도자냐 하는 문제에 관심이 있었던 반면에 쿨랑주 당대인들은 자유니, 정의니 하는 문제로 폴리비우스를 보았기 때문에 이해가 되지 않았다는 것이다. 쿨랑주는 역사를 저술한 사람이 지닌 당시의 문제와 후에 그 역사를 읽는 사람이 지닌 문제에는 차이가 있음을 해명해 주었다. 쿨랑주는 시대적 차이에 따라 인간의 인식 구조도 변화한다는 것을 해명해 준 것이다.

만하임이 사사 받은 선생들 가운데는 뒤샹과 레비-브륄과 같은 저명한 인류학자들이 있었다. 그들은 아프리카 연안에 있는 마다가스카르섬에 가서 원시인의 사고 방법을 연구했다. 어느 날 레비-브륄이 촌락 입구를 지나가는데 한 촌사람이 와서 그의 멱살을 잡고 알아들을 수 없는 촌 사투리로 떠들고 있었다. 통역에게 그 이유를 물었더니 레비-브륄이 어젯밤에 그 사람의 종자닭을 훔쳐갔으므로 그것을 배상하라고 요구한다고 말했다. 그래서 레비-브륄은 논리적으로 자기는 그의 종자닭을 훔친 일도 없고 훔칠 필요성도 없다고 대답했다. 그러나 그 사람은 자기가 어젯밤 꿈에 레비-브륄이 종자닭을 훔쳐가는 것을 분명히 보았는데 어떻게 변명을 하겠느냐고 대답했다. 레비-브륄은 이 봉변을 당한 후에 현대 서양인들에게는 꿈과 현실이 분명하게 이분화되어 있지만, 원시적 사고에서는 이 두 가지가 구별되어 있지 않고 혼돈되어 있다는 사실을 발견했다. 말하자면 문화사적인 시대 차에 따라 사고 양식이 변화한다는 것을 발견한 것이다.

그다음으로 만하임에게 영향을 준 것은 칼 마르크스(Karl Marx)의 사상이었다. 그는 마르크스를 연구하고 난 뒤 마르크스를 비판했다. 마르크스는 생산 구조에 의해 사회 계층이 형성되고 사회 계층에 따라 의식 구조가 달라진다고 주장했다. 즉, 만하임은 문화사가들과 인류학자들에 의해 역사적인 시대에 따라 인간의 의식 구조가 다르다는 것을 습득했다. 한편 마르크스는 인간의 이성은 계몽주의자들이 주장한 것처럼 진리는 다루는 도구가 아니라 각자의 이해관계에 따라 형성된 계층적인 사고의 왜곡된 표현이라고 했다. 이때부터 이데올로기는 왜곡된 계층적인 의식에 의해 표현되는 의사라고 규정되게 되었다. 이와 함께 마르크스는 상대적 관계를 주장했다. 즉, 시대에 따라 관점이 다르고 계층에 따라 관점이 다르므로 옳은 것도 없고 절대적인 것도 없으며 모든 것이 상대적이라는 것이다. 모두가 상대적이기 때문에 아무것에도 절대적인 가치를 줄 수 없다고 주장했다.

그러나 만하임은 이 이론을 받아들인 다음 상대적 관계를 상호적 또는 상관적 관계로 바꾸어 놓았다. 즉, 사회 계층에 따라 의식 구조가 다르다는 주장은 받아들인다. 그러나 단순히 의식 구조의 상대성을 인정하는 데 그치지 않고, 그 의식 구조가 그 사회 계층에 조화하는지를 고찰하여 조화도에 따라 가치를 부여하고자 했다. 이와 함께 그는 사회 계층 자체가 유동하고 있으므로 의식 구조도 유동해야 하는데 그것이 부동할 때 여러 가지 고루한 사상이 나타난다고 경고했다. 여기서 세 가지 위험이 발생하는데 그 첫째가 어떤 의식을 절대적인 것으로 간주하는 신격화이며, 둘째는 어떤 의식을 초시간적이며 영적인 것으로 간주하는 낭만적인 경향이며, 셋째는 어떤 의식을 이상적인 의식으로 간주하는 이상화 경향이다. 만하임은 역사적, 사회적 상황에 따라 의식 구조가 변화되고 있는 이상, 이상과 같은 잘못된 경향은 어떠한 의식 구조에든지 적용되어서는 안 된다고 했다.

한편 이데올로기는 지배 계층의 의식이요 왜곡된 의식인 반면 유토피아는 기존의 사회 체계를 파괴하려는 피지배 계층의 의식이다. 만하임이 말하는 유토피아는 토마스 모어가 말한 앉아서 꿈을 꾸는 이상향이 아니라 새 역사를 개척하려고 하는 의식 구조를 가리킨다. 유토피아 의식은 피압박 계층에서 분출된 것이기에 전체 사회에서 중심적 위치를 차지하지 못한 계층의 의식이므로 항거적인 태세를 취하게 된다고 한다.

만하임은 역사에 나타난 유토피아의 제형태를 설명한다. 첫째 형은 천년왕국설적 유토피아이다. 하나님의 심판이 임박했으며 이제 곧 신세계가 도래할 것이니 기존 세계는 관심을 두지 않아도 좋다고 생각하는 동시에 기존 사회 질서를 완전히 파괴하여 신세계를 건설하려고 하는 의식 유형이다. 둘째 형은 자유주의적, 인본주의적 유토피아이다. 이것은 과거를 비판하고 미래에 희망을 두고 미래를 지향하는 것이다. 그런데 여기서는 어떤 미래를 지향할지는 생각하지 않는다. 뚜렷한 미래상 없이 무엇이든 과거의 것은 틀렸으니 고쳐야 한다는 사고 유형이다. 셋째 형은 보수적인 유토피아이다. 보수적 유토피아 의식에서는 과거와 현재가 높은 가치를 지닌다. 현재는 의미로 가득 차 있는 현실이다. 유토피아는 존재 가운데 이미 뿌리를 내리고 있는 것으로 해석된다. 보수적 입장에 서 있는 사람은 자기와 자기 계층의 사상만이 옳고 다른 사람과 다른 계층의 사상은 모두 공허하다고 비난한다. 그래서 상대방의 사상을 자기 사상으로 뜯어고치려고 하는 보수적 혁명 세력이 되기도 한다.

만하임은 이 세 가지 유형을 설명하고 나서 마르크스주의를 논한다. 그는 마르크스주의가 이 세 가지 유형의 유토피아가 가진 강점을 받아들이고 약점은 제거하려고 했다고 하였다. 첫째로 천년왕국설적 유토피아에서는 모든 것을 광적으로 부정하고 무정부 상태로 몰아가려고 하지만, 마르크스주의는 과학적으로 계획된 과정을 밟아 전진하려고 한다는 것이다. 둘째로 자유주의적 유토피아에 대해서는 수정주의 또는 점진주의라 비판하고, 점진주의로는 궁극적 목표를 달성할 수 없으므로 때를 맞추어 적시에 혁명을 통해 그 목표를 달성하려고 한다는 것이다. 셋째로 보수주의자들의 반동을 없애기 위해서는 근본적인 혁명이 필요하므로 단순한 개혁이 아니라 근본적 혁명을 이루려고 한다는 것이다. 만하임은 이와 같이 마르크스주의를 일종의 유토피아로 규정해 놓고 우리가 대결해 나가야 할 만만치 않은 상대로 보았다.

3. 사회 철학의 새 전망

만하임은 나치당에 의해 추방되어 영국에 체재하고 있을 동안 민주 체제의 무력함을 통감하고 민주주의의 재건 문제로 고심하는 중에 사회 철학의 새 전망을 제시했다. 민주주의에서 가장 어려운 문제는 민의를 찾아내는 것이다. 진정한 민의가 무엇인가 하는 것은 민주주의의 근본적 문제 가운데 하나이다.

공산주의 사회에서는 무산 계급이 공산 사회를 대표해야 한다고 주장한다. 공산주의자들은 무산 계급은 물질의 소유도 없고, 소유욕도 없고, 물질을 보존하려는 욕망도 없어 사욕이 없는 계층으로서 그들의 관점은 순수하고 탁월하므로 무산 계급이야말로 그 사회의 방향을 제시할 자격이 있는 사람들이라고 주장한다. 그래서 그들은 무산 계급의 사상에 따라 사회를 이끌어가야 한다고 주장한다. 이에 대해 만하임은 무산 계급은 사회적 지위로 보아 근대의 정치 투쟁에 필요한 교양을 지니기 위해서 전체가 되는 여러 조건을 구비하고 있지 않다고 비판한다.

한편 공산주의의 주장에 대해 엘리트 지배를 주장하는 자들이 있었다. 그러나 만하임은 엘리트 지배에 대한 주장을 비판한다. 그는 엘리트 지배에 대해 이미 지배하고 있는 자들과 대치해서 집권하겠다는

것에 불과하므로 그것은 단순한 정권 교체이지 진정한 혁명은 될 수
없다고 했다.

만하임은 그다음으로 인텔리겐차에 대해 논했다. 재래적인 민주
사상에서는 중간 계층은 모든 계층을 다 대표할 수 있다고 간주하고
중간 계층의 의사를 실천하자고 했다. 그러나 만하임은 재산상 혹은
계층상 중간 계층이 그 사회를 참으로 대표할 수 있다고 생각하지 않
았다. 그는 인텔리야말로 공통적인 교양 교육을 받은 자들로서 타 계
층을 고루 이해할 수 있다고 생각했다. 그래서 그는 인텔리의 의식을
그 사회의 대표 의식으로 간주하고자 했다. 그러나 그는 나치 운동에
반한 인텔리 운동이 나치당에 무참하게 유린되어 무력하게 밀려난 것
을 보고는 인텔리에 대한 기대도 포기하게 되었다.

만하임은 기독교에 대해서도 언급하고 논평했다. 기독교 신학은
불변의 대상을 전제한다. 그러나 그것이 지적으로 표현된 이상 역사
적으로 그 교리가 형성될 때인 어떤 특정한 시대의 특정한 문제에 대
한 특정한 계층의 답변이지 보편적인 영원한 답변은 아니라고 하였
다. 그것을 하나님의 뜻을 설명하는 신학이라 하고 불변의 이상으로
간주하여 사회의 문제를 해결하려고 하는 것은 시대착오라 보고, 기
독교를 이 시대의 대변자로 보는 자들에 대해서 회의를 제기했다.

만하임은 이 후기에 와서 상호 관계에 의한 새 종합이란 새 이론을
전개했다. 한 사회에는 여러 계층의 사람들이 함께 살고 있다. 이 여러
계층은 동일한 대상을 보는데 각각 의식 구조가 다르므로 여러 방향
으로 인식하게 된다. 그러나 대상이 동일하다고 전제할 때 이 관점의
차이는 결국에 가서는 하나로 완전히 종합될 수 있을 것이라는 것이
다. 즉, 내적 상호 관계에 의해 새 종합이 될 수 있다고 본 것이다. 내적

상호 관계에 의한 새 종합에 의해 진정한 새 의식을 가질 수 있다고 보았다. 전술한 바와 같이 만하임은 가치의 절대화를 비판했다. 즉, 탈가치관화하자고 했다. 그러기에 후기에 와서는 탈계급한 새 종합적인 가치관을 추구하는 것을 과제로 남겨 주었다. 이에 따라 그는 새 형이상학의 가능성을 모색하기도 했고, 민주사회의 새 가능성을 제시해 주기도 했다.

당시 좌익과 나치주의자들은 민주주의에 대해 구체적인 지향 목표가 없이 토론만 하는 체제라고 비판했다. 이런 비판에 대해 민주주의는 토론만 하는 체제가 아니라 탈계급한 새 종합적인 가치관을 추구하는 체제로서 여기에서만이 진정한 민의가 찾아질 것이라고 했다. 결론적으로 만하임은 민주주의의 형이상학적 기반을 새롭게 제시해 주었다고 할 수 있다. 이것이 그의 공헌이긴 하지만, 탈계급한 새 종합적 가치관을 찾는 것은 여전히 어려운 문제로 남아 있다. 만하임은 민의의 콘센서스(Consensus)를 단순한 토론 절차에 의해 찾으려 하지 않고 형이상학적 존재성에서 찾으려고 시도했음을 알 수 있다.

4. 맺음말

여기서는 만하임이 좀 더 주의를 기울여 주었으면 하는 세 가지 아쉬운 점들을 지적하려고 한다.

첫째는 그의 사회학적 인식론 자체가 가지고 있는 문제점이다. 만하임에 의하면 사람이 어떤 계층에 속하면 그 계층의 인식 구조에 따라 대상을 인식한다고 한다. 그러나 그는 어떤 한 계층이 어떤 인식 구조를 가지고 있는지는 해명해 주지 못했다. 즉, 그는 사회적 계층을 몇 부류로 구분하는 사회학적 계층 구분과 사회 계층에 따라 의식 구조가 다르다는 주장 그리고 이 둘을 단순히 합쳐 놓았을 뿐, 각 사회 계층이 각각 어떤 의식 구조를 가지고 대상을 인식하는지는 설명하지 않았다.

둘째는 그의 논리에 관한 문제이다. 그에 의하면 사회 계층이 다양화되어 계층 의식도 여러 가지가 존재하고 있다. 그는 이 여러 가지 의식을 접근시키는 문제를 취급했는데, 그의 논리적 기초를 보면 어떻게 이런 다양한 것을 하나로 만들 수 있느냐 하는 것이었다. 이것은 하나와 많은 것을 관계시키는 논리이다. 이것은 다수의 상호 관계를 취급하는 논리가 아니다. 환언하면 그는 One & Many라는 이원적 논리를 가지고 자기의 이론을 전개했지 다원 논리를 가지고 자기의 이론을 전개하지 않았다. 다양한 사회 계층의 다양한 의식 구조를 관계시키려면 다원 논리를 가지고 취급해야 했을 것인데 이원 논리로 취급했기 때문에 그 새 종합이 어떻게 될 수 있는지에 대해 분명하게 설명해 주지 못했다. 만하임이 활동하던 시대에 현대 논리가들로서 프레게(G. Frege), 힐버트(D. Hilbert), 힐데브란트(Hildebrandt)로 나타났고, 처치(A. Church), 괴델(K. Gödel) 등도 활동하고 있어서 현대 논리를 상당히 전개해 놓았으며, 독일에서도 상당한 발전이 되어 있었는데, 그는 왜 이것을 직접 연구하여 자기 연구에 응용하지 않았나 하는 점이 아쉽다고 하겠다.

셋째는 만하임이 활동하던 시대의 공산주의는 마르크스주의가 아니었는데, 그는 지나간 사상을 가지고 씨름했다는 점이다. 만하임이 작고한 것이 1947년이고 1929년부터 이런 저서들을 저술하기 시작했으므로 그가 실제로 직면한 공산주의는 마르크스주의가 아니고 스탈

린주의였다. 만하임이 정말로 상대하여 이겨야 했던 것은 스탈린주의
였지 마르크스주의가 아니었다. 그의 이론에 따라 사회 상황이 변화
할 때 그 상황에 가장 밀접한 이데올로기를 공격할 필요가 있었다. 옛
날의 고전적인 마르크스주의를 공격해서는 공산주의자들이 충격을
받을 까닭이 없었을 것이다.

사실상 그 시대에 횡횡했던 스탈리니즘은 그때까지 없었던 아주
교묘한 방법을 썼는데 그것은 단순한 전제 정치가 아니라 과학이었
다. 과학을 교묘하게 이용해서 전제 정치에 응용해 그 나라를 완전히
전제 통치할 수 있었던 것이다. 사람들은 흔히 스탈린을 포악한 독재
자라고 비판한다. 그러나 그가 행한 나쁜 행위를 지적하는 것은 만시
지탄에 불과하다. 정말 스탈린에 대해 투쟁하려고 했다면 스탈린이
사용한 방법을 분석하고 파괴하는 것이 낫지 먼저 공격을 당하고 나
서야 후회하고 비판하는 것은 소 잃고 외양간 고치는 것과 같은 태도
이다.

한마디로 말해 스탈린은 생리학의 조건 반사(Conditional Reflex)를
이용했다. 어떤 한 사람을 철저하게 감시하려면 세 사람이 필요하며,
거기에 교대할 한 사람을 더하면 네 사람이 필요하다. 그러므로 러시
아 전체를 감시하려면 러시아인의 네 배가 있어야 한다. 스탈린은 조
건 반사를 이용해서 이 문제를 해결했다. "너의 배후에는 누가 있고,
그 배후에는 누가 있으며, 이런 행위를 하면 이런 벌을 받는다"는 등
등으로 조건화해 놓았던 것이다. 그들이 어떤 행위를 하는지 철저히
알 수 있는 방법은 없다. 순전히 조건 반사에 의해 "내가 그런 짓을 하
면 이런 처벌을 당할 것이다"라고 조직화된 것에 불과하다.

그러므로 스탈린에 대해 공격하려면 스탈린 통치하에서 압박받던

자들을 단순히 동정하기보다는 스탈린이 어떻게 조건 반사로 그 시대를 전제 통치했는가를 규명하고, 그다음으로 조건 반사에 대해 반조건 반사를 어떻게 할 수 있으며, 세뇌 공작에 대해 반세뇌 공작을 어떻게 하여 그 조직을 파괴할 것인지를 연구했어야 했을 것이다. 만하임이 그렇게 하지 않고 자기 시대에는 지나가 버린 마르크스주의를 두고 비판을 가한 것은 아쉬운 부분이 아닐 수 없다.

찾아보기